'Der Inselgarten' —
das Exil deutschsprachiger Schriftsteller auf Mallorca, 1931-1936

AMSTERDAMER PUBLIKATIONEN ZUR SPRACHE UND LITERATUR

in Verbindung mit

ETER BOERNER, BLOOMINGTON; HUGO DYSERINCK, AACHE]
ERDINAND VAN INGEN, AMSTERDAM; FRIEDRICH MAURER†
FREIBURG; OSKAR REICHMANN, HEIDELBERG

herausgegeben von

COLA MINIS†
und
AREND QUAK

144

AMSTERDAM - ATLANTA, GA 2001

'Der Inselgarten'—
das Exil deutschsprachiger Schriftsteller auf Mallorca, 1931-1936

Reinhard Andress

The paper on which this book is printed meets the requirements of "ISO 9706:1994, Information and documentation - Paper for documents - Requirements for permanence".

ISBN: 90-420-1465-2
©Editions Rodopi B.V., Amsterdam - Atlanta, GA 2001
Printed in The Netherlands

INHALTSVERZEICHNIS

DANKSAGUNG vii

KAPITEL EINS: Mallorca als Exilort deutschsprachiger
Schriftsteller? 1
Anmerkungen 9

KAPITEL ZWEI: Albert Vigoleis Thelen
   Ein Lebenskünstler auf Mallorca 11
   Die Insel des zweiten Gesichts—ein satirischer Blick auf
   Nazi-Deutschland 18
   Anmerkungen 29

KAPITEL DREI: Harry Graf Kessler
   Der Lebensabend eines europäischen *Homme des lettres* 34
   Anmerkungen 58

KAPITEL VIER: Franz Blei
   Ein mallorquinisches Arkadien? 66
   "Lydwina"—ein Bild der Zwischenkriegszeit 77
   Anmerkungen 81

KAPITEL FÜNF: Karl Otten
   Ein Expressionist und Kommunist auf Mallorca 87
   Torquemadas Schatten—eine Kampfansage gegen
   den Faschismus 92
   Der ironische Blick in den "Geschichten aus Pueblo" 101
   Anmerkungen 105

KAPITEL SECHS: Martha Brill
   Die Beschäftigung mit den Marannen 110
   Anmerkungen 121

KAPITEL SIEBEN: Erich Arendt
   Mallorca als "Inselgarten" 123
   Drei Gedichte—von der Möglichkeit der Befreiung bis
   zur Vergänglichkeit des menschlichen Daseins 129

Anmerkungen 132

KAPITEL ACHT: Klaus Mann
Ein Mosaiksteinchen im Muster der langen Exilzeit 135
Mallorca in Manns *Der Vulkan*—eine kurze Episode als Zeugnis im Kampf gegen den Faschismus 138
Anmerkungen 144

KAPITEL NEUN: Herbert Schlüter
Der Anfang vom Ende einer Schriftstellerkarriere 146
Anmerkungen 157

KAPITEL ZEHN: Eine deutsche Schriftstellerkolonie auf Mallorca? 159
Anmerkungen 168

KAPITEL ELF: Einige Schlußgedanken zum Thema 171
Anmerkungen 177

AUSWAHLBIBLIOGRAPHIE
Nachlässe, unveröffentlichte Manuskripte und sonstige Archivmaterialien 179
Primärliteratur 181
Sekundärliteratur 187

VERZEICHNIS DER PHOTOGRAPHIEN 197

DANKSAGUNG

Die vorliegende Studie beruht zu einem großen Teil auf unveröffentlichten Briefen, Tagebüchern und sonstigen Archivmaterialien. So geht ein erster aufrichtiger Dank an das Deutsche Exilarchiv 1933-1945 in Frankfurt a.M., das Deutsche Literaturarchiv in Marbach, die Monacensia in München und das Österreichische Literaturarchiv in Wien, die mir bei meinen Nachforschungen optimale Arbeitsbedingungen gewährten und von ihrer Seite die Genehmigung zur Publikation unveröffentichter Materialien erteilten. Für Rat und Hilfe gilt mein besonderer Dank Marie-Luise Hahn und Sylvia Asmus im Deutschen Exilarchiv, Ingrid Kußmaul, Gabriele Biedermann, Angelika Lochmann, Elke Schwandner und Jochen Meyer im Deutschen Literaturarchiv, sowie Ursula Hummel in der Monacensia und Wilhelm Hemecker im Österreichischen Literaturarchiv.

Darüber hinaus richtet sich mein Dank an die Rechtsnachfolger der hier behandelten Schriftsteller, die von ihrer Seite ebenfalls der Publikation unveröffentlichter Materialien zustimmten: Eberhard Fuchs (für Harry Graf Kessler und Wilma de Brion), das Archiv der Stadt Viersen (für Albert Vigoleis Thelen) und das International Literatuur Bureau in Hilversum (für Franz Blei). Das Thomas-Mann-Archiv in Zürich genehmigte die Veröffentlichung einiger Zitate aus Franz Bleis Korrespondenz mit Thomas Mann, und Gabriele Zenke im Archiv der Akademie der Künste in Berlin war mir bei der Suche nach einem geeigneten Photo von Erich Arendt behilflich.

Ein ganz besonderer Dank gilt Alice Brill-Czapski, die mir nicht nur die Genehmigung bezüglich der Texte ihrer Mutter Martha Brill gab, sondern mit weiteren Informationen bereitwillig zur Verfügung stand und mit einem kritischen Auge das Kapitel über ihre Mutter las. Eine Ehre war es für mich, im März 2000 mit Herbert Schlüter in München sprechen zu können. Ich danke ihm für das aufschlußreiche Gespräch und für seine Erlaubnis, aus seinem ausführlichen Briefwechsel mit Klaus Mann zitieren zu dürfen.

Danksagung

Ein Mellon-Grant der Saint Louis University, sowie ein Freisemester im Frühjahr 2000 ermöglichten meine Arbeit in den Archiven. Für diese finanzielle Unterstützung danke ich der Saint Louis University. Ebenfalls danke ich DAAD für ein Study-Visit-Grant.

Fred von der Zee vom Rodopi-Verlag in Amsterdam möchte ich meinen Dank dafür aussprechen, daß er die Drucklegung des Manuskripts auf so professionelle Weise begleitet hat.

Letztendlich kommt eine solche Studie nicht ohne eine kritische Durchsicht aus, bevor sie zum Druck gelangt. Michaela Giesenkirchen von der Washington University in St. Louis erfüllte diese Aufgabe mit großer Gewissenhaftigkeit. Ich bin ihr sehr dankbar, daß sie manche Wortwahl hinterfragt und mich auf stilistische und inhaltliche Ungereimtheiten aufmerksam gemacht hat.

Reinhard Andress
St. Louis im Dezember 2000

KAPITEL EINS

Mallorca als Exilort deutschsprachiger Schriftsteller?

Mallorca läßt zunächst einmal nicht an deutschsprachige Schriftsteller als Exilanten des Dritten Reiches denken. Zu sehr hat sich das Image der Insel als Ferienort festgesetzt, der allen Gesellschaftsschichten, in erster Linie deutschen, Strand, Sonne und sonstige Urlaubsunterhaltung in Hülle und Fülle bietet. Die deutsche Präsenz auf der Insel ist mehr als auffallend: Etwa 70 000 Deutsche sind dort Haus- oder Wohnungseigentümer, wobei etwa die Hälfte Mallorca zum ständigen Wohnsitz gewählt hat. Demnach soll 20% der Insel in deutschem Besitz sein. Darüber hinaus erreichte der deutsche Massentourismus dorthin 1999 stolze 3,5 Millionen. Insgesamt sind das Zahlen, die den zweitstärksten britischen Ansturm auf Mallorca bei weitem überflügeln.[1] Angesichts der Urlaubs- und Wohnmöglichkeiten sei die Insel, so der Titel eines *Spiegel*-Artikels, "Das bessere Deutschland".[2] Im Jahr 1994 machte der ehemalige CSU-Bundestagsabgeordnete Dionys Jobst sogar den abwegigen Vorschlag, Mallorca als 17. Bundesland "einzukaufen".[3]

Der Tourismus begann 1872 mit dem Bau eines ersten bescheidenen Ferienhauses in S'Arenal südöstlich der Hauptstadt Palma.[4] Um 1900 entdeckten vor allem Engländer die Insel als billige Alternative zur französischen Riviera; in den 20er Jahren kamen noch andere Europäer hinzu, die Mallorca wegen des angenehmen Klimas als Altersruhesitz wählten. Wenn die Insel während dieser Zeit noch keineswegs von Ausländern überlaufen war, erschienen in Palma immerhin zwei Wochenzeitungen in englischer, zwei in deutscher und eine in französischer Sprache. In den 30er Jahren intensivierten sich die touristische Entwicklung und die ausländische Besiedlung, wie der Historiker Lawrence Dundas schreibt:

> Their peaceful pastoral existence remained untouched by the outside world until the financial crisis in 1930 started a hunt for cheaper and cheaper resorts. Searchers discovered that one lived well in Majorca on £10 a month and that £30 a month meant wealth. From then until 1934 this new-found

haven enjoyed a phenomenal tourist boom during which money poured into the island in a stream of unimagined swiftness and volume and there developed a general prosperity that whirled the natives off their feet and led many to believe that the Golden Age had arrived and would never go away. Hundreds of thousands of foreigners and Spaniards (who before had known as little about the island as the foreigners) visited Majorca during those five years and thousands established their residence there. Then in 1935 an improvement in world conditions drew people back again to the more luxurious playgrounds of the French Riviera and elsewhere. The tide of the boom began to recede leaving Majorca less prosperous than at its height but incomparably richer and busier than of old.[5]

Wie stark die z.T. nationalsozialistisch gesinnten Deutschen an dieser Entwicklung bereits in den 30er Jahren beteiligt waren, zeigt sich in einem Brief Harry Graf Kesslers, mit dem wir es hier noch viel näher zu tun haben werden, an seine Schwester Wilma de Brion vom 19. November 1933 kurz nach seiner Ankunft auf der Insel:

It is overun with Germans; half the shops (bookshops, bookstalls, stores, bars) are German; but the type of Germans (not Jews) is rather low class and undesirable, and I think, en grande partie Nazi. There is a Nazi German daily paper "Der Herold" and a Nazi club. The new houses are all in the pretty Berlin Grunewald style, and German architects are developing the town and country. There is a real German invasion.[6]

Laut eigenen Angaben der erwähnten Zeitung waren im Oktober 1933 allein in Palma "annähernd dreitausend" Deutsche ansässig.[7]

Zusammen mit der Verbesserung der weltweiten Wirtschaftslage, die viele Touristen an modischere Strände zog, verhinderten der Spanische Bürgerkrieg (1936-39) und die ersten Franco-Jahre die weitere touristische Entwicklung auf Mallorca. Doch in den 60er Jahren entdeckte auch das phalangistische Regime den Tourismus als einträgliche Einnahmequelle, was zu einem touristischen Boom ohnegleichen führte. In einem *Merian*-Beitrag beschreibt die Schriftstellerin Ulla Hahn die Insel heute:

Verwunschene Bergregionen, verträumte Buchten, Bettenburgen, überfüllte Strände, Einsamkeit für Einzelgänger, Rummel für den Kumpel, Villen für Millionäre, Betten für Millionen: Mallorca löst sie ein, jene berühmte Definition von Demokratie, die Jeremy Bantham, ein Zeitgenosse Goethes, formulierte: *The greatest happiness of the greatest number.*[8]

Mallorca als Exilort?

Sie fügt dann noch folgende Interpretation hinzu:

> Die postmoderne Beliebigkeit der Kunst findet hier in der Wirklichkeit statt. Neben unberührter Landschaft stehen die Verwüstungen des Massentourismus, die Futterkrippen neben Gourmetrestaurants, Villen neben Bretterbuden, unverbindlich, unverbindbar, beziehungslos, eine Insel wie ein Flickenteppich, wo jeder lebt und leben läßt, eine Insel mit vielen Inseln.[9]

So sehr Mallorca auch als Projektionsfläche für ein postmodernes Kunstempfinden dienen kann, darf seine abwechslungsreiche Geschichte nicht vergessen werden.[10] Die ersten Bewohner gehen auf das Jahr 4000 v. Chr. zurück. Ihre Kultur, die fast bis in das christliche Zeitalter hinein auf der Insel überlebte, wird häufig mit dem Begriff Talayotikum bezeichnet, und zwar nach dem als typisch geltenden kreisförmigen Bau (Talayot), der wiederholt auf Mallorca aufzufinden ist und als Wohnstätte des jeweiligen Stammesoberhauptes gedient haben mag. Einen besonders guten Eindruck dieser antiken Kultur vermitteln die Ausgrabungen der Talayot-Siedlung Ses Païsses in der Nähe Artàs auf der östlichen Seite der Insel.

Angesichts der strategischen Mittelmeerlage der Balearischen Inseln, zu denen nicht nur Mallorca, sondern auch Menorca, Ibiza und Fomentera gehören, überrascht es nicht, daß die Phönizier, Griechen, Kartager und Römer dort Spuren hinterließen, als sie zu verschiedenen Zeitpunkten die Inseln eroberten. In den Punischen Kriegen des 3. Jahrhunderts v. Chr. schätzte der Karthager Hannibal die Fähigkeit der Inselbewohner im Steineschleudern und setzte sie gegen die Römer ein. Der Begriff Balearen soll mit dem griechischen Wort *ballein* (werfen) zusammenhängen.

Nach den Römern kamen um etwa 450 n. Chr. die Vandalen.[11] Kurze Zeit wurden die Inseln von Byzanz aus regiert, dann von den Mauren, die 1229 während der Reconquista wiederum dem aragonischen und katalanischen König Jaume I. unterlagen. Als Erbe der Balearen gründete Jaume II. dort sein eigenes Königreich. In diese Zeit fällt Mallorcas Ruhm als Zentrum der Kartographie. Das lag nicht nur am Geschick jüdischer Graphiker, sondern auch an der günstigen Lage der Insel am Kreuzpunkt der wichtigsten Routen des Mittelmeers. Der Register des Hafens von Palma weist beispielsweise für das Jahr 1300 mehr als 300 Schiffe auf. Ebenfalls als Erbschaft wurden die Inseln 1343 mit Aragón vereint und somit Spanien einverleibt.

Mit der Reconquista war die Fremdbestimmung der Inseln keineswegs vorbei. Im Zusammenhang mit dem Spanischen Erbfolgekrieg besetzten die Briten Menorca and sicherten ihre Präsenz dort 1713 im Vertrag von Utrecht ab. Die Franzosen nahmen die Insel 1756 im Siebenjährigen Krieg ein; 1763 fiel Menorca wieder an die Briten, wobei das Hinundher weitgehend mit dem militärstrategisch idealen Hafen der Hauptstadt Maó zusammenhing. Da der Hafen Palmas weniger wichtig war, blieb Mallorca für die Briten und Franzosen militärisch von geringerem Interesse, obwohl die touristische Entwicklung im 19. Jahrhundert gerade dort einsetzte. Im Spanischen Bürgerkrieg fiel Mallorca bereits im Juli 1936 in die Hände der Phalangisten, vor allem mit der Hilfe italienischer Faschisten, und sah sich nun der Fremdbestimmung einer Diktatur unterjocht, die erst mit Francos Tod im Jahr 1975 zu Ende ging. Drei Jahre später erhielten die Balearischen Inseln im Zusammenhang mit einer neuen spanischen Verfassung den Autonomiestatus. Die neuste Fremdbestimmung oder gar "Überfremdung" Mallorcas hängt mit dem Massentourismus zusammen, der sich inzwischen auf den ganzen Balearen breitgemacht hat.[12]

Was Literaturgeschichte und Mallorca betrifft, wäre zunächst einmal auf die mallorquinische oder katalanische Seite einzugehen, die man sich nicht ohne Ramón Llull vorstellen kann. Im Jahr 1235 in Palma kurz nach der christlichen Rückeroberung geboren, wurde er im dreißigsten Lebensjahr nach einer ausschweifenden Jugend durch eine Vision zum Katholizismus bekehrt und lebte eine Zeitlang als Eremit. Er lernte Latein, Hebräisch und Arabisch, gründete in Randa im Inselinnern eine Missionarsschule und unternahm ausgedehnte Missionsreisen nach Nordafrika, Israel, London, Paris, Rom und Neapel. Er starb 1315. Insgesamt verfaßte Llull mehr als 250 Werke in seiner katalanischen Muttersprache, u.a. auch den Erziehungsroman *Blanquerna* (um 1284). Die Katalanen verehren ihn als den "Luther der katalanischen Sprache" und deshalb als Vater ihrer Kultur.[13] Er gilt allgemein als der berühmteste Sohn Mallorcas.

Zu erwähnen sind auch die bekannt gewordenen mallorquinischen Märchen, "rondayes" genannt, die weit in die Geschichte der Insel zurückreichen, eine Geschichte, die oft als kulissenhafter

Mallorca als Exilort?

Ausgangspunkt für die phantastischen Ereignisse und wunderbaren Gestalten der Märchen dient.[14] Sie standen zunächst einmal in der mündlichen Tradition, wurden dann aber gegen Ende des 19. Jahrhunderts zunehmend schriftlich festgehalten. Den Anfang machte der österreichische Erzherzog Ludwig Salvator, von dem unten noch die Rede sein wird, als er 1895 einen ersten Band *Rondayes de Mallorca* herausgab, der im Jahr darauf auch auf deutsch erschien. Der Monsignore Antoni M. Alcover und der Sprachforscher Francesco de B. Moll machten sich ebenfalls um die Herausgabe der Märchen verdient.[15]

Im Rückblick bezeichnet man den Anfang des 20. Jahrhunderts als die "epóca de oro de la literatura mallorquina".[16] Dieses goldene Zeitalter der mallorquinischen Literatur wird vor allem mit solchen Schriftstellern wie Costa i Llobera, Joan Alcover, Miquel dels Sants Oliver oder Mossén Alcover verbunden. Llorenç Villalonga wird als der herausragendste mallorquinische Schriftsteller des 20. Jahrhunderts angesehen, vor allem wegen seiner Romane *Mort de dama* (1954) oder *Bearn* (1956).[17]

Lateinamerikanische Autoren, die sich irgendwann einmal, oder auch mehrmals, auf den Balearischen Inseln, meistens auf Mallorca, aufhielten, bilden eine andere Seite der Literaturgeschichte, die mit Mallorca zusammenhängt. So verbrachte der nikaraguanische Poet Rubén Darío (1867-1916) zwischen 1906 und 1907 und dann wieder 1913 längere Zeit auf der Insel, was sich in seinem Romanfragment *El oro de Mallorca* niederschlug.[18] Auch den argentinischen Schrifsteller Jorge Luis Borges (1899-1986) zog es zwischen 1919 und 1921 zweimal nach Mallorca. Sein Gedicht "Himno del Mar" und einige andere Texte erinnern daran.[19]

Aber es schlug nicht nur spanischsprachige Dichter und Schriftsteller nach Mallorca. Bekannt ist z.B. der Aufenthalt der französischen Romantikerin George Sand (1804-1876), die den Winter 1838-39 zusammen mit dem an Schwindsucht leidenden Komponisten Frederic Chopin (1810-1849) in Valldemosa auf der bergigen Westseite der Insel verbrachte—ein Aufenthalt, der sie wenig für die Insel einnahm. Sands freigeistige Haltung und ihre Liebesaffäre mit Chopin stießen auf die Ablehnung der konservativen Inselbewohner. Hinzu kamen ein harter und regenreicher Winter und Sands *writer's block*. Ihre Aversion hielt sie lange nach dem Aufenthalt in ihrem Reisebericht *Un Hiver à Majorque* (1869) fest.

Bekannt ist ebenfalls, daß der englische Dichter Robert (von Ranke) Graves (1895-1985) bereits 1929 nach Mallorca zog, weil er der Hektik Englands entfliehen wollte und auf der Insel billiger leben konnte.[20] Er siedelte sich in dem westmallorquinischen Bergdorf Deyá mit der Dichterin Laura Riding (1901-1991) an und lebte dort, bis 1936 der Spanische Bürgerkrieg ausbrach. 1946 kehrte er zurück, diesmal mit Beryl Pritchard Hodges, und lebte bis zu seinem Tod in Deyá. Auf Mallorca schrieb er u.a. die historischen Romane *I, Claudius* und *Claudius the God* (beide 1934), übersetzte z.B. Sands Reisebericht als *Winter in Majorca* (1956) und schrieb seine mallorquinischen Eindrücke auf lustig pointierte Weise in *Majorca Observed* (1965) nieder.[21] Andere ausländische Autoren, die sich irgendwann auf Mallorca aufhielten und darüber schrieben, waren z.b. Anaïs Nin, Gertrude Stein, Paul Theroux und Gorden West.[22]

Aus der deutschsprachigen Welt kann der oben erwähnte Ludwig Salvator (1847-1915) angeführt werden, der Erzherzog von Habsburg, Lothringen und Bourbon, der als Zwanzigjähriger ruhelos den Wiener Hof verließ und lange, wissenschaftlich vielseitige Forschungsreisen auf seinen Yachten Nixe I und Nixe II unternahm. Diese führten ihn 1867 auch nach Mallorca, wo er sich mit Unterbrechungen zwanzig Jahre lang aufhielt und z. B. Darío, Miquel de Unamuno und sogar die Kaiserin Elisabeth von Österreich ("Sissi") als Gäste empfing. Wenn Salvator auch nicht direkt als Schriftsteller, sondern eher als Wissenschaftler zu bezeichnen ist, schrieb er auf Mallorca viel. Seine intensive Beschäftigung mit der Inselwelt führte zu der neunbändigen Studie *Die Balearen in Wort Und Bild Geschildert*, die zwischen 1869 und 1891 in Leipzig erschien. Wie schon erwähnt, gab er auch die *Rondayes de Mallorca* heraus. Zum Dank für diese leidenschaftliche Beschäftigung mit den Balearen wurde Salvator 1877 zum Ehrenbürger der Stadt Palma und 1910 zum Ehrenbürger von Mallorca ernannt. Die Umstände des Ersten Weltkriegs zwangen ihn dann, die Insel zu verlassen und nach Österreich zurückzukehren. Noch heute kann man auf der Insel seinen Spuren nachgehen; so sind seine diversen und spektakulär gelegenen Land- und Herrensitze in den westmallorquinischen Bergen entlang der Küste (z.B. Son Marroig

Mallorca als Exilort?

oder Miramar) von privater Hand restauriert worden und können z.T. besichtigt werden.

Weniger bekannt ist es, daß deutschsprachige Schriftsteller wie Erich Arendt, Franz Blei, Martha Brill, Harry Graf Kessler, Klaus Mann, Karl Otten, Herbert Schlüter und Albert Vigoleis Thelen zu unterschiedlichen Zeitpunkten˙ zwischen 1931 und 1936 als Exilanten den Weg nach Mallorca fanden. Sie kamen aus verschiedenen Gründen, und einmal auf der Insel angelangt, verbrachten sie ihre Exilzeit dort unter zum Teil sehr gegensätzlichen Umständen. Sie hatten manchmal mehr, manchmal weniger oder manchmal überhaupt keinen Kontakt zueinander und hielten sich unterschiedlich lange auf der Insel auf. Spätestens 1936 aber mußten sie fliehen, als der Spanische Bürgerkrieg begann und sie sich gewissermaßen wieder auf der "falschen" Seite befanden.

Mallorcas Rolle als Exilort deutschsprachiger Autoren ist in der bisherigen Forschung zur deutschen Exilliteratur weitgehend unberücksichtigt geblieben. So wird die Insel in Hans-Albert Walters mehrbändiger Studie *Deutsche Exilliteratur 1933-1950* überhaupt nicht erwähnt; z.B. ist lediglich von Ottens Weggang "nach Spanien" die Rede.[23] In jenen Untersuchungen, die sich genauer mit Spanien als Exilland auseinandersetzen, sieht es nicht viel besser aus, weil der Beteiligung linker Schriftsteller am Spanischen Bürgerkrieg (u.a. Eduard Claudius, Arthur Koestler, Egon Kisch, Gustav Regler, Ludwig Renn oder Erich Weinert) viel eher wissenschaftliche Aufmerksamkeit geschenkt wird.[24] In *Exil in den Niederlanden und in Spanien* spricht Silvia Schlenstedt immerhin von den Balearen und Mallorca als "einem anderen Konzentrationspunkt" neben Barcelona im spanischen Exil.[25] Von den erwähnten Schriftstellern nennt sie Kessler und geht kurz auf Arendt ein. Ähnlich sind für Patrik von zur Mühlen in seiner Untersuchung *Fluchtweg Spanien-Portugal* die Balearen "[d]as zweite Zentrum" der Exilanten in Spanien.[26] Neben Kessler und Arendt führt er Blei, Otten und Thelen lediglich mit Namen an. Brill, Schlüter und Klaus Mann bleiben unerwähnt, und wir gewinnen kein eingehendes Bild von Mallorca als Exilort der 30er Jahre, geschweige denn von den literarischen Werken, die sich aus dieser Zeit ergaben.

8 Mallorca als Exilort?

Diese Untersuchung setzt sich das Ziel, das Kapitel Mallorca in der Geschichte der deutschen Exilliteratur zu schreiben. Dabei wird es in einem ersten Schritt und im Sinne der Grundforschung darum gehen, in einzelnen Kapiteln das mallorquinische Exil der genannten Literaten in den Kontext des jeweiligen biographischen und schriftstellerischen Werdegangs einzubetten und anhand verfügbarer Zeugnisse zu beschreiben. Veröffentlichte und z.T. auch unveröffentlichte Tagebücher und Briefe werden dabei herangezogen, denn, wie der Exilforscher Guy Stern ausführt, es sind diese Gattungen, "in denen die Gegenwart—die Größe und das Elend des Exils—detailliert gestaltet werden."[27]

Darüber hinaus liegen von Otten und Thelen zwei Romane, *Torquemadas Schatten* (1938) und *Die Insel des zweiten Gesichts* (1953), und von Blei das Romanfragment "Lydwina" (1960) vor, die mit den mallorquinischen Jahren zusammenhängen. Die Insel hat sich auch in Klaus Manns Emigrantenroman *Der Vulkan* (1939), Brills unveröffentlichtem Roman "Schmelztiegel", Ottens ebenfalls unveröffentlichten "Geschichten aus Pueblo" und in Arendts lyrischem Schaffen niedergeschlagen. Insofern diese Texte autobiographisch angelegt sind (was Stern auch als typisch für die Belletristik der Exilzeit hervorhebt) und somit Aspekte des Mallorca-Exils ihrer Verfasser dokumentieren, sollen sie als weitere Quelle dienen.[28]

Abgesehen von der autobiographischen Seite dieser Texte zeigt sich in einer genauen Werkanalyse, daß Mallorca ihren Verfassern einen bestimmten Blickwinkel auf die Entwicklung im übrigen Europa, besonders im faschistischen Deutschland bot. Nach der Beschreibung des Mallorca-Exils der einzelnen Schriftsteller wird diese Perspektive in einem zweiten Schritt beleuchtet. Eine Ausnahme bilden hier Ottens "Geschichten aus Pueblo", die nur am Rande mit dem Faschismus zu tun haben.

In einem weiteren Kapitel soll darauf eingegangen werden, was Guy Stern in seiner "Prolegomena zu einer Typologie der Exilliteratur" anspricht:

> Literarische Bewegungen kreisen fast ausschließlich um ein oder mehrere geographische Zentren. Die Namen Weimar, Jena, Heidelberg, München oder Berlin aus der Vergangenheit der deutschen Literatur veranschaulichen die Kontinuität jenes Phänomens. Nur daß sie im Falle der Exilliteratur viel exotischer klingen als dazumal. Es sind Paris, Sanary-sur-mer, auch die

Mallorca als Exilort?

Internierungslager in Frankreich, England und Australien, dann wiederum London, Los Angeles, New York, Mexico City und Schanghai.[29]

In diesem Sinn wird überlegt, inwiefern Mallorca dieser Liste hinzuzufügen wäre und die nach Mallorca verschlagenen Autoren eine Art Schriftstellerkolonie bildeten.

Als Leitmotiv steht über dieser Studie der Titel eines Gedichts von Erich Arendt: "Der Inselgarten".[30] Das ist eine Metapher dafür, was Mallorca dem Lyriker bedeutete: "der bangen Irrfahrt Ziel", dessen "Paradies", "Blütentraum" und "Schönheit er verlorener Gefangener" wird. Die nationalsozialistischen Schrecken lassen sich verdrängen; Mallorca gewährt ihm kontemplative Ruhe, bis "der Tod mit Höllenpanzern auch zur Insel kam". Wie in den folgenden Kapiteln deutlich wird, trifft das in unterschiedlichem Maße auf alle Autoren im mallorquinischen Exil während dieser Zeit zu.

Anmerkungen

[1]Vgl. Bott et al. 121 u. 125. Jährlich kommen etwa neun Millionen Urlauber auf die Insel, die etwa 610 000 Einwohnern hat (vgl. 121). Vgl. a. Ihlau 126.
[2]Vgl. "Das bessere Deutschland" 88-94. Vgl. a. Bott et al. u. den Artikel "Mallorca, unsere Insel (Mallorca, nuestra isla)". Vgl. ebenfalls die Reportage von Runkel et al.
[3]Vgl. Bott et al. 122-23.
[4]Zur Tourismus-Entwicklung auf Mallorca vgl. Wolf u. Alcover.
[5]Dundas 69-70.
[6]Kessler an Wilma de Brion, 19.11.33, Kessler-Nachlaß.
[7]Vgl. "Palma de Mallorca. Die neue deutsche Schule in Palma". Kessler irrte sich insofern, als es sich beim *Herold* nicht um eine Tages-, sondern eine Sonntagszeitung handelt, die 1933-34 in Palma erschien. Es geht auch zu weit, die Zeitung einfach als nationalsozialistisch zu bezeichnen. Eher war sie stark national gefärbt. In Kap. 10 wird näher auf diese Zeitung eingegangen.
[8]Hahn 30.
[9]Ibid. 33.
[10]Zur Geschichte Mallorcas vgl. Roque u. Rauter, "Eine Insel, die jeder haben wollte".
[11]Bott et al. ziehen eine ironische Paralelle zwischen den germanischen Vandalen und der heutigen deutschen Präsenz auf der Insel: "Denn wie einst die germanischen Vandalen, die sich verheerend um das Jahr 450 auf den Balearen festsetzten, drängen nun deren zivilisierte Nachfahren mit aller Macht in diesen

Teil des Mittelmeers. Nur: Diesmal erfolgt die Landnahme nicht mit dem Schwert, sondern mit der Überlegenheit des Geldbeutels" (120-21).

[12] Vgl. Schulze.
[13] Vgl. Vollmer 3.
[14] Vgl. Karlinger 282.
[15] Ibid. 280 u. 287-89.
[16] Roque 178.
[17] Vgl. ibid. 180.
[18] Vgl. die von Carlos Meneses herausgegebene kritische Ausgabe des Fragments: Rubén Darío, *El oro de Mallorca (novela inconclusa)* (1991).
[19] Vgl. Carlos Meneses, *Borges en Mallorca (1919-1921)* (1996). Mallorca zog überhaupt spanische Künstler an. Es sei nur an Juan Miró (1893-1983) erinnert, der sich im Jahre 1940 auf der Insel niederließ. Vgl. Barbara Catoirs *Miró auf Mallorca* (1995).
[20] Vgl. Graves, "Why I Live in Majorca 1953", *Majorca Observed* 7-51.
[21] Vgl. Waldren 24ff., 138-39, 156ff. u. 174ff.
[22] Vgl. Distler.
[23] Vgl. Walter 223. Vgl. a. Ritchie, der Ottens Inselaufenthalt mit wenigen Worten abhandelt.
[24] Vgl. z.B. Zur Mühlen, *Spanien war ihre Hoffnung*.
[25] Vgl. Hermsdorf et al. 196-98.
[26] Vgl. Zur Mühlen, *Fluchtweg Spanien-Portugal* 56-57. Vgl. a. zur Mühlens Beitrag zu Spanien in Kohn et al. 396-97.
[27] Stern, "Was heißt und zu welchem Ende studiert man Exilliteratur?" 19.
[28] Ibid.
[29] Stern, "Prolegomena zu einer Typologie der Exilliteratur" 44.
[30] Zit. n. Arendt, *Trug doch die Nacht den Albatros* 60-61.

KAPITEL ZWEI

Albert Vigoleis Thelen

Ein Lebenskünstler auf Mallorca

Am 28. September 1903 in Süchteln an der Niers (Niederrhein) geboren und streng katholisch erzogen, verließ Albert Vigoleis Thelen bereits 1919 das Realgymnasium im benachbarten Viersen ohne Abitur. Bis 1925 schlug er sich in technischen Berufen durch, besuchte dann aber Vorlesungen in Philosophie, Kunstgeschichte und Zeitungswissenschaft als Gasthörer der Universitäten in Köln und Münster und verfolgte auch drei Jahre lang Sprachstudien. Er lernte Niederländisch, was es für ihn umso leichter machte, etwa im März 1931 seiner schweizerischen Freundin Beatrice, die mütterlicherseits von den Inkas abstammte, nach Amsterdam zu folgen, wo diese in einem adligen Haus eine Anstellung als Lehrerin gefunden hatte. Er fühlte sich ohnehin nicht mehr wohl in Deutschland: "Ich bin 1931 weggegangen, aus einem allgemeinen Unbehagen an meiner deutschen Kultur."[1]

Noch im selben Jahr ging es mit der Freundin nach Mallorca weiter, wo sie am 1. August an Land gingen. Von den hier zu behandelnden Autoren war Thelen somit der erste, der den Weg auf die Insel fand. Im Gegensatz etwa zu Blei, Kessler, Klaus Mann, Otten oder Schlüter war er einerseits zu diesem Zeitpunkt keine politische oder künstlerische Persönlichkeit, geschweige denn ein etablierter Schriftsteller. Erst in den 50er Jahren begann er in Amsterdam auf Anregung seines niederländischen Verlegers G.A. van Oorschott mit der Niederschrift seiner mallorquinischen Erlebnisse, die im Herbst 1953 als fast tausendseitiger Roman unter dem Titel *Die Insel des zweiten Gesichts* zunächst einmal in Holland erschienen.[2] Anderseits wissen wir aber durch diesen stark autobiographisch geprägten Roman bedeutend mehr über Thelens Mallorca-Jahre, als das bei den anderen Schriftstellern mit der Ausnahme Kesslers der Fall ist. Wie im zweiten Teil dieses Kapitels deutlicher ausgeführt wird, sind die autobiographischen Aspekte des Romans allerdings mit Vorsicht zu genießen, da sie dazu neigen, Thelens Erfahrungen literarisch zu verbrämen.

In vier Büchern erzählt Thelen, was sein autobiographisches Doppel Vigoleis, der eine Art Schelmfigur und Lebenskünstler ist, erlebt.[3] Dabei rekapitulieren die geschilderten Erlebnisse Thelens Leben mit Beatrice, die 1934 seine Frau wurde, auf der Insel—zunächst in der Wohnung des Schwagers, dessen angebliche Krankheit als Anlaß zum Inselbesuch diente, dann in der Pensión del Conde, dann im Bordell "Torre del Reloj" (Der Uhrturm) und schließlich in einer eigenen Wohnung in der Straße des Generals Barceló. Es folgt noch ein Epilog, der die Abenteuer des Ehepaars kurz vor Ausbruch des Spanischen Bürgerkriegs beschreibt.

Zeitweise ging es Thelen und seiner Frau finanziell so schlecht, daß sie Selbstmord begehen wollten. Doch als Sekretär für Kessler und Robert Graves, deren Manuskripte er ins Reine tippte, gelang es Thelen, sich und Beatrice über Wasser zu halten. Ebenfalls arbeitete er als Privatlehrer und Reiseführer. Des weiteren las er mit Begeisterung den portugiesischen Mystiker und Dichter Teixeira de Pascoaes (1877-1952) in spanischer Übersetzung und begann, dessen Werke ins Deutsche und Niederländische zu übersetzen.[4] Unter dem Pseudonym Leopold Fabrizius besprach er als Rezensent der deutschen Exilliteratur 150 Buchererscheinungen der Exilverlage Querido und Allert de Lange (beide in Amsterdam) in vierzig Artikeln für die Den Haager Zeitung *Het Vaderland*.[5] Thelens Frau arbeitete ebenfalls im Tourismus, als private Englischlehrerin und als Übersetzerin für Graves.[6] Vor allem durch den Unterricht für den jungen Maler Pedro Sureda ergab sich die Bekanntschaft zu dessen Familienkreis, einer der alteingesessenen, wenn auch damals schon verarmten Adelsfamilien Mallorcas.[7] Insgesamt hatten die Thelens Umgang mit Bettlern, Huren, Anarchisten, Kellnern, Soldaten, Beamten, Priestern, Nonnen, Handwerkern, Kaufleuten, Adligen, Schriftstellern, Philosophen und sogar mit einer Millionärin. Dementsprechend steht Thelens Vigoleis nur scheinbar im Zentrum seines Romans; ebenso wichtig ist das sozial breite Panoptikum, das uns der Autor bietet und das ein Bild vom Mallorca der 30er Jahre zeichnet.

Was am Anfang als Familienbesuch gedacht war, wurde zum Exil, als die Nationalsozialisten 1933 an die Macht kamen. Deren Machtergreifung kommentiert Thelen in seinem Roman mit folgenden Worten:

Albert Vigoleis Thelen 13

> Nach Jahren der vaterländischen Schmach, der völkischen Erniedrigung, der nationalen Umdunkelung: endlich die Morgenröte, die Götterdämmerung, der Aufbruch mit Kind und Kegel und Mann und Maus. O, da konnte man sich wieder geschlossen freuen, in Reih und Glied zum Jux angetreten; und je mehr man mordete, je freudiger wurde einem ums Herz.[8]

Die satirische Ironie verdeutlicht seine antifaschistische Haltung, aus der er auch während seiner Mallorca-Zeit kein Hehl machte. Entrüstet warf er einen NSDAP-Parteigenossen des Außenpolitischen Amtes aus seiner Wohnung, der ihn auf der Insel aufgesucht und ihm das Angebot gemacht hatte, für die Nazis "die Leitung einer deutschen Zeitung in Madrid zu übernehmen, daneben Vortragsreisen in ganz Spanien zu halten, innerhalb der deutschen Kolonie und auch für Spanien", weil er "fest im Sattel in Wort und Schrift, vor allem der spanischen Sprache mächtig" war (553). Der deutsche Konsul auf Mallorca hatte Thelen empfohlen, doch auch vor ihm versteckte er seine Verachtung der Faschisten nicht:

> Der Konsul beorderte mich eines Tages vor seine amtliche Person. [...] Dann kam die amtliche Verlautbarung: als Auslandsdeutschen müsse er mich parteipolitisch erfassen, und ich müsse das da—einen Wisch—unterschreiben. Es war eine Art Treuebekenntnis zum Führer, unverbrüchlich. Unverrücklich verließ ich das Lokal. Nun wußte der Konsul, mit wem er es zu tun hatte. (539)[9]

Dieser Antifaschismus "aus rein humanitären Beweggründen"[10] war auf der einen Seite so konsequent, daß Thelen bei der Machtergreifung eine soeben auf Abzahlung erstandene deutsche Schreibmaschine für eine amerikanische eintauschte, denn: "jede Mark, die wir künftig abbezahlen, verwandelt sich in Nazigift, mit dem wir später selber angespritzt werden" (530). In einem Brief aus dem Jahr 1970 erfahren wir, daß er sich sogar geweigert haben soll, für Kessler einen Brief an Goebbels im Diktat aufzunehmen und zu tippen.[11]

Angesichts dieser Haltung überrascht es dann, daß Thelen am 13. Mai 1934 in der in Palma herausgegebenen, immerhin stark national gefärbten deutschen Sonntagszeitung *Der Herold* eine Satire erscheinen ließ: Ein vor Palma angeblich gesichteter Riesenfisch wird als "Loch-Palma" getauft—in Anspielung auf das Loch-

Ness-Monster—und verursacht eine Menge touristischen Rummel, bevor sich der Fisch als gewöhnlicher Matjeshering entpuppt, der "[i]nfolge ungeklärter Lichtreflexe" größer erschien, als er in Wirklichkeit war.[12] Der als "SOS Loch-Palma" überschriebene Text ist am Ende mit den Buchstaben "-vgls-" versehen, die sich wohl nicht anders als mit "Vigoleis" entschlüsseln lassen. Warum er die Satire im *Herold* unterbrachte, hing wohl am ehesten mit der letzten Endes nationalen und nicht faschistischen Einstellung der Zeitung, mit der unpolitischen Absicht der Satire und eventuell mit der eigenen Geldnot zusammen. Denn die antifaschistische Haltung der Thelens hatte unmittelbare finanzielle Konsequenzen. Wenn ihr Antifaschismus auch wenig mit Sympathien für den Kommunismus zu tun hatte, wurden sie dennoch als Kommunisten verleumdet:

> Bei uns begann es mit einem Boykott. Wir merkten auf einmal, daß wir weniger verdienten. Die feinen Leute in den Palästen zogen sich zurück. Wußten die Töchter schon genug? Nein, sagte Pedro, aber wir seien als Kommunisten verschrien in ganz Palma; in den Geschäften wiesen wir deutsche Erzeugnisse zurück, das komme uns teuer zu stehen. [...] Die Tore wurden vor uns geschlossen [...] (542-43)

Die Konsequenzen nahmen auch lebensbedrohliche Formen an. Wie es Thelen beschreibt, war er schon vor Bürgerkriegsanfang offiziell zu einem "elemento disolvente" (634) erklärt worden und vom Konsul wegen "Schmähbriefe über den Führer" (703), die er Angehörigen im Dritten Reich geschrieben hatte, gewarnt worden. Als der Bürgerkrieg dann begann und die Insel bereits am 17. Juli 1936 in die Hände der phalangistischen Macht fiel, gerieten er und seine Frau auf eine anscheinend von deutscher Seite aufgestellte "Kopfliste" (891) und wurden von den Phalangisten und Nazis gesucht, um erschossen zu werden (vgl. a. 891-92 u 894).[13]

Während er den faschistischen Terror im Dritten Reich aus der Insel-Distanz beobachtet hatte, erlebte er dessen spanische Variante hautnah mit:

> Im spanischen Kriege ist die Insel am fürchterlichsten heimgesucht worden. Die Schrecken des Festlandes, rechts oder links entfesselt, sind nichts im Vergleich mit der Geißel Gottes, die über die Balearen geschwungen worden ist. Es gab kein Entweichen. Wer gezeichnet war, fiel. Man konnte sich nicht

zu seinen Gesinnungsgenossen auf die andere Seite durchschlagen, man saß in der Falle. Denn mit dem ersten Schuß des Pronunciamientos war die Insel durch einen genialen Handstreich in die Gewalt der Katholischen Generalität gefallen, die den Heiligen Krieg ausrief. Man sank zurück ins Mittelalter. (871)[14]

Noch auf Mallorca verarbeitete Thelen seine Erlebnisse zu "Kriegsberichten" (876), die er ausländischen Zeitungen schickte, auch das unter Todesgefahr:

> Dazu mußten wir nach Palma gehen, an den Hafen, wo Beatrice mit Matrosen ausländischer Kriegsschiffe anbändelte, die sich für Zigaretten auch sofort erboten, die Briefe zu befördern. Es stand Todesstrafe auf die Hintergehung der Zensur. Das hat uns nie abgehalten, wöchentlich einen Bericht loszulassen. (876)

Folgender Auszug aus einem solchen Bericht, der erst nach der Mallorca-Zeit der Thelens Anfang Oktober 1936 in der *Basler National-Zeitung* erschien, vermittelt einen weiteren Eindruck der Schrecknisse:

> Fascisten hatten mir gesagt, daß auch Deutsche unter ihren Blauhemden seien und sie luden mich mehrmals ein, ihre fabelhafte Organisation im Blauen Haus zu besichtigen. Ich habe es abgelehnt, die Hölle des Löwen zu betreten. Der Konsul stritt eine Beteiligung Deutscher an der Revolution energisch ab, ebenso die Terrorakte der Fascisten, aus denen diese selbst seit langem keinen Hehl mehr machten [...] Nacht für Nacht haben die Blauhemden auf der ganzen Insel gewütet, auf den Dörfern weit schlimmer als in Palma. Ein höherer Beamter des städtischen Hygieneamtes gab in vertrautem Kreis die Zahl der in Palma im Laufe der ersten sechs Wochen erfolgten Hinrichtungen auf rund 1500 an.[15]

Indem sie sich an verscheidenen Orten versteckt hielten, harrten die Thelens auf der Insel aus und verbrachten ihre letzten Tage dort wie zu Anfang in der Pensión del Conde, wo sie illegal ausländische Radiosender abhörten und übersetzten: "Man wollte wissen, was die Welt draußen zum Heiligen Krieg sagt, Beatrice hörte ein paar Sätze ab und übersetzte, während ich weiterhörte und übersetzte; es klappte lückenlos" (890). Der Zufall und glückliche Umstände ermöglichten es dann, Mallorca am 22. September 1936 nach einem bürokratischen Hürdenlauf zu entfliehen, und zwar auf der Grenville, demselben britischen Kriegsschiff, auf dem auch Blei die Insel verließ (vgl. Kap. Vier). Damit endet Thelens autobiographischer Roman.

Die Grenville lief das noch republikanische Barcelona an; von dort ging es für das Ehepaar Thelen auf einem anderen Schiff nach Marseille, wo sie auf Asyl hofften. Da es ihnen jedoch nicht gewährt wurde, zogen sie weiter in die Schweiz, wo sie bei Verwandten unterkamen. Von dort schrieb Thelen am 17. Oktober 1936 an Kessler:

> Sehr verehrter Graf Kessler, den Schrecknissen des Inselaufstandes heil entkommen, haben wir Refugium gefunden hier beim Bruder meiner Frau. Hab und Gut haben wir zurücklassen müssen, es ist fraglich, ob wir die Dinge wiederkriegen. Als wir die Insel verliessen (Ende September), hatte der unterirdische Terror dort Formen angenommen, die jeder Beschreibung spotten. Wir waren froh, endlich auf einem englischen Kreuzer der Bedrohung entraten zu sein.[16]

In der Schweiz lehnte Thelen das Angebot eines holländischen Lektorats an einer schweizerischen Universität ab und zog sich zusammen mit Beatrice ins Schweizer Tessin zurück, "in die Bergwelt des unwirtlichen Onsernonetales [...], wo ich unter Kühen, Femëmordern und Vipern ein paar unbeschwerte Jahre in meiner eignen Sode leben konnte."[17] Angespielt wird hier vielleicht auf einen angeblichen Versuch der Gestapo, Thelen zu entführen.[18]

Bei Kriegsausbruch fühlten sich die Thelens auch in der Schweiz nicht mehr sicher, und so flüchteten sie über Spanien nach Portugal, wo sie bei dem erwähnten Dichter Teixeira de Pascoaes Unterschlupf fanden.[19] Erst im Jahr 1947 verließen sie Portugal und übersiedelten nach Holland, wo *Die Insel des zweiten Gesichts* entstand. Für den Roman erhielt Thelen 1954 den Theodor Fontane-Preis, und Viersen reichte ihm ein Abitur *honoris causa* nach. Ebenfalls im selben Jahr fanden die Thelens einen neuen Wohnsitz in der Schweiz, wo sie für die nächsten zweiunddreißig Jahre seßhaft wurden. Zunächst einmal verwalteten sie bis 1960 in Ascona und später bis 1973 in Blonay am Genfer See die Landsitze Rocca Vispa und La Colline en Malaterraz der mexikanischen Millionärin Elita Lüttmann. In der Schweiz litt Thelen zunehmend an den Augen.[20] In diese Zeit fiel auch ein Rentenangebot des damaligen Bundespräsidenten Heinrich Lübke—auf Vorschlag des PEN-

Clubs—, das Thelen aber in seiner antifaschistischen Konsequenz ablehnte, da Lübke Mitglied der NSDAP gewesen war. Fünf Jahre lang kämpfte der Autor jedoch um eine Wiedergutmachungsrente. Da er bereits 1931 das Reich verlassen hatte, habe er es—so die Behörden—"ohne Not" bekämpft, doch wurde ihm letzten Endes eine bescheidene Rente zugesprochen.[21]

Auch nach dem Erscheinen seines mallorquinischen Romans schrieb und dichtete Thelen weiter.[22] Es entstanden die zwei Gedichtbände *Der Tragelaph* (1955) und *Im Glas der Worte* (1979), ebenfalls ein zweiter Roman mit dem Titel *Der schwarze Herr Bahßetup* (1956), in dem es um die Erlebnisse des Autors mit einem verrückt gewordenen brasilianischen Professor im Amsterdam der 50er Jahre geht. Es sind Erlebnisse, die dem Autor wie schon im ersten Roman zu einer Vielzahl erzählerischer Ausflüge dienen, die zwar von der eigentlichen Fabel des Romans wegführen, letzten Endes aber immer darauf zurückkommen.[23] Zwar bietet *Der schwarze Herr Bahßetup* nicht dieselbe Lebensfülle und satirische Intensität wie *Die Insel des zweiten Gesichts,* doch gelang es Thelen in diesem Roman, Aspekte des menschlichen Zustands zu beleuchten. Ähnlich der verrückten Hauptfigur wissen auch wir oft nicht, wer wir eigentlich sind.[24]

Nachdem ihre reiche Gönnerin gestorben war, ließen sich Thelen und seine Frau im Jahr 1973 in Lausanne-Vennes am Rande des Genfer Sees nieder. Im Herbst 1976 kam es nach vierzig Jahren zu einem Wiedersehen mit Mallorca, das Thelen in einem kurzen Zusatztext für eine spätere Auflage seines Romans schilderte. So freundlich das Ehepaar von alten Freunden und Bekannten (z.B. von der Familie Sureda) auch aufgenommen wurde, war Mallorca "nicht mehr unsere Insel, vielmehr ein Heerlager des internationalen Tourismus": "Wo vordem die Woermann-Linie Kraft-durch-Freude-Leute auf die Insel losgelassen, donnern jetzt die Jets über das Eiland und spucken allstündlich die Fremden aus" (914). Die Thelens erlebten das heutige, stark von deutschen Touristen überflutete Mallorca:

> Dann bogen wir in die Calle de los Apuntadores ein [...] Doch o du lieber Himmel: die kleine Straße war nicht wieder zu erkennen! ein einziger Bazar, Taberne and Taberne, und in einer jeden war Sorge getragen für Teutsche Essensspeiß: von Sauerkraut mit echtem Bohnenkaffee und ähnlichen Freßdeutschereien konnte man auf Fensterscheiben und Plakaten lesen. (914)

Im Jahr 1985 wurde Thelen das Bundesverdienstkreuz vom Bundespräsidenten Richard von Weizsäcker verliehen. Erst 1986 und aus gesundheitlichen Gründen zogen er und seine Frau nach Deutschland zurück, wo die Heimatstadt Viersen dem Ehepaar eine Wohnung in einem Altenheim in Dulken angeboten hatte. Thelen starb am 9. April 1989, seine Frau drei Jahre später.

Thelens mallorquinischer Roman trägt Zeugnis sowohl von seiner Lebenskunst als auch von den Schrecken, die seine Zeit auf der Insel prägten. Diese Schrecken blieben nachhaltig in der Erinnerung. In einem mit "Letzter Wille" überschriebenen Gedicht Thelens heißt es: "Mit Seelenmessen soll man mich verschonen. / Wer Francos heiligen Krieg gesehen hat, / sieht nicht mehr Gott in Gotteshäusern wohnen."[25]

Die Insel des zweiten Gesichts—
ein satirischer Blick auf den Nationalsozialismus

Der Roman erfuhr bei seinem Erscheinen im Jahr 1953 eine fast durchweg positive Rezeption, u.a. von Siegfried Lenz:

> Man muß sich wirklich weithin umtun, um ein Buch zu finden, das mit diesem vergleichbar wäre. Man denkt unwillkürlich an de Coster oder Cervantes, deren Helden ja auch, wie unser Vigoleis, tragische Gestalten sind unter der Hülle des Narrenwitzes. Thelen hat mit seinem Buch, so scheint mir, ein Fazit der Erzähltradition gezogen.[26]

Im Hinblick auf Thelens ausufernden Erzählstil war in *Die Neue Zeitung* nachzulesen:

> Es sind tausendundeine und mehr Geschichten, erlebte und nacherzählte, die Vigoleis mit jenem den Ernst und die Traurigkeit umfassenden Humor zur Kenntnis bringt. Geschrieben ist das Buch in einem farbenprächtigen Stil, voll barocker Wortwendungen und reichhaltiger Neubildungen, mit satirischer Schärfe und erfindungsträchtigen Formulierungen. Es ist ein gewaltiges, großartiges Buch, eines der geräumigsten und prallsten der deutschen Literatur, in deren Annalen es mit Sicherheit eingehen wird.[27]

Daß es zunächst einmal bei solchen Andeutungen erzählerischer Größe blieb, der Roman ansonsten weitgehend von der Germanistik vernachlässigt wurde, hängt mit der allgemeinen Entwicklung der deutschen Nachkriegsliteratur zusammen, wie sie der Literaturwissenschaftler Anton Krättli umschreibt:

> Die Erzählungen und Romane der deutschen Nachkriegsliteratur waren auf gesellschaftliche Phänomene konzentriert, lakonisch im Stil, den tristen Realitäten der Gegenwart zugewandt. In dieser literarischen Umgebung mußte Thelens Inselbuch gewiß "umständlich" und "skurril" wirken.[28]

Entsprechend kühl soll Hans Werner Richter den herbeigereisten Thelen empfangen haben, als dieser im Herbst 1953 auf einer Tagung der "Gruppe 47" in Bebenhausen aus dem soeben veröffentlichten Roman vorlas. Bei der anschließenden Diskussion bezeichnete Richter Thelens Sprache abschätzend als "Emigrantendeutsch".[29]

Erst nach einer Claasen-Neuausgabe im Jahre 1981, die mit einer späten Anerkennung Thelens, aber sicher ebenfalls mit dem Mallorca-Interesse deutscher Urlauber zusammenhing, wandte sich die germanistische Forschung dem Roman intensiver zu. Sie beschäftigte sich insbesondere mit solchen Aspekten wie Thelens an Jean Paul erinnerndem assoziativem und episodischem Schreibstil, seinem sprachinnovativen Trieb, der Nähe des Buches zum Schelmenroman und der Gratwanderung zwischen Fiktion und Realität.[30] Hier sollen Thelens von der Forschung weniger beachtete Satiren auf die Deutschen im Dritten Reich und auf Aspekte des Nationalsozialismus, wie er sie auf Mallorca erlebte, im Vordergrund stehen.[31]

In *Das Neue Tagebuch*, einem der bedeutendsten literarischen Foren der Exilzeit, das bis 1940 in Paris erscheinen konnte, schrieb der Herausgeber Leopold Schwarzschild im Vorwort der ersten Nummer:

> Die Emigration, die Entfernung vom Mutterboden, kann zwei Wirkungen haben. Sie kann den Blick trüben und kann ihn schärfen. Sie kann in einem Menschen Haß und Verbitterung bis zu einem Grade entzünden, der ihn blind macht. Sie kann ihm aber auch, wie jeder zeitliche und örtliche Abstand von Dingen und Ereignissen, freiere Sicht, überlegenere Objektivität, Überschau über größere Zusammenhänge gewähren.[32]

Bei Thelen war genau letzteres der Fall, wobei die Distanz sowohl räumlich als auch zeitlich war. Erst anfang der 50er Jahre schrieb er die Geschichte seines Doppelgängers Vigoleis nieder, der aus dem geographischen Abstand auf Mallorca "dem Widerhall der vaterländischen Selbsterniedrigung" zwischen 1931 und 1936 lauschte (710). Hinzu kam das Potential Mallorcas als Schauplatz der Enthüllung: Die entfremdende Distanz entblößte die Grundzüge des Dritten Reiches. Der örtliche Abstand und der isolierte Kontext Mallorcas, gebrochen noch einmal durch eine zeitliche Distanz, schärften die Perspektive, ließen Thelen den Faschismus umfassend begreifen und seine eigene antifaschistische Haltung prägnant zum Ausdruck bringen.

Dabei bezieht sich das "zweite Gesicht" des Romantitels nicht auf die Fähigkeit visionärer Voraussagen, sondern auf, so Thelen in der "Weisung an den Leser", das "Doppelbewußtsein" (9) der im Buch auftretenden Gestalten. Viele der Inselbewohner, die Thelen kennenlernte, verbargen nämlich hinter ihrem alltäglichen Auftreten eine wahre Identität. Davon weiß der Autor unterhaltsame Geschichten zu erzählen, "eine bunte Folge von Erlebnissen," wie Thelen schreibt, die er alle "genauestens wiedergegeben" habe, "was für phantastische, unwahrscheinliche Ereignisse darin auch vorkommen."[33]

Nüchtern betrachtet kommt man aber nur sehr schwer um die poetisierende Qualität mancher der geschilderten Erlebnisse herum. Zwar bleibt das eigens Erlebte die Grundlage des autobiographischen Berichts, doch darf der Untertitel des Romans nicht vergessen werden: "Aus den angewandten Erinnerungen des Vigoleis". Zu welchem Zweck wird das eigene Erinnerungsgut nun "angewendet"? Ein Blick auf Thelens Beziehung zur Geschichte hilft hier weiter: "Geschichte, ich wiederhole es, ist kein Wachsfigurenkabinett, wo jeder Leberfleck hingeklebt wird, wo er gesessen hat" (384). Geschichte wird für ihn interessant, "wenn der Historiker die Geschichte zur Legende erhebt und sie damit aus der sogenannten wissenschaftlichen Genauigkeit seiner Forschung" erlöst (378). In seinem zweiten Roman *Der Schwarze Herr Bahßetup* fügt er hinzu: "Seit es Legenden gibt und seit es Geschichte gibt, hat immer noch die Legende die Geschichte korrigiert."[34] Thelen ist gewissermaßen als Legendenschreiber zu sehen, der sein "Spiel mit dem wirklich Erlebten" zwecks einer Korrekturfunktion treibt (916).

Albert Vigoleis Thelen

Dieses Spiel besteht für Thelen zu einem großen Teil aus der Satire, die, wie er ebenfalls in seinem zweiten Roman ausführt, "der geschichtlichen Wahrheit [...] keinen Abbruch tut": "im Gegenteil, wie man sich in einem Zerrspiegel erst richtig erkennt und erschrickt, so kann die zwanglose Weise, um eine Gestallt herum zu plaudern, die Gestalt schärfer ins Licht rücken" (342). Das ist auch ein zentraler Aspekt seines Romans, und es wird deutlich, daß Thelen seine Inselerlebnisse literarisch "anwendet", um über die Satire, die bei ihm von der Groteske bis zum Witz reicht, der Realität des Dritten Reiches näher zu kommen.[35] Genauer gesagt dient sie dem Autor dazu, das Dritte Reich als kleinbürgerliches Phänomen, die Autoritäts- und zugleich Leichtgläubigkeit der Deutschen in dieser Zeit, ihr politisch opportunistisches Verhalten, die Rassenlehre der nationalsozialistischen Ideologie und deren Antisemitismus bloßzustellen.

Schon vor Günter Grass' *Die Blechtrommel* (1959) begriff Thelen den Nationalsozialismus als kleinbürgerliches Phänomen.[36] So berichtet er in seiner *Insel des zweiten Gesichts* mehrmals davon, wie er auf Mallorca an einem Roman mit dem Titel "Hünengräber ohne Hünen" schrieb, das Manuskript jedoch gegen Ende des Insel-Aufenthalts in einer Kloake verschwinden ließ, als der Spanische Bürgerkrieg ausbrach und sich die Nazis auch auf Mallorca stark machten: "Es war die bare Angst, erschossen zu werden. Ich habe es vernichtet, weil wir fliehen mußten: wenn dieses Buch den Nazis in die Finger gefallen wäre, dann wären wir sofort erschossen worden."[37] Doch in seinem Inselbuch erfahren wir, daß der Handlungsort des Romans eine deutsche Kleinstadt war, für die Thelens Heimatstadt Süchteln offensichtlich als Vorlage diente. Er bietet uns auch mehrere Kostproben, die er aus der Erinnerung rekonstruierte und die verdeutlichen, warum der Roman den Nationalsozialisten ein Ärgernis gewesen wäre:

> Ich war an die Stelle gekommen, wo der Leiter des städtischen Enthirnungsamtes dem Bürgermeister den Näber an den Hinterkopf setzt und mit einer Keule zuschlägt, um in der feierlichst aufgebotenen Massenkundgebung den Spund zu öffnen, aus dem das Kopfmark des ersten Vaters der Stadt in den bereitgehaltenen städtischen Eimer flösse, und da fragt ein Kind die Mutter: "Mutter, was tut der schreckliche Mann da mit dem Hammer? der schlägt dem Bürgermeister ja den Kopf ein!"—"Nein", entgegnet die Mutter, "der läßt nur das Gehirn aus dem seinem Kopf laufen", worauf das Kind die kindliche Frage

stellt, ob der Bürgermeister das Gehirn nicht mehr braucht. Die Mutter: Nein, der Führer denke jetzt für ihn. Das Kind: "Und du, Mutter, hast du auch ein Gehirn und wirst du auch geschlagen?" Ehe die Mutter antworten konnte, daß der Führer auch für sie denke, war der Bürgermeister schon gleichgeschaltet und schritt, den Mistelbruch in der Wunde, von dannen unter dem Beifallsgebrüll der Masse. Als er sich, zu nötigster Verrichtung, hinter einen Baum begab, wo er sich unbeobachtet glaubte, es aber nicht war, da griff er sich an den Hinterkopf: alles war fort, alles war Hitlersche Region geworden, o Führer... (693)

An einer anderen Stelle geht es beispielsweise um Hitlers Anordnung, "daß inskünftig alle standesamtlichen Trauungen mit nationaler Prächtelei vor sich gehen sollten" (710), worauf eine Exkursion in eine antisemitisch geprägte germanische Götterwelt folgt:

Der Standesbeamte reitet den Hengst Svadilfari, der Bürgermeister den achtbeinigen Sleipnir; es erdröhnt der Aufmarsch der Mispelformationen, Kriegsgefangene werden umgeführt, Nidhögger, der Neiddrache, bläst wider Juda; es rauscht in den Lüften, groß klafternde Walküren singen das Horst-Wessobrunner-Lied. Der Fenriswolf geht um, suchend, wen er verschlinge. (711)

Es bleiben zwar nur Thelens Erinnerungen an den Roman, diese allein zeigen aber schon, daß er eine Satire mit grotesken Zügen geschrieben hatte, in der der nationalsozialistische Wandel seiner kleinbürgerlichen Heimatstadt der Lächerlichkeit preisgegeben wird. Aus der mallorquinischen und Amsterdamer Distanz geraten über die Kleinbürger hinaus auch deutsche Gelehrte ins Schußfeuer von Thelens bitterer Kritik:

Erst im Auslande habe ich gemerkt, wie verrufen dieser am eigenen Wissen emporgezüchtete deutsche Gelehrte ist, der die Berührung mit der Umwelt nur noch aufrecht erhalten kann über das gedruckte Wort seiner sehr besonderen Sparte. Menschlich ist da wenig zu holen. Darum hatte es Hitler leicht, sie Stück für Stück auf seine Schnur zu reihen, die Similibrillanten der deutschen Wissenschaft. (655, vgl. a. 652-53 u. 654)

Diese satirischen Beispiele aus der *Insel des zweiten Gesichts* sind insofern nicht Mallorca-bedingt, als sie wahrscheinlich einen nicht weniger bitteren Ton angenommen hätten, wenn Thelens

Albert Vigoleis Thelen 23

Exilort ein anderer gewesen wäre. Doch gab ihm die Insellage ganz speziell die Gelegenheit, deutsches Verhalten angesichts des Faschismus in einem entfremdeten Kontext noch klarer, in diesem Fall eher witzig verspottend vor Augen zu führen, nämlich anhand der deutschen Touristen, die bereits in den 30er Jahren schiffeweise nach Mallorca kamen.[38] *Der Herold* berichtete beispielsweise am 8. April 1934 davon, wie das Büro des "Fomento de Turismo" im März 1934 1313 deutschen Touristen Auskunft erteilt hätte.[39] In seinem Roman sieht Thelen die deutsche Touristenwelle folgendermaßen:

> So kamen die Erwachten auch nach Mallorca, das Ende der Welt, die Hinterwelt, die Unterwelt, aber immerhin noch Welt. Das wollte sich einmal ansehen, Freude schöpfen aus dem Anblick des Niedrigen, gegen das das eigene Hohe um so ragender steht: Bei uns ist alles viel besser! Aber das wird natürlich bald ganz anders werden. (525)

Für Thelens Vigoleis bedeuten die Touristen Arbeit, und zwar als Touristenführer, um die eigene miserable finanzielle Lage aufzubessern, eine Arbeit, vor der er sich ekelt, denn seine Landsleute erlebt er nicht von einer angenehmen Seite. Das fängt schon bei der Verteilung der Touristen auf die bereitstehenden Autos an, wobei es sich diesmal um eine Gruppe Akademiker und besser gestellte Deutsche handelt:

> Ein Hetzen begann, ein Schreien, man rempelte sich an, zeigte sich die Zähne; jeder wollte der erste sein, den besten Wagen und im Wagen den besten Platz erwischen; mancher Vater fiel über manche Mutter, Töchter vergaßen, daß sie höhere waren, Söhne mit Schmissen wähnten sich auf dem Paukboden und hauten um sich, um für die alten Herrschaften das eleganteste Auto zu erobern: wozu reist man schließlich 1. Klasse? (400)[40]

Um die Lage zu retten, sieht sich Vigoleis gezwungen, einen alten Wagen, in den die touristischen Landsleute nicht einsteigen wollen, historisch als ehemaliges Auto des berüchtigten Juan March zu verbrämen, der als Politiker, Verfassungsrichter und Bankier von Mallorca aus eine fragwürdige Rolle in der spanischen Geschichte gespielt hatte und zu dem Zeitpunkt immer noch spielte. Damit geben sich die Touristen zufrieden, und da Thelens Vigoleis im

selben Auto Platz nimmt, sind sie stolz darauf, im "Führerwagen" (401) mitfahren zu dürfen.
Und tatsächlich macht Vigoleis seinem Touristenführer-Job alle Ehre. Vom Direktor des deutsch-spanischen Reisebüros, der gleichzeitig der erwähnte Konsul auf Mallorca war, wurde er nämlich mit folgendem Leitsatz in die Arbeit geschickt: "Der Führer weiß alles! Merken Sie sich das, und Sie werden ein guter Führer werden!" (396). Doch wegen seines angeblich schwachen Gedächtnisses weiß Thelens Vigoleis so gut wie nichts von den Sehenswürdigkeiten der Insel zu erzählen, was ihn aber nicht von der Arbeit abhält: "Ich war einzig darauf bedacht, ein paar Schritte vor den Geführten das Gebäude zu betreten, um mit allesumfassendem Führerblick zu ermitteln, was denn da drinnen los sei. Dann sammelte ich die Schar um mich und erklärte alles nach bester Phantasie [...]" (402). So macht er aus den leicht geneigten Säulen der Kathedrale in Palma eine "Inclinatio mystica" und den einzigen "Fall in der mediaevalen Mystik, wo diese Tendenz direkt in den architektonischen Raum übertragen wurde" (405). Ein schwarzes Objekt in einer Vitrine des Klosters zu Valldemosa läßt er zu einer "Pechfackel" werden, die in Bittprozessionen gegen den schwarzen Tod im 14. Jahrhundert ihre Anwendung fand: "Einmal im Jahr wird die sogenannte Taeda pestis öffentlich gezeigt und alle 13 Jahre führt man die schicksalsträchtige Reliquie in einer Bittprozession denselben Weg, den vor Jahrhunderten die Valldemonsiner gegangen sind: Von Pest und Hunger erlöse uns, Amen!" (412).
Weiter geht es dann in diesem Stil, als sich seine deutschen Landsleute über die einfache Gaststätte beschweren, in der sie zum Mittagessen abgefertigt werden. Thelens Vigoleis macht den Ort zu "geweihtem Grund": Dort soll Cervantes seinen Don Quijote "in 95 Nächten beim Schein einer Ölfunsel" (417) abgefaßt haben. Das nehmen ihm seine deutschen Landsleute auch ab:

> Es vergingen ein paar Sekunden, keiner erhob Einspruch gegen die Literaturverhunzung, im Gegenteil: man knipste schon den heiligen Ort, zog sich die Jacken wieder ab, würdigte jeden Stein und jede Strebe mit Kennermiene, und ich konnte dem Wirt, der der Szene zugeschaut hatte, Bescheid geben aufzutragen. Ich erklärte die Speisen, rühmte alles und erntete Dank. Frauen kriegten blanke Augen: so ein herrlicher Führer. (417)

In einer anderen Gaststätte kommt es zum Eklat wegen des Fisches, den die Deutschen verspeisen sollen. Diesmal läßt Thelen seinen Vigoleis eine Rede halten:

> Die Deutschen seien ein großes Volk, ein begabtes Volk, ein kluges Volk. Die Welt, auch wolle sie es nicht eingestehen, verdanke den Deutschen viel. Die Mienen hellten sich auf. Nun konnte ich aus dem blöden Fisch kein Eisbein mit Sauerkraut machen, auch keinen Rollmops, darum schlug ich statt dieser Verwandlung den heroischen Weg ein, der bei Deutschen immer ans Ziel führt. Den alten Germanen, so fuhr ich fort, sei der Fisch heilig gewesen, und die Brukterer am Rhein hätten sogar einen Salm als Wassergottheit verehrt. Zustimmung. Im Weltkriege nun hätten die deutschen U-Boote unter den unvergeßlichen Korvettenkapitänen die Weltmeere beherrscht, hätten nicht nur die feindlichen Flotten versenkt oder zu Paaren getrieben, sondern auch die Schwärme der Haifische hätten vor ihnen Reißaus genommen. Kein Gewässer, das vor der deutschen Flagge sicher gewesen.—"Nur im Mittelmeer herrschte der goldene, sonnenüberspiegelte Wasserfrieden. Das witterten die Haie, und durch die Meerenge von Gibralter zogen sie ins Mare Nostrum ein. So verzeichnet die zoologische Wissenschaft seit den Jahren 1914-1918 als neuen Standort für den Menschenhai das Mittelländische Meer. Meine Damen und Herren, was Sie hier vor sich auf Ihren Tellern haben, ist Hai in einem Alter, wo er den Menschen, denen er seinen Namen verdankt, noch ungefährlich ist. Eine Delikatesse erster Ordnung, in Paris chez Nogarette kostet eine solche Schlemmerei ein Vermögen." (418-19)

In witzig-satirischer Form appelliert hier der Touristenführer an das deutsche Nationalgefühl, das sich wenigstens auf dem Wege der Verspeisung des zum Hai geläuterten Fisches für den verlorenen Weltkrieg und Versailles entschädigt. Thelens Appell an deutsche Großmannssucht bleibt auch nicht ohne Erfolg: "Kein Hai hätte so aasen können mit der Kost, wie es die auf den Geschmack gekommenen Sauerkrautler taten" (419).

Vigoleis' Phantasiegeschichte nehmen die deutschen Touristen ihm gerne ab, sogar im Sammelband: "Vater, hast du gehört, unser Führer schreibt einen ganz neuen Führer über die historische Empfindlichkeit der Insel, den müssen wir aber kaufen, wo wir den Führer doch gekannt haben, nicht wahr, Vater?" (403). Wie so oft spielt Thelens Roman hier sein "Sprachspiel um das Wort Führer."[41] Thelens Vigoleis entdeckt, was sein Chef schon angedeutet hatte, nämlich, "daß man als Führer eine Autorität ist und eine Macht darstellt" (397), eine Macht, die vor allem in der Suggestion liegt: "Jeder Führer kann das bestätigen, sei es, daß er Fremde, sei es, daß er ganze Völker führt" (822). Hinzu kommt, wie Thelen noch weiter ausführt, wobei er sich auf Schopenhauer beruft, "daß es keine große Kunst sei, die Deutschen bei der Nase zu führen, wenn der Scharlatan nur brav seinen Unsinn schwätze" (413). Diesen Beweis führt Thelen nun, indem er Vigoleis als Touristenführer seinen eigenen "Unsinn" erfinden läßt, um so die Autoritäts- und zugleich Leichtgläubigkeit der Deutschen satirisch bloßzustellen.[42] Mallorca gab Thelen die Gelegenheit, eine Parallele zur ideologischen Ver- und Irreführung der Deutschen durch Hitler zu gestalten.[43] Sein Blick auf den Führer selbst ist im Roman entsprechend schonungslos:

> Das Wort Führer hatte damals schon einen üblen Beigeschmack, aber nur ganz leicht, wie bei einem Kotelett um den Knochen herum, wo es immer zuerst zu riechen anfängt. Führer, das rief etwas Lächerliches auf, man sah die Wichsbürste des Schnauzes und die Haarlocke eines Homosexuellen, den Blick eines Irrsinnigen, und das alles in Uniform, um die Komik zu erhöhen und ins Tragisch-Deutsche zu heben. (395)

Abgesehen von dem polternden Verhalten und der Autoritätsgläubigkeit seiner Landsleute verspottet Thelen auch deren Opportunismus. Wieder einmal legt die Monte Rosa mit 2000 Touristen aus dem Reich an, diesmal, als gerade der Röhm-Putsch stattfindet:

> Die Horden wollten wissen, was im Dritten Reiche vor sich ging. An Bord hatte man sie über den Ausgang der Revolte im ungewissen gelassen, es war Montag geworden und noch wußte niemand: war auch der Führer getötet worden? Und wer noch? Und werden wir nun alle hingerichtet, die wir ein Hakenkreuz im Knopfloch tragen? Dann steckt man es besser mal hinter den Aufschlag. (815-16)[44]

Das ist ein politisch opportunistisches Verhalten, das Thelen unter den deutschen Inselbewohnern ebenfalls bemerkte. Auch hier bot der entfremdete Kontext Mallorcas dem Autor die Gelegenheit, den Blick umso gezielter und schonungsloser auf sie zu werfen, so auf einen schreibenden Veteranen aus dem Ersten Weltkrieg. Vigoleis lernt nämlich den Luftkämpfer Freiherr und Hauptmann von Martersteig kennen, der verbittert um eine Erhöhung seiner

Kriegsrente kämpft und ein Romanwerk mit dem Titel "Das Affenheer" schreibt, in dem er reichsdeutsche Wehrpflichtige aufs Korn nimmt.[45] Martersteig funktioniert als kontrastierende Schriftstellerfigur zu Thelen/Vigoleis; denn während dieser seine Haltung gegen den Nationalsozialismus nicht kompromittiert, genügen "eine Stange deutsches Bier und zwei deutsche Würstchen" (346), um bei der für die deutsche Kolonie auf Mallorca organisierten Wahl Martersteigs Hitlertreue zu erkaufen. Ebenfalls charakterisiert politischer Opportunismus das Verhalten des deutschen Konsuls auf Mallorca. Dessen politischen Wandel von Links nach Rechts drückt Thelen folgendermaßen aus: "Er spähte aus nach Hammer und Sichel; da witterte er anderes Heil" (539). Er wurde zu einem für Thelen sehr unangenehmen Nazi, der sein Überleben auf der Insel gefährdete: "Der Konsul, vor seinem Fall ein bescheidener, höflicher, gut erzogener und sehr umgänglicher Auslandsdeutscher, wurde nun ganz groß, ganz unumgänglich, jeder Zoll ein durchflaserter Dünkling der Bewegung" (703).

Mallorca bot Thelen dann auch die Möglichkeit, einen Aspekt des deutschen Nationalsozialismus, nämlich seine Rassenlehre, aus der Distanz durchzuspielen und dabei ebenfalls witzig-satirisch ad absurdum zu führen. Die Aufenthaltsbewilligung von Thelens Vigoleis ist abgelaufen, und da er den national gesinnten Behörden suspekt ist, soll er der Insel verwiesen, vielleicht sogar an das nationalsozialistische Deutschland ausgeliefert werden. Mit der Bitte um Hilfe wendet er sich an seine Freundin Mamú, die amerikanische Erbin des "Royal Baking Powder" (518), die den Direktor der Fremdenpolizei kennt. Dieser will schon seit langem, daß sich ihr reinrassiger Pekinese T'uang mit seiner pekinesischen Hündin paart, die "Raupenfraß im Stammbaum" (639) hat. Ein "Kopulationsgeschäft" (637) wird arrangiert, und es kommt zum "Tag der Besudelung" (638), an dem Vigoleis' "Inselschicksal [...] mit T'uangs Stärke und Sudelmut" (638) stehen oder fallen soll. Da sich aber T'uang recht unwillig zeigt, muß er mit viel Aufwand eingefangen werden, bevor es zur "Notzucht" (644) kommt, die jedoch das gewünschte Resultat bringt. Der Direktor zeigt sich auch erkenntlich, indem er "das Mißverständnis" (646) der Aufenthaltsgenehmigung aus der Welt schafft. Thelen resümiert die satirische Pointe dieser Episode: "den Führer hatten wir geschlagen mit seinem eigenen Rassenschwindel" (646).

Es war der Antisemitismus, der Thelens antifaschistische Haltung bedingte, zumal er nicht politisch war, wie er an einer Stelle in seinem Roman erklärt:

> Heil Hitler, so argumentierte ich, bedeute den Tod von Millionen Juden. Der Rest, die sogenannte Politik der Nazis, kümmere mich nicht, davon verstünde ich doch herrlich wenig. Ich hatte ja nie eine Zeitung ernstlich über dem Strich gelesen; hatte nie von meinem Wahlrecht Gebrauch gemacht, weil ich mich nicht berufen gefühlt, am Volk zu bauen, wo ich mit mir selber noch nicht ins reine hatte kommen können. Zentrum? Sozialdemokraten? Kommunisten? Nationale aller Strichelungen? Ich hatte gute und schlechte Kerle unter diesen Sekten kennengelernt, aber Juda verrecke: nein und dreimal nein! (707)

Diese Haltung bringt er etwas später auf eine einfache Formel: "Meine Einfaltsgleichung: Heil Hitler = Juda verrecke, Juda verrecke = Verbrechen, also ist, wer Heil Hitler sagt, ein Verbrecher [...]" (723). Diese eindeutige Einstellung erlaubte es Thelen, in seinem Roman den schlechten Charakter eines Juden grotesk-satirisierend darzustellen, ohne daß er des Antisemitismus bezichtigt werden kann. Wieder bot Mallorca den entfremdenden Kontext, um einen scharfen Blick auf einen Aspekt des Nationalsozialismus werfen zu können.

Es handelt sich dabei um einen gewissen Silberstern, der dem Dritten Reich nach Mallorca entflieht und plötzlich eines Tages vor Vigoleis' Tür steht und um seine Hilfe bittet. Der Autor stattet ihn mit vielen von jenen Eigenschaften aus, die im Nationalsozialismus die propagandistische Grundlage des Antisemitismus bildeten: Silberstern ist auf schmierigem Wege zu seinen Millionen gekommen, getrieben von einer unersättlichen Geld-, wie auch Sexgier. Vom "Rechtsberater" im Bestreben, die Millionen aus Deutschland freizubekommen, steigt Vigoleis zu Silbersterns "Geschlechtsberater" (775) auf, ohne Bezahlung und schamlos ausgenutzt. Wie schon angedeutet, haben diese Episoden die Funktion, Thelens klar ablehnende Haltung zum Antisemitismus erzählerisch vor Augen zu führen. Seines Vigoleis habe sich der Autor bedient, um zu beweisen, "daß ein Arier [...] trotz aller Anfechtungen, Demütigungen, Ausbeutungen und Anwanzungen des Ungestirns Silberstern nicht zum Antisemiten zu werden braucht [...] Durch diesen Juden würde selbst Vigoleis zum Judenfresser, war ein geflügeltes Wort auf der Insel. Er wurde es nicht [...]" (776). Thelen wollte damit sagen, daß ein schlechter Mensch ein schlechter Mensch sei, was keineswegs damit zusammenhänge, daß er zufällig auch Jude sei.

In der *Insel des zweiten Gesichts* erfüllen Thelens witzige und groteske Satiren den Zweck, faschistisches Kleinbürgertum, leicht aufzustachelndes Nationalgefühl, deutsche Autoritätsgläubigkeit, politisch opportunistisches Verhalten, nationalsozialistische Rassenlehre und den sich daraus ergebenden Antisemitismus aufzudecken und zu entlarven. Die geographische Entfernung Mallorcas von den Geschehnissen des Dritten Reiches und die Gelegenheit, die Deutschen auf der Insel isoliert zu beobachten, schärften seinen Blick, das alles noch einmal gebrochen durch die zeitliche Distanz der Niederschrift in Amsterdam. Wenn es auch eine Schwäche von Thelens satirischem Erzählen ist, daß es den Faschismus nicht erklärt,[46] so gehört es vielleicht zum Besten, was auf satirischem Gebiet zum Dritten Reich geschrieben worden ist. In diesem Zusammenhang würde sich ein Vergleich mit anderen Satiren auf das Dritte Reich wie z.B. Edgar Hilsenraths *Der Nazi & der Friseur* (1977), Irmgard Keuns *Nach Mitternacht* (1937), Heinrich Manns *Lidice* (1943) oder Klaus Manns *Mephisto* (1936) lohnen.[47] Die satirischen Passagen in der *Insel des zweiten Gesichts* machen auf alle Fälle deutlich, daß das Buch nicht lediglich eine Sommerlektüre für Mallorcatouristen ist, so unterhaltsam der Roman auch sein mag.[48]

Anmerkungen

[1] Morriën 6.
[2] Vgl. ibid. 12.
[3] Vgl. Pütz, *Doppelgänger seiner selbst* 218-44, Quante u. van Gemert.
[4] So übersetzte Thelen z.B. Pascoaes' *Verbo Escuro* (1914) ins Holländische als *Verbum Obscurum* (1946, zusammen mit dem holländischen Dichter Hendrik Marsman) und ins Deutsche als *Das dunkle Wort* (1949). Des weiteren übertrug er *São Paulo* (1934) als *Paulus, de dichter Gods* (1937, zusammen mit Marsman) und *Paulus, der Dichter Gottes* (1938) und *São Jerónimo e a Trovaoada* (1936) als *Hieronymus, de dichter der vriendshap* (1939, mit Marsman) und *Hieronymus, der Dichter der Freundschaft* (1941). Angeblich übersetzte er dann auch noch Pascoaes' *Napoleão* (1940) ins Deutsche als "Spiegel des Antichrist", fand dafür jedoch nie einen Verleger (vgl. Thelens zweiten Roman, *Der Schwarze Herr Bahßetup* 13).

Zum Briefwechsel zwischen Thelen und Pascoaes vgl. *Cartas a Teixeira de Pascoaes* 53-60. Vgl. a. Piechorowski.

⁵Vgl. die von Louven aus dem Niederländischen übersetzte und herausgegebene Sammlung von Thelens Rezensionen, *Die Literatur in der Fremde*. Unter vielen anderen im Exil entstandenen Romanen rezensierte Thelen auch Ottens *Torquemadas Schatten* und Manns *Der Vulkan* (vgl. 225-30).

⁶So soll sie einen Teil einer Rohübersetzung der Memoiren des Kunsthändlers Georg Schwarz ins Englische angefertigt haben, die Graves dann bearbeitete und die 1936 unter dem Titel *Almost Forgotten Germany* erschienen. Vgl. Richard Perceval Graves, *Robert Graves* 234. Anscheinend wurden die Memoiren nie auf deutsch veröffentlicht.

⁷In diesem Zusammenhang vgl. Thelen, *Cartas a Teixeira de Pascoaes* 38. Der junge Maler fertigte auch ein Porträt von Thelen an, von dem der Autor in seinem zweiten Roman schrieb: "Der spanische Maler Pedro Sureda, mein Freund, hat von mir ein Porträt gemalt, in dem ich mich auch nicht wiedererkenne. Und doch bin ich's in jedem Strich und jedem Farbton" (*Der Schwarze Herr Bahßetup* 432). Eine Abbildung des Porträts ist in Pütz, *In Zweifelsfällen entscheidet die Wahrheit* zu finden.

⁸Thelen, *Die Insel des zweiten Gesichts* 524-25. Weitere Zitate aus diesem Text werden mit der Seitenangabe in Klammern versehen.

⁹Wir haben es hier mit dem Konsul Johannes Dede zu tun, dessen Name wiederholt im *Herold* zu finden ist. Vgl. z.B. "Eine Feierstunde der deutschen Kolonie".

¹⁰So Thelen 1967 in einem Fragebogen anläßlich der zweiten Auflage von Wilhelm Sternfelds und Eva Tiedemanns *Deutsche Exil-Literatur 1933-1945* (1970), Sternfeld-Nachlaß.

¹¹Vgl. Thelen an Schmoller, 15.6.70, Kessler-Nachlaß.

¹²Vgl. -vgls-, "SOS Loch-Palma".

¹³Einerseits ist es klar, daß es eine nationalsozialistische Präsenz auf der Insel zu Beginn des Bürgerkriegs gab. Abgesehen vom deutschen Konsul, den sowohl Thelen als auch Otten (vgl. Kap. 5) erwähnen, sei an Kesslers Zitat zu den Deutschen auf Mallorca erinnert (vgl. Kap. 1, Anmerkung 6). Anderseits bleibt aber das Ausmaß des nationalsozialistischen Einflusses im politischen und militärischen Sinn unklar. Die Präsenz der italienischen Faschisten scheint stärker gewesen zu sein. Thomas spricht von Mallorca als "Italian stronghold" (397, vgl. a. 383 ff. u. 807). Dundas redet lediglich von "a dozen German hydroplanes", für die man in der Bucht von Pollença einen Stützpunkt geschaffen hatte (81, vgl. a. 71ff.). Vgl. a. Pasarius.

¹⁴Vgl. a. George Bernanos Tagebuchschilderungen der Bürgerkriegszustände auf Mallorca in *Les Grands Cimetieres sous la lune* (1938). Als französischer Katholik, Romancier und politischer Journalist erlebte er die Ereignisse dort sehr direkt mit. Das Buch erschien auf englisch als *A Diary of My Times* (1938) und auf

deutsch unter dem Titel *Die großen Friedhöfe unter dem Mond* (1992). Vgl. ebenfalls Dundas 75ff.

[15] Zit. n. Schuster/Pehle 505.

[16] Zit. n. ibid. 502.

[17] Thelen, *Der Schwarze Herr Bahßetup* 123.

[18] Vgl. Thelen, *Cartas a Teixeira de Pascoaes* 39.

[19] Beim Grenzübergang zwischen Spanien und Portugal wurden die Thelens festgehalten. Das Abenteuer ihrer Weiterreise schrieb Thelen in einigen Texten nieder, die angeblich Auszüge aus einem weiteren autobiographischen Roman mit dem Titel "Die geweiste Flucht" darstellen, der allerdings nie veröffentlicht wurde. Die Auszüge erschienen jedoch als "Der Hirtenbrief" und "Grenzstein der Freiheit". In diesen Texten bleibt Thelen der Schelm, der sich im "Hirtenbrief" als "Abgesandten des Heiligen Stuhls" und im "Grenzstein der Freiheit" als "Sonderbeauftragten des Führers in geheimer Mission" ausweist, um die Flucht unbeschadet überstehen zu können.

[20] Vgl. die Briefe Thelens an Dora von Bodenhausen, 11.3. u. 22.12.57 u. 27.5., 4.7. u. 16.10.59, Bodenhausen-Nachlaß.

[21] Vgl. Halstenberg, "Ein Clown, der Tränen weint" 22-23.

[22] Für eine Bibliographie zu Thelens Werk vgl. Pütz, *In Zweifelsfällen entscheidet die Wahrheit* 274-88.

[23] Als Thelen die erwähnte Hauptfigur seines Romans kennenlernte, saß er anscheinend gerade an der Niederschrift seiner mallorquinischen Erlebnisse. Auf der ersten Seite des *Bahßetup*-Romans ist zu lesen: "So wie ich damals auf Mallorca immer an etwas wie besessen schrieb und schrieb, so schrieb ich nun wie besessen an der Geschichte meiner balearischen Besessenheit, die sich mir [...] als die 'Insel des zweiten Gesichts' verheißen hatte; und einen seltenen Fisch um den anderen jagte ich mit unermüdlicher Plumpstange aus den Tiefen meines Gedächtnisses in die Reuse dieser 'Angewandten Erinnerungen'" (13). Auf der letzten Seite des Romans, nachdem er die Professorfigur auf dem Amsterdamer Flughafen aus den Augen verliert, fügt Thelen hinzu: "Ich war wieder frei geworden für mich selbst und die Insel meines zweiten Gesichts" (765).

[24] Vgl. Krüger.

[25] Thelen, "Letzter Wille", *Sie tanzte nackt auf dem Söller* 344.

[26] Lenz. Die Lizenz für Deutschland übernahm der Eugen Diederichs Verlag, ein Entschluß, den der Verlag nicht bereuen sollte, da der Roman noch 1967 in einer achten Auflage (45-47 Tausend) herauskam. Der Roman erschien 1981 in einer Claasen-Neuauflage, dann zu Thelens 80. Geburtstag im Jahre 1983 als Taschenbuch im Ullstein Verlag. Vgl. Pütz, *Doppelgänger seiner selbst* 50-54.

[27] Zit. n. den Werbeseiten in Thelen, *Der Schwarze Herr Bahßetup* 768.

[28] Krättli 16.

[29] Vgl. Thelen, "Abstecher zur 'Gruppe 47'", *Sie tanzte nackt auf dem Söller* 301.

[30] Vgl. Winz, García i Boned u. die verschiedenen Beiträge in Pütz, *In Zweifelsfällen entscheidet die Wahrheit*. Vgl. a. Zeller, vor allem aber Pütz, *Doppelgänger seiner selbst* u. Hermanik, *Ein vigolotrischer Weltkucker*. Inzwischen gibt es auch eine Webseite zu Thelen: www.vigoleis.de. Als Schelmenroman wollte Thelen sein Buch allerdings nicht verstanden wissen. So schrieb er in der "Berichtigung" zur neuen Auflage seines Romans im Zusammenhang mit seinem bereits zitierten Spiel mit der Wahrheit, daß er dieses Spiel "zur wissenschaftlichen Beschwernis der Erforscher des Schelmenromans" treiben würde, "die das Fiktive meiner 'Angewandten' betonen und somit die Wege des Unwahren beschreiten müssen" (916). In dem bereits zitierten Brief an Schmoller, der anscheinend bei Penguin Books tätig war, schlug Thelen vor, seinen Roman ins Englische übersetzen zu lassen: "A l l e s ist übersetzbar, es kommt einzig auf den richtigen Mann, der auch eine Frau sein kann, und auf die geistige Koinzidenz an." Hier unterschätzte Thelen die leichte Übersetzbarkeit seiner vielen Wortschöpfungen und die Komplexität seines Schreibstils. Allerdings gibt es eine Übersetzung ins Spanische, die 1995 unter dem Titel *La isla del segundo rostro* erschienen ist.

[31] Vgl. Krättli 18 u. 20 u. Quante 95 u. 99. Die Untersuchung, die sich am eingehendsten diesem Aspekt des Romans widmet, ist von Jung. Im Folgenden soll darauf Bezug genommen werden.

[32] Schwarzschild.

[33] Morriën 13 u. 12. In diesem Zusammenhang vgl. a. einen Brief Thelens an seinen holländischen Verleger aus dem Jahr 1953: "'Bitte keinen Bandwurm...' Zwei Briefe" 19.

[34] Thelen, *Der Schwarze Herr Bahßetup* 464. Die beiden weiteren Zitate aus diesem Roman werden mit der Seitenangabe in Klammern versehen.

[35] Vgl. Pütz, *Doppelgänger seiner selbst* 152, Krättli 13 u. Zeller.

[36] Vgl. Pütz, *Doppelgänger seiner selbst* 13 u. Jung 32.

[37] Halstenberg 24.

[38] Die Satire auf Touristen hatte er bereits mit "SOS Loch-Palma" geübt, ebenfalls eine Satire, die im *Herold* erschien. Vgl. Anmerkung 12.

[39] Vgl. "Von der Arbeit des Fomento de Turismo".

[40] Hier wird klar, daß Thelens satirische Kritik nicht nur auf Kleinbürger zielt, sondern auch Deutsche anderer Gesellschaftsschichten einschließt, was Jung zu verkennen scheint (vgl. 29 u. 32).

[41] Jung 28. In diesem Zusammenhang vgl. überhaupt das Kapitel in der *Insel des zweiten Gesichts*, in dem Thelen seine Erlebnisse mit den deutschen Touristen beschreibt (395ff.).

[42] Pütz, *Doppelgänger seiner Selbst* 173.

[43] Vgl. Quante 99.

[44] Anfang Juni berichtete *Der Herold* von der Ankunft der Monte Rosa: "Der Vernügunsdampfer [sic!] 'Monte Rosa' der Hamburg-Suedamerika-Linie lief am

Montag, von Palermo kommend, den Hafen von Palma an. Rund 1200 Turisten wurden ausgebootet und besichtigten in mehreren Exkursionen die Insel. Abends um 8 Uhr lichtete der Dampfer wieder die Anker und verliess die Bucht in Richtung Ceuta" ("Monte Rosa"). Ob das Schiff nach dem Röhm-Putsch am 30. Juni Palma noch einmal anlief, ist nicht klar. Es mag sich hier um eine von Thelens "angewandten Erinnerungen" handeln, wie auch die unterschiedliche Passagierenanzahl auffallend ist.

[45] Es handelt sich hier in Wirklichkeit um Rudolf Kindermann, dessen *Affenheer* aber bereits 1925 erschienen war. Vgl. García i Boned 302-03.

[46] Vgl. Jung 30.

[47] Diese Romane stehen im Zentrum von Braese, der jedoch nicht auf Thelens mallorquinischen Roman eingeht.

[48] Vgl. Jung 23.

KAPITEL DREI

Harry Graf Kessler

Der Lebensabend eines europäischen *Homme de lettres*

Harry Graf Kessler war einer der wichtigsten Kulturförderer der Moderne, der sich auch politisch und sozial engagierte und als Schriftsteller hervortrat.[1] Am 23. Mai 1868 als Sohn eines Hamburger Bankiers und einer britischen Mutter aus südirischem Landadel in Paris geboren, wuchs er kosmopolitisch in Frankreich, England und Deutschland auf. Prägend für ihn waren der großbürgerliche Umgang des Vaters und die künstlerischen Ambitionen der Mutter. In Bonn und Leipzig studierte er Jura, Nationalökonomie und Kunstgeschichte und schloß das Jurastudium 1891 ab.

Nach einer ausgedehnten Weltreise wandte sich Kessler der Kunst zu. Er wurde Mitherausgeber der Kunstzeitschrift *Pan* (1895-1900), an dem Blei im Jahre 1897 mitarbeitete, und Mitbegründer des "Deutschen Künstlerbunds" in Weimar. Dieser bildete sich aus Protest gegen die konservative Kulturpolitik des Kaiserreichs und unterstützte solche Künstler wie Johannes R. Becher, Edvard Munch, Aristide Maillol, Detlev von Liliencron und Rainer Maria Rilke. Kessler wirkte auch beim 1902 ins Leben gerufenen Insel-Verlag mit und förderte von 1902 bis 1906 als Leiter des Großherzoglichen Museums Kunst und Kunstgewerbe in Weimar u.a. Auguste Rodin, Claude Monet, Max Klinger, Max Beckmann und George Grosz. Diese Kontakte zu europäischen Künstlern der Zeit zeugen von der Breite seines Kunstverständnisses. Dabei entwickelte sich Kesslers Mäzenatentum zu einer Leidenschaft, der er sich auf der Grundlage des vom Vater geerbten Vermögens auch als Privatsammler widmen konnte. Mit seinem Engagement in Weimar setzte er sich das Ziel, der Stadt der deutschen Klassik zu neuem Glanz zu verhelfen, ein Programm, das den Versuch einer Reform des Schulwesens einschloß. Durch die Freundschaft mit dem Architekten Henry van de Velde fühlte er sich ebenfalls der Wiederbelebung des Kunsthandwerks verbunden. Weiterhin arbeitete er mit seinem Freund Hugo von

Harry Graf Kessler

Hofmannsthal an der Konzeption von dessen Oper *Der Rosenkavalier* (1911).[2] Im Jahre 1913 begann Kessler dann noch, in seiner Cranach-Presse künstlerisch hochwertige Handpressendrukke berühmter Werke wie Vergils *Eclogen* (1926, von Eric Gill und Maillol illustriert) oder Shakespeares *Hamlet* (1929, von Edward Gordon Craig illustriert) herauszugeben.[3]

Zu Beginn des Ersten Weltkrieges kämpfte Kessler als Reserve-Offizier in Belgien, Ostpreußen und in den Karpathen. Eine Zeitlang strebte er eine Diplomatenkarriere an, die dazu führte, daß er ab Herbst 1916 in der Gesandtschaft in Bern offiziell als Leiter der deutschen Kulturpropaganda in der Schweiz tätig war, doch mit dem geheimen Auftrag, Verbindungen mit Frankreich anzuknüpfen und Friedensmöglichkeiten zu suchen. Nach Kriegsende wurde er kurze Zeit als deutscher Gesandter nach Warschau geschickt. Als Mitglied des Präsidiums der "Deutschen Friedensgesellschaft" übte er in den folgenden Jahren eine friedenspolitische Tätigkeit aus. Mit dem Völkerbund der Entente unzufrieden, der für Kessler nur imperialistische Machtbestrebungen der Siegerstaaten verhüllte, setzte er sich für eine tiefergehende Variante des Völkerbundgedankens ein:

> Knappe Formulierung meines Gedankens: Nicht ein Bund der Staaten, sondern eine Organisation der Organisationen, die sowieso für den Frieden und international sind, soll die höchste Gewalt (Militär, Boykott usw.) über Krieg und Frieden und Völkerrecht erhalten.[4]

Durch Vortragsreisen verlieh Kessler seinen "Richtlinien für einen wahren Völkerbund"[5] große Publizität, und wenn sie sich auch wenig auf die endgültige Form des Völkerbunds auswirkten, so trugen sie dennoch dazu bei, daß 1921 die Reparationszahlungen von 226 auf 123 Milliarden Reichsmark herabgesenkt wurden und Deutschland 1926 dem Bund beitrat.[6] Daß der Völkerbundgedanke bei Kessler lebendig blieb ist daraus ersichtlich, daß er 1921 den Friedrich-Nietzsche-Preis stiftete und als eine der Ausschreibungen das Thema behandeln lassen wollte, wie der Gegensatz zwischen Nationalismus und Kosmopolitismus zu überwinden sei.[7]

Bemerkenswert ist auch Kesslers soziales Engagement. Er besuchte die Armutsviertel Berlins, photographierte das Elend und veröffentlichte seine Aufnahmen in dem 1920 erschienenen Aufsatz "Die Kinderhölle in Berlin", in dem er über die Unterernährung der Kinder berichtete. In diesem Zusammenhang wurde Kessler auch Vorstandsmitglied der "Wirtschaftshilfe für deutsche Kinder und Familien".[8] Deshalb und wegen seiner sozialistischen Neigungen galt Kessler als "roter" Graf in den Augen der Deutschnationalen und Nationalsozialisten. Als eingeschriebenes Mitglied der Deutschen Demokratischen Partei war seine politische Haltung aber eher als bürgerlich-liberal zu bezeichnen.[9]

Als Schriftsteller wurde Kessler durch die erfolgreiche, mehrfach übersetzte Biographie *Walther Rathenau* (1928) bekannt, eine psychologisierende Studie jenes gleichaltrigen Industriellen und Politikers der Weimarer Republik, der 1922 als Reichsaußenminister ermordet wurde und den Kessler seit Herbst 1906 persönlich gekannt hatte. Am bedeutendsten aber sind seine Tagebücher, die er zwischen 1880 und 1937 mit großer Disziplin verfaßte und die insgesamt etwa 15 000 handschriftliche Seiten umfassen. Zum Teil in einer eleganten Prosa geschrieben, spiegeln die Tagebücher viel eher die Kessler umgebende Welt wider, als daß sie zu persönlichen Bekenntnissen geraten. Somit wird Kessler zu einem der wichtigsten Chronisten des alten und neuen Europa, vor allem des Berlins der 20er Jahre.[10] Seine Eintragungen, die 1961 auszugsweise als *Tagebücher 1918 bis 1937* erschienen, dienten als Grundlage für das Reisebuch *Notizen über Mexiko* (1898) und das Erinnerungsbuch *Gesichter und Zeiten* (1935). Letzteres hängt mit Mallorca zusammen, wie hier noch zu zeigen sein wird.

Aus den Tagebüchern wissen wir, daß der reisefreudige Kessler bereits im Oktober 1888 und dann wieder im April/Mai 1926 eine Reise nach Spanien unternahm, das zweitemal zusammen mit Max Goertz, seinem Mitarbeiter bei der Cranach-Presse.[11] Bei dieser Reise ging es von Barcelona aus auf dem Luxusdampfer Jaime II auch nach Mallorca, wo sie sich vom 23. bis zum 29. April aufhielten. In Palma war er von der gothischen Kathedrale beeindruckt, las bei Regenwetter den *Don Quijote* ("jedes Wort wie eine Frucht, aus der man Saft quetschen kann" [471]) und besuchte das Grab des mallorquinischen Schriftgelehrten, Philosophen und Theologen des 13. Jahrhunderts Ramón Llull. Der Höhepunkt des Aufenthalts war aber zweifelsohne eine "[h]errliche Autofahrt" (471) am 26. an der Nordwestküste der Insel entlang:

> Die Straße führt hoch über dem Meer am Gebirge entlang zwischen Ölbäumen, Myrten, Orangen, unten die weiße Schaumlinie der Brandung an der wild zerklüfteten Küste, und weithin Vorgebirge hinter Vorgebirge in grandiosen, großgeschwungenen Formen ins blaue Meer vorspringend. Eines der schönsten, grandiosesten Küstenstücke, die ich gesehen habe. Noch schöner, großartiger als die Riviera oder selbst Capri. Die Weite, die gewaltigen Gebirgsformen, die Üppigkeit der Natur, die Mischung von Herbem und Lieblichem, von Gigantischem, Unermeßlichem und Intimem ist hier zu etwas ganz Paradiesischem geworden. Auch Teneriffa bietet kaum etwas gleich Bezauberndes und Großes. In seiner Art ist dieses Hier wohl das Vollkommenste. (472)

Die Autofahrt führte auch nach Valldemosa und dort ins ehemalige Karthäuserkloster, wo Kessler die Zimmer besichtigte, in denen Sand und Chopin 1838 überwinterten. Von der romantischen Stimmung dort ließ er sich hinreißen: "Eine Nokturne von Chopin hier bei Vollmund unter Rosen (üppigen weißen Rosen) mit dem einsamen Felsental als Hintergrund würde den Geist der Chopinschen Musik in der Vollendung verkörpern" (473). Beeindruckt zeigte sich Kessler ebenfalls von Miramar, einem der Landsitze des Habsburger Erzherzogs Ludwig Salvator, vor allem von dessen Bemühen, die Landschaft in ihrer Schönheit zu belassen, statt "ihr Konkurrenz zu machen" (473). Weitere Autotagestouren führten an die Nordküste der Insel nach Alcudia und Pollença ("eine der landschaftlich schönsten Meeresbuchten der Welt"[12]) und an die Ostküste in die Höhlen dort, die Cuevas del Hams und die Cuevas del Drach ("Wahre unterirdische Märchenschlösser" [Tagebuch-Transkriptionen, 28.4.26]). Diese hatte Ludwig Salvator 1896 durch französische Geologen erschließen lassen. Mit dem Luxusdampfer Jaime I ging es dann nach Barcelona zurück, dann weiter über Valencia, Tarragona und Paris nach Berlin.

Kesslers antifaschistische Haltung mag nicht vehement gewesen sein, doch war sie eindeutig. Er unterstützte den Künstler John Heartfield (1891-1968) finanziell, so daß dieser im Juli 1932 seine Photomontage "Adolf, der Übermensch, schluckt Gold und redet Blech" als Plakat drucken und verbreiten lassen konnte.[13] Als Mitglied der "Gruppe Revolutionärer Pazifisten" um Kurt Hiller, Erich Kästner, Klaus Mann u.a. wehrte er sich gegen den neuen Militarismus in Deutschland.[14] In einem Aufsatz mit dem Titel "Der neue deutsche Menschentyp", der im März 1933 noch in der *Neuen Rundschau* erscheinen konnte, schrieb Kessler von zwei Erfordernissen, denen sich die Menschen stellen müßten: der Rasanz der technischen und geistigen Entwicklung und der Gefahr der seelischen Zermalmung durch den Druck der Mechanisierung. Der neue Mensch wäre dann auf alle Fälle nicht "der zu einer bloßen Nummer im Getriebe einer Partei entpersönlichte Kommunist oder Nationalsozialist."[15]

Doch trotz seiner antifaschistischen Einstellung war Kesslers Exil zunächst einmal kein bewußter Schritt. Als er 1933 kurz nach den Reichstagswahlen, die die Machtergreifung der Nazis einleitete, am 8. März nach Paris reiste, unterschied sich diese Reise kaum von anderen Reisen nach Frankreich, die er, in Paris geboren, wiederholt unternommen hatte.[16] Jedoch erreichte ihn dort die Nachricht seiner Denunziation in Deutschland. Vor einer Rückkehr wurde er gewarnt, und so entschied sich Kessler zum Exil, wenn er es auch nie ausschloß, nach Deutschland zurückzukehren. Aus diesem Grund hielt er sich taktisch von Emigrantenkreisen fern.[17] Diese Vorsicht änderte aber nichts an seiner allgemeinen Abscheu vor den Nazis, der er prägnanten Ausdruck in einem in London geschriebenen Brief vom 8. Mai 1933 an seine Schwester Wilma de Brion verlieh, ein Briefwechsel, der auf englisch geführt wurde, die Sprache ihrer gemeinsamen Jugend in England: "I hope the world will end by vomiting Hitler and his crew, so that they can be poured down some sewer and disappear; the style they deserve. It is all inexpressibly loathsome."[18]

Von den hier behandelten Autoren war Kessler mit seinen fünfundsechzig Jahren der älteste, als er Deutschland verließ. Gesundheitlich ging es ihm nicht gut. Bereits 1926 hatte er mehrere Monate im Krankenhaus wegen einer Darmblutung verbringen müssen; in dieser Zeit hatten auch Sehstörungen eingesetzt; 1931 hatte ihn eine Lungenentzündung niedergeworfen. Obwohl es nicht mehr klar nachzuvollziehen ist, wann und warum genau er sich letzten Endes für Mallorca entschied, dürfte das Mittelmeerklima angesichts seiner angeschlagenen Gesundheit eine Rolle gespielt haben.[19] Außerdem kannte Kessler die Insel von seinem Aufenthalt dort im Jahr 1926 und war von deren Schönheit angetan. Laut Thelen hatte der befreundete Philosoph Hermann

Harry Graf Kessler

Graf Keyserling Kessler die Insel "als geeignetes Exil und Ort der Besinnung auf die Memoiren" empfohlen.[20]

So besorgte sich Kessler am 23. Oktober 1933 in Paris ein Visum für Spanien, und am 11. November ging es dann zusammen mit Goertz und dessen Frau nach Palma, eine abenteuerliche Überfahrt auf der Djamilha, da das Schiff ganz nach Backbord überhing (vgl. Tagebuch-Transkriptionen). Gedacht war, daß sie auf Mallorca bei dem befreundeten Ehepaar Simon unterkämen, was sich aber in den "eiskalten, feuchten Zimmern ohne Heizung" (730) als unmöglich erwies. Daraufhin setzte sich Kessler mit einem deutschen Hausvermittler in Verbindung, der ihm Ludwig Salvators Landsitz Miramar für 300 Pesetas im Monat anbot, doch ergab sich, daß das Haus schon vermietet war. Die Wohnung des Priors im aufgelösten Kloster zu Valldemosa stellte eine andere Möglichkeit dar, war aber "etwas düster", und außerdem gab es "keine Verbindung mit Palma" (Tagebuch-Transkriptionen, 13.11.33). Am 15. November fanden die Reisenden endlich die richtige Unterkunft, ein Haus in Bona Nova, einem Vorort Palmas: "auf der Höhe über Palma mit einem herrlichen, grandiosen Blick auf das Meer, die Bucht von Palma und die Stadt selbst. Hübsches, hübsch eingerichtetes, einstöckiges, ganz modernes Haus mit großen Terrassen und Blumenbeeten nach Süden zu. Wir waren sofort entschlossen, es zu mieten" (730-31). Bereits am nächsten Tag zogen sie ein.

Am 29. November berichtete er in einem ausführlichen Brief an die Schwester von seinen ersten mallorquinischen Eindrücken, die auf die damalige starke Präsenz der Deutschen auf der Insel hinweisen:

> The people here are <u>very</u> slow and put off things from day to day (mañana, mañana), but clean and tidy and I am told very honest. There are some very fine old palaces and churches in the town, and the Cathedral is most impressive. It all has a sort of Shakespearean air, like the background of a Shakespearean comedy. [...] The shops in Palma are quite good, especially the German and American ones. There are excellent Spanish and American pastry shops and épiciers, and life, in the whole, is at least 30% cheaper than in Paris; but Goertz says, not much cheaper than in Berlin now. The meat is rather poor, but fruit & vegetables & fish excellent. [...] One hears as much German in the streets as in the Champs Elyseés; but I avoid Germans, until I know exactly who they are, as a number are politically and for other reasons

undesirable. But one gets <u>all</u> the German papers at the bookstalls, mostly kept by Germans, and the whole outskirts of the town are being built mostly by German architects in German lines and in modern German style. There are countless bars, also mostly kept by Germans, and quite in the Kurfürstendamm style, quite pretty and elegant. (Kessler-Nachlaß)[21]

In einem Brief vom 12. Dezember fügte er dann noch folgende Beschreibung hinzu, wobei er auf die Korruption auf der Insel zu sprechen kam:

The country is miserably backward, the conditions incredibly bad, over 50% of the people are illiterate, the corruption of the officials past believing. For example, <u>nobody</u> in Palma, from the mayor downwards, smokes anything but <u>smuggled</u> cigarettes, which are excellent & dirt cheap, coming in in hundreds of thousands from Algiers. The smugglers must necessarily be in with the authorities here, else such whole sale smuggling would be impossible. <u>Individually</u> in their <u>private</u> dealings the people are honest; where the state is concerned, they are deliberately and openly completely a-moral. (Kessler-Nachlaß)

Kesslers Mallorca-Aufenthalt, der bis Ende Juni 1935 dauerte, ist durch 101 Tagebucheintragungen dokumentiert.[22] Dabei wäre zu erwähnen, daß die oben angeführte Ausgabe der *Tagebücher 1918 bis 1937* lediglich siebzehn Eintragungen zur Mallorca-Zeit aufnahm. So stützt sich dieses Kapitel im wesentlichen auf die Transkriptionen des Projektes zur Editionsvorbereitung der Tagebücher Kesslers, das im Deutschen Literaturarchiv in Marbach ausgeführt wird. Als weiterer Dokumentarfundus kommt noch der sehr regelmäßige Briefwechsel mit der in Frankreich lebenden Schwester—oft mehrmals in der Woche—hinzu. Die Sachlichkeit der Tagebucheintragungen und die Ausführlichkeit des Briefwechsels bedingen, daß wir ein wesentlich genaueres Bild von Kesslers mallorquinischer Zeit im Vergleich zu den anderen Schriftstellern zeichnen können. Aus den Tagebucheintragungen und dem Briefwechsel mit der Schwester lassen sich folgende thematische Konstanten herausarbeiten: die Arbeit an den Memoiren, Äußerungen zur aktuellen Tagespolitik, finanzielle Schwierigkeiten, der gesellschaftliche Umgang auf Mallorca, Beobachtungen bei Ausflügen und zum Leben auf der Insel, und, am folgenreichsten, die gesundheitlichen Probleme.

Mit dem Haus in Bona Nova waren die äußeren Umstände angenehm genug, so daß Kessler am 1. Dezember die früher begonnene Arbeit an den Memoiren *Gesichter und Zeiten* wieder aufnehmen konnte. Diesen widmete er sich während des Jahres 1934, wenn es auch Unterbrechungen durch den Gesundheitszustand, Depressionen, Besuch und die Beschaffung notwendiger Unterlagen gab, die Kesslers "Adlatus" Goertz aus Weimar herbeizuschaffen versuchte.[23] In der *Insel des zweiten Gesichts* schilderte Thelen Kessler als den "seiner Zeit berühmteste[n] Mann der Insel" (843), für den er als "Schreibgehülfe" (725) arbeitete, indem er sein Manuskript ins Reine tippte.[24] Er kam dabei auf die Schreibmotivation des Grafen zu sprechen:

> Das Dritte Reich, hub Graf Keßler an, werde noch sehr lange dauern. Die Herren Emigranten [...] täten Hitler unterschätzen, und mehr noch das deutsche Volk. Es ginge nun Jahre so, und dann käme erst noch der Krieg, und dann ein Ende mit noch größerem Schrecken. Er sei pessimistisch, und in diesem Pessimismus der ewige Optimist, denn er habe nun seine Memorien in Angriff genommen, das heißt, die Vorarbeiten reichten weiter zurück, aber hier auf der Insel wolle er sie in einem Zuge schreiben, unbekümmert um alles, was nun in seinem geliebten Deutschland vor sich gehe. Er begänne, wo ihm der Weg von vorne abgeschnitten sei, zurück zu leben. (726)

Diese Darstellung ist insofern zu hinterfragen, als Peter Grupp in seiner Kessler-Biographie ein schlüssiges Bild von Kesslers eigener Unterschätzung des Dritten Reiches zeichnet.[25] Doch die Aussage über die Intensität der Arbeit wird ihre Richtigkeit haben und zeigt sich darin, daß es für das Jahr 1934 nur 26 Tagebucheintragungen gibt. In diesem Zusammenhang schrieb Thelen an anderer Stelle: "Er lebte einzig noch dem Memoirenwerk, in das er sich wie für einen endlosen Winter einmummelte. Tagesfragen der Politik und vor allem die des Nazireiches berührten ihn kaum [...]" (733-34). Das war nicht untypisch für den Exilzustand, wie Guy Stern ausführt, indem er den polnischen Schriftsteller Joseph Wittlin zitiert: "Die Zeit im Exil ist anders. Oder vielmehr der Exilant lebt simultan in zwei Zeiten, in der Gegenwart und der Vergangenheit. Und manchmal ist das Leben in der Vergangenheit intensiver als in der Gegenwart und es beherrscht sein ganzes psychisches Dasein."[26] Für Thelen war die Sekretärsarbeit auf alle Fälle "kein Schleck", da Kessler die gerade abgetippte Fassung verbesserte, ergänzte und darin herumstrich, was wiederum abgetippt werden mußte:

> Auf diese Weise entstanden eine ganze Anzahl Fassungen, die der Philologe [Kessler], der sich mit textkritischen Ausgaben beschäftigt, mit den Minuskeln des lateinischen Alphabetes zu kennzeichnen pflegt. Das hat sich so eingebürgert in der Wissenschaft; mir bereitete es aber Schwierigkeiten rein mnemischer Art. Denn es gab Fassungen, die bis zum Buchstaben m vorgestoßen waren. Nun genügten manchmal kleine Änderungen, ein Wort, und die ganze Seite mußte abgeschrieben werden, mit vielen Durchschlägen. Nur so hatte der Verfasser den klaren Überblick über das, was eines schönen Tages die Fassung von letzter Hand sein würde. (728)[27]

Bis Ende 1934 war jedoch die Herausforderung durch die "Übermacht und Zähigkeit des Stoffes" (663)—so Kessler im Tagebuch—gebannt, so daß er das Manuskript an den S. Fischer Verlag abschicken konnte, der zu diesem Zeitpunkt noch versuchte, sich in Berlin zu halten.[28] Am 1. Juni 1935 bekam er die ersten Exemplare der *Gesichter und Zeiten* in die Hand, in denen er eine "Sinngebung der Zeit aus der Perspektive einer Persönlichkeit" (663) bieten wollte.[29] Im ersten Teil "Mémé" setzt Kessler seiner Mutter, der er sich stark verbunden fühlte, und den aristokratischen und kosmopolitischen Kreisen, in denen er aufgewachsen war, ein Denkmal, wobei er ausführlich aus dem Tagebuch der Mutter zitiert. Wie aus einer Tagebucheintragung vom 5. Dezember 1931 hervorgeht, sei eine Absicht des ersten Teiles gewesen, "dem törichten Geschwätz über meine Abstammung" (vgl. Tagebuch-Transkriptionen) entgegenzutreten. Der Mutter wurde nämlich nachgesagt, sie sei die letzte Liebe Wilhelms I. gewesen und Kessler somit Hohenzoller.[30] Im zweiten Teil "Lehrjahre" geht es um Kesslers Schulzeit in Paris, Ascot und Hamburg und um seine Studienzeit in Bonn und Leipzig. Von zentraler Bedeutung für die "Sinngebung der Zeit" ist Kesslers Erkenntnis im Rückblick, daß die Zeit Bismarcks und des alten Europa endgültig der Vergangenheit angehört habe und ein neues Zeitalter für ihn und seine Zeitgenossen angebrochen sei. Dabei sei der Einfluß Nietzsches prägend gewesen und dessen "neuer Mensch" im Sinne eines guten Europäers ausgelegt worden.[31]

Die Tatsache, daß sich Kessler auf Mallorca aus der deutschen Tagespolitik heraushielt, hing wahrscheinlich auch damit zusammen, daß er einem Verbot seiner Memoiren vorbeugen wollte. Als die Emigrantenzeitung *Pariser Tageblatt* sie im Februar 1935 auszugsweise und illegal aus einem Vorabdruck in der *Neuen Rundschau* nachdruckte, bemühte sich Kessler im selben Monat in einem Brief an den deutschen Konsul in Palma um Distanz von der Zeitung.[32] In einem weiteren Brief bat er Peter Suhrkamp vom S. Fischer Verlag, rechtlich vorzugehen:

> zu meiner grössten Überraschung finde ich in der Nummer des Pariser Tageblatts vom 17. Februar, 432, ein Stück aus meinen im Februarheft der Neuen Rundschau erschienenen Erinnerungen. Da ich nicht annehmen kann, dass der Verlag hierzu seine Genehmigung gegeben hat, das Tageblatt auch nicht bei mir angefragt oder auch nur mir von seinem Vorhaben Kenntnis gegeben hat, so handelt es sich um einen charakterischen Nachdruck im juristischen Sinne. Ich bitte Sie daher, die nötigen Schritte zu unternehmen, um Ihre und meine Rechte zu schützen und eine Widerholung zu verhindern.[33]

Doch trotz dieser Bemühungen kam es im September 1935, nachdem er die Insel bereits Ende Juni verlassen hatte, zu einem Verbot der Memoiren, als die Reichsschrifttumskammer Kesslers sämtliche Publikationen auf die Liste des "schädlichen und unerwünschten Schrifttums" setzte.[34] Obwohl es nicht ganz klar ist, warum die Nationalsozialisten das Verbot aussprachen, wird Kesslers Europäertum ihnen nicht ins Konzept gepaßt haben.[35] Im Oktober fragte das Reichssicherheitshauptamt beim deutschen Konsulat in Barcelona an, ob Kessler sich auf Mallorca "deutschfeindlich betätigt" habe, was der deutsche Konsul in Palma verneinte.[36] Doch half das nicht gegen das Verbot.

Thelens Aussage zu Kesslers Zurückhaltung der deutschen Tagespolitik gegenüber muß insofern ergänzt werden, als dies vor allem sein öffentliches Auftreten betraf, nicht jedoch die Tagebucheintragungen, die immer wieder die politischen Geschehnisse thematisieren, sie manchmal nur festhaltend, sie gelegentlich auch kommentierend. An mehreren Stellen hat Kessler auch Zeitungsartikel zur Tagespolitik ins Tagebuch eingeklebt. Das alles steht in starkem Gegensatz zum Briefwechsel mit der Schwester, in dem von Politik kaum die Rede ist.

Die Tagebucheintragungen zur Politik beziehen sich auch nicht nur auf deren deutsche Komponente. So registrierte Kessler am 17. November 1933 eine Woche nach seiner Ankunft sehr genau einen Generalstreik auf der Insel, der im Zuge der allgemeinen Auseinandersetzung zu diesem Zeitpunkt zwischen Rechts und Links in Spanien stattfanden. Seine kurzen Angaben dazu setzten sich bis zum Ende des Streiks am 27.11. fort. Am 22. schrieb er z.b.:

> Nachmittags allein nach Palma. Es soll wieder geschossen worden sein. Die meisten Läden sind zu, die Lebensmittelgeschäfte halb geöffnet. Die Ladenbesitzer sehen alle erschrocken u[nd] düster aus. Auf dem Autobus standen wieder vorne u[nd] hinten Guardias mit Karabinern" (Tagebuch-Transkriptionen).

Zur Entwicklung in Deutschland notierte er sich am 30. Juni 1934 die Ermordung Ernst Röhms, am 25. Juli die des österreichischen Kanzlers Engelbert Dollfuß und am 2. August den Tod Paul von Hindenburgs. Am 19. August ist dann zu lesen: "Bestätigung Hitlers als lebenslänglicher 'Führer' des Deutschen Volkes durch einen Volksentscheid. Hitler bekommt 2 Millionen weniger Stimmen als bei der Reichstagswahl im vorigen November" (Tagebuch-Transkriptionen). Ist dieser Eintrag noch als relativ objektiv zu werten, so scheute sich Kessler aber nicht, seiner Meinung zur Saarabstimmung am 13. Januar 1935 Aus-druck zu verleihen. Nachdem 90,5% für die Rückkehr ins Deutsche Reich gestimmt hatten, kritisierte er am 15. Januar die Rolle der Antifaschisten bei der Abstimmung:

> Diese vernichtende Niederlage (eine wahre Marneschlacht) der Antifaschisten ist nur durch ihre restlos negative Kampfmethode zu erklären, dadurch dass sie in den zwei Jahren seit Hitlers Machtergreifen nie die leiseste Andeutung gemacht haben, was sie an seine Stelle setzen würden, wenn sie ihn und sein Regime stürzten. Mit solch negativer, nur kritisierender, nörgelnder Taktik kann man kein aktives Regime stürzen. (Tagebuch-Transkriptionen)

Kesslers bereits angedeutete Unterschätzung des Dritten Reiches ist allerdings auch zu beobachten. Am 27. April 1934 in einem Brief an die Schwester spielte er sogar mit dem Gedanken, von Mallorca aus nach Hamburg zu reisen, um wegen seiner gesundheitlichen Leiden einen Spezialisten aufzusuchen, was, so schreibt er, sich eventuell auch mit einem Kuraufenthalt in Nauheim verbinden ließe (vgl. Kessler Nachlaß). Es ging ihm anscheinend nicht durch den Kopf, daß dieser Aufenthalt zu seiner Verhaftung hätte führen können. Als er dann am 25. Mai 1935 eine außenpolitische Rede Hitlers als "große staatsmännische Leistung" bezeichnete, verkannte er dessen expansionistische Absichten:

> Sie bietet in ihren dreizehn Punkten eine Grundlage, die, wenn sie ehrlich ausgebaut wird, den europäischen Frieden auf Jahrzehnte sichern könnte. Es wäre ein Verbrechen gegen Europa und die Menschheit, wenn die andren Staaten diese Vorschläge nicht sorgfältig prüften und alles, was daran praktisch verwendbar ist, in die Wirklichkeit umsetzten. Man muß auch erkennen, daß diese Rede nur durch die Wiedereinführung der allgemeinen Wehrpflicht in Deutschland möglich geworden ist; denn erst sie hat Deutschland zu einem sehr ernst zu nehmenden Verhandlungspartner gemacht, dessen Angebote und Vorschläge Achtung erzwingen. (734)

Das ist eine Unterschätzung, die sich auch darin ausdrückte, daß Kessler anscheinend keine Berührungsängste mit den Nationalsozialisten auf Mallorca hatte. Am 22. Februar 1935 lernte er einen gewissen Stadtländer aus Bremen kennen, der als Sekretär der "Nazi Gruppe" auf der Insel tätig war. Sie plauderten über den Rückgang des Buchgewerbes in Deutschland, und abschließend kommentierte Kessler in der Tagebucheintragung: "Sonst ein ganz netter und verständiger junger Mensch" (Tagebuch-Transkriptionen).

Sicher sollte das Erscheinen der *Gesichter und Zeiten* Kesslers zunehmend schwieriger werdende Finanzsituation seit etwa 1930 abhelfen. Durch Inflation, Weltwirtschaftskrise und die Beschlagnahme des mütterlichen Erbteils durch die Siegermächte des Ersten Weltkriegs war das Familienvermögen zusammengeschrumpft. In diesem Zusammenhang sind die Tagebucheintragungen wenig aufschlußreich, der Briefwechsel mit der Schwester aber umso mehr, die das übriggebliebene Familienvermögen verwaltete. Bereits am 15. November 1933, wenige Tage nach der Ankunft auf Mallorca, telegraphierte Kessler an sie mit der Bitte um 3000 Francs (vgl. Kessler-Nachlaß). Als Antwort darauf mahnte die Schwester in einem Brief am nächsten Tag: "My darling, do you realize that since the 11th of October, only a month ago, you will have spent 22 000 frs!—How is this to continue!" (Kessler-Nachlaß). Dabei ging es vor allem um die Erhaltung von Kesslers

Personal und Besitztum in Weimar. Sein Brief vom 19. November gibt eine Art Antwort auf dieses Problem, wobei auffällt, wie ausführlich er die Entscheidung, das Haus in Bona Nova zu mieten, finanziell rechtfertigte: Es werde 400 Pesetas im Monat kosten, er könne aber die Garage für 50 vermieten, also würde die Miete in Wirklichkeit nur 350 betragen. Insgesamt brauche er dann 1550 Pesetas im Monat, ungefähr 3500 Francs, was er wiederum auch ausführlich erklärte (vgl. Kessler-Nachlaß). Doch scheinen diese Einschränkungen bei weitem nicht ausgereicht zu haben. Immer wieder tauchen in den Briefen Bitten um Geld auf, sei es für die ärztliche Behandlung, die Bediensteten in Weimar, ein Auto oder Kleidung. Mehrmals geht es auch um "payments to Thelen, which are heavy [...]", nämlich für das Abtippen des Memoirenmanuskripts (Kessler-Nachlaß, 25.3.35). Gegen Ende der Mallorca-Zeit blieb der Schwester angesichts des schrumpfenden Familienvermögens nichts anderes übrig, als Kesslers "allowance" von 4000 auf 3000 Francs zu kürzen (Kessler-Nachlaß, 17.6.35).

Diese prekäre finanzielle Lage hinderte aber Kessler anscheinend kaum daran, aktiv mit Seinesgleichen auf Mallorca gesellschaftlichen Umgang zu pflegen, so z.B. mit seiner Nachbarin Lady Brentford, der Witwe eines früheren englischen Innenministers. Sie frühstückten und tranken Tee, gingen ins Konzert, in die Katedrale Palmas und unternahmen gemeinsame Ausflüge.[37] Viele Einzelheiten sind nicht zu erfahren, doch beschrieb er Lady Brentford in einem Brief an die Schwester als "a real friend" (Kessler-Nachlaß, 25.5.35). Am 29. Mai 1935 vermerkte er im Tagebuch, daß die Freundin nach England zurückgereist sei (vgl. Tagebuch-Transkriptionen). Nach seiner Mallorca-Zeit sah Kessler sie noch ein letztesmal am 25. August 1935 bei einem Besuch in Newick (Sussex) (vgl. Tagebuch-Transkriptionen).

Noch viele andere Namen ließen sich anführen. So kam es z.B. wiederholt zu Begegnungen mit Vidal-Quadras, dem Übersetzer seines Rathenau-Buches ins Spanische, der Kessler auch Spanisch beibrachte.[38] Am 17. Juni 1935 wurde er vom British Vice Counsel zum Lunch eingeladen und lernte dabei die alte Señora de Bonsoms kennen, die Besitzerin des Klosters in Valldemosa und anscheinend einer der schönsten Bibliotheken in Spanien. Bei dieser Zusammenkunft begegnete er auch der Schwester der Herzogin von San Carlos in Madrid (vgl. Tagebuch-Transkriptionen). Im April und Mai 1934 fand ein Wiedersehen mit Walter Herman statt, einem Jugendfreund aus der Leipziger Studienzeit, der 1906 ins Auswärtige Amt in Stuttgart eingetreten war, 1931 nach dem ersten Wahlsieg der Nationalsozialisten Deutschland verließ und auf Mallorca in Pollença ansässig wurde (vgl. Tagebuch-Transkriptionen, 9.4. u. 11.5.34). Dabei fehlte es auch nicht an Begegnungen mit eher ungewöhnlichen Menschentypen. So traf Kessler bei den Simons einen "jungen Nöggerath [...], der in Ibiza die Dialekte studiert und auch schriftstellerische Ambitionen besaß. Typ des verträumten jungen deutschen Gelehrten, der nur der 'Sache' dient" (Tagebuch-Transkriptionen, 17.12.34).[39] Am 13. Februar 1935 sprach Kessler in seinem Tagebuch von Charlies Bar, wo er immer wieder interessante Gesprächspartner kennenlernte (vgl. Tagebuch-Transkriptionen).

Weil auch Thelen in der *Insel des zweiten Gesichts* darauf einging, ist Kesslers Wiederbegegnung mit Hermann Graf Keyserling (1880-1946) erwähnenswert, mit dem er laut Tagebuch auch im Mai und Juli 1933 in Paris zusammengekommen war (vgl. 718-720 u. 726-27).[40] In Estland geboren, von russischem Adel und 1918 enteignet, wurde Deutschland seine Heimat, wo er in Darmstadt eine "Schule der Weisheit" gründete und eine Synthese östlichen und westlichen Denkens als Philosoph vertrat. Als Gegner des Faschismus ging er in die Emigration, bereiste Europa, hielt Vorträge oder ließ sich gern vom Publikum ein Thema stellen, das er nach einer Minute Bedenkzeit ausführlich behandelte. Zwischen dem 23. Januar und dem 1. Februar 1935 kam es auf Mallorca zu privaten und öffentlichen Begegnungen zwischen den beiden Grafen in Bona Nova und verschiedenen Hotels, wo Veranstaltungen mit Kayserling organisiert wurden, an denen sich Kessler beteiligte. Auf einer solchen Veranstaltung gab er eine Erwiderung auf den Philosophen, für die er "starken Beifall" (734) erntete.[41]

Was in Kesslers Tagebucheintragungen nüchtern beschrieben wurde (vgl. 732-34), geriet bei Thelen zu einer satirischen Episode, in der er die Begegnungen zwischen den Grafen zu einer zusammenlegte—im wahrsten Sinne des Wortes "verdichtete". In Thelens Version stellt Kessler dem Philosophen das Thema "La machine comme parvenu de notre siècle", das Kayserling folgendermaßen behandelt:

> Es war einfach genial, wie er das Thema anpackte: sofort ging er in die Tiefe [...] Hermann gründelte nicht, er tauchte. Geheimnisse der Tiefsee, Fische mit Rückstrahler, Lanzettaugen, Leuchtquallen, Meerungeheuter mit elektrischer Hochspannung: das waren die Vorbilder der Parvenus auf dem festen Land, ein ganzes Aquarium voll. Langsam stieg Hermann an die Oberfläche und kroch nun als Amphibie der Weisheit weiter, einem noch genialeren Ende zu—das ich leider nicht behalten habe. Nach einer Stunde war das Thema als erschöpft zu betrachten, und mit ihm auch der Conferencier. (854)

In seiner Erwiderung demontierte Kessler Kayserlings Rede. In Thelens Worten sieht das so aus:

> Stück für Stück holte Harry die Tiefseeungeheuer, Strahltiere, Medusen, Quallen an die Oberfläche, wo sie eines nach dem anderen platzten. Als das Aquarium leer war, war auch Hermann erledigt, ausgezogen bis aufs eosfarbene Hemd. Den Gnadenstoß brauchte der eine Graf dem anderen nicht zu versetzen, das besorgten die Geladenen: sie bereiteten Conde Harry de Kessler eine donnernde Ovation [...] (855)

Thelen nahm offensichtlich die Begegnungen zwischen den beiden Grafen als Ausgangspunkt, um mit philosophisch verbrämter Schaumschlägerei satirisch abzurechnen.[42]

Im Zusammenhang mit Kesslers gesellschaftlichem Umgang kam es zu mehreren Ausflügen auf der Insel, oft in Lady Brentfords Wagen, da die geplante Anschaffung eines eigenen Autos sich nicht hatte realisieren lassen.[43] Die Ausflüge konzentrierten sich vor allem auf die malerische Nordostküste; z.T. waren es dieselben Orte, die Kessler bei seinem Mallorca-Aufenthalt 1926 besucht hatte. Er ließ sich auch wieder von der Landschaft begeistern, so in der Nähe Sa Calobras, wo er aus 1100 Meter Höhe aufs Meer blickte:

> Die grandioseste Landschaft, die ich bisher in Mallorca gesehen habe; ein gewaltiges Felsengebirge, das sich schroff aus dem Meer erhebt, tiefe Einschnitte, hinter denen neue Felsen wie Kulissen zwischen Land und Meer aufragen, kein Baum, nur etwas Gras und Heidekraut, Felsen, Felsen, Felsen und das in der Tiefe und Ferne silbern glitzernde Meer. Über uns kreiste, als wir auf der Passhöhe waren, langsam ein grosser Adler. Alles in Allem eines von den eindrucksvollsten Landschaftsbildern, die ich je gesehen habe. (Tagebuch-Transkriptionen, 24.5.35)

Aus seiner Beschreibung der Mandelbaumblüte auf Mallorca in einem Brief an die Schwester wird deutlich, daß es nicht nur das gewaltig Schöne war, was ihn schwärmen ließ: "The island is at the height of its splendour, just now, thousands of almond trees blossoming and making the fields and valleys one mass of surging delicate white and pale pink on the background of the pine forests and mountains. It is most beautiful!" (Kessler-Nachlaß, 13.2.34).

Bei den Ausflügen beobachtete er auch das mallorquinische Leben, so beim Besuch des Franziskaner Klosters Lluch:

> Auf dem Klosterhof viele Pilger, die zu Fuss oder in Karren hergekommen unter den schönen alten Laubbäumen abkochten. Sehr eindrucksvoll, wie hier das gewöhnliche Alltagsleben und die Religion Hand in Hand gehen, keine Trennung oder Gegensätzlichkeit zwischen beiden klafft; in dieser intimen, naiven Verbindung zwischen Alltag, Glauben und Kultus ist das Volksleben in Mallorca noch ganz mittelalterlich. (Tagebuch-Transkriptionen, 10.5.35)

Auch deutsche Kultur erlebte Kessler auf der Insel. Am 1. April 1934 berichtete er von einem musikalischen Nachmittag in der Capella Classica im alten Königsschloß zu Palma, dem er zusammen mit Lady Brentford beiwohnte: "Teile von Händels Messias, ein wunderbarer Bariton, der die herrliche Schilderung vom Tod Jesu tief ergreifend sang" (Tagebuch-Transkriptionen).

In diesem Zusammenhang bleibt zu erwähnen, daß Kessler zum kulturellen Leben auf der Insel auch beitrug. Am 1. März 1935 hielt er einen Vortrag in der "Asociación Mallorquina" zum Thema "La Liberté est-elle condamnée?", den er zwei Tage später auf englisch für die "British Society of Arts" wiederholte (vgl. Tagebuch-Transkriptionen). Da weder eine Niederschrift noch ein Abdruck des Vortrags zu existieren scheint, läßt sich nicht feststellen, inwiefern es dabei um die Tagespolitik ging. Doch ist zu vermuten, daß Kessler sehr allgemein geredet haben wird, um sich politisch nicht zu kompromittieren. Im April 1935 war er noch Mitorganisator einer Ausstellung seiner Cranach-Drucke in vier großen Vitrinen in der Galería Costa in Palma. Es war eine der letzten Gelegenheiten, bei denen er in der Rolle des Mäzens auftrat, und offensichtlich genoß er das Interesse, das er dabei auf seine Arbeit lenkte. Am 10. Mai schrieb er an die Schwester:

> In the meanwhile, we are having an exhibition of my Cranach Press books here in the Galeria Costa in Palma and the newspapers (Spanish & Palma Port [eine englischsprachige Zeitung]) have noticed it amply. [...] The Alcalde (mayor of Palma) came personally to the opening & the Archbishop and the Governor sent representatives, the Archbishop writing & regretting that his spiritual duties that afternoon prevented him from coming himself and the Governor writing that he was sorry to be about Barcelona. It is quite a representative show and very prettily arranged by Souz. (Kessler-Nachlaß)

Kesslers größte Probleme auf Mallorca hingen aber zweifelsohne mit der Gesundheit zusammen. Am 22. Dezember 1933 knapp sechs Wochen nach seiner Ankunft lesen wir im Tagebuch:

> Abends um acht, während ich ganz ruhig Zeitung lesend vor dem Feuer saß, plötzlich mich unwohl gefühlt und einen schweren Blutsturz bekommen; in wenigen Minuten weit über ein Liter Blut verloren. Max und Uschi [Goertz], die auf der Terasse waren, gerufen, während das Blut in Strömen mir aus dem Mund floß. Max ließ gleich telephonisch einen Arzt (César Bañolas) rufen, der in kurzer Zeit da war und mir eine Einspritzung machte, die das Blut aufhielt; sonst wäre ich verblutet. Der Arzt sagt, das Blut käme aus dem rechten Lungenflügel. (731)

Hinzu kamen Herz- und Magenbeschwerden. Was diese und den Blutsturz betrifft, schrieb Kessler am 2. Februar 1934 an seine Schwester:

> Fundamentally everthing comes from an abnormal enlargement of the Aorta; this pressed on the lungs and caused the hemmorage. It is the same with the ulcer, he [der Arzt Bañolas] says; this also is caused by a reflex from the Aorta. He cannot of course cure or change the state of the Aorta, but can cure the symptons, the ulcer etc. The wound in the lung is <u>closed</u> & the lung alright again. I must live very quietly, he says, not walk up steep places or overexert myself in any way. If I follow this advice he says there is no reason why I shouldnot live a long life. Of course all this is not exactly pleasant; but it is better to know & face the truth and to adapt oneself to it. Pour le moment it means keeping very quiet here in Palma till about May, and then seeing what to do further. (Kessler-Nachlaß)

Kessler ließ sich einer "ultra violet rays treatment" (Kessler-Nachlaß, 13.1.34) unterziehen und eine Diät verordnen, von der er bereits am 23. Januar 1934 optimistisch an seine Schwester geschrieben hatte: "I have taken to a very severe diet, nothing but soups, no meat nor even fish, & hope to get over this stomach trouble in this way without a special cure. As I dislike both fish & meat, certainly donot care for them much, I quite enjoy this cure" (Kessler-Nachlaß).

Trotz Kesslers Optimismus machte sich die Schwester Sorgen um den älteren Bruder und bat Goertz um die Wahrheit. Dieser schrieb am 31. Januar 1934:

> Sie bitten mich Ihnen genau zu schreiben, wie es dem Grafen geht.
> Ihr Bruder ist noch sehr krank. Durch die dauernden Magenbeschwerden, um sie wenigstens für kurze Zeit los zu werden, ass Graf Kessler drei Tage nichts, ist Ihr Bruder sehr abgemagert. Die vom Arzt verordneten Suppen kann Graf Kessler nicht mehr sehen.
> Sein Nervenzustand ist bedenklich.
> Niemand kann ihm helfen als er sich selbst.
> Mit Heroismus (Ekel) hält er an seine Diät.
> [...]
> [...] Sie, Marquise, sind Graf Kesslers einzige wirkliche Stütze, sind die einzige Stimme, die ihn noch mit dem Tag, mit der Umwelt verbindet. Von allem Anderen aber ist Ihr Bruder grenzenlos angeekelt.[44]

Die exilbedingten Depressionen, die Goertz ansprach, werden psychosomatisch ebenfalls von Bedeutung gewesen sein, wenn sie Kessler selbst auch nur andeutete, so zu Silvester 1933 in seinem Tagebuch: "Ruhiges Silvester, da noch immer schwach. Vor Mitternacht zu Bett. So endet dieses tragische Jahr" (731). Letzten Endes erschwerte der schlechte Gesundheitszustand die Arbeit an den Memoiren. So schrieb Kessler am 10. Mai 1935 an seine Schwester: "I have been so very busy revising my book which is now definitely finished & timed to be issued some time this month. It was a bit of hard work & I am a little run down, especially as it coincided with my bronchitis from which I am now recovering" (Kessler-Nachlaß).

Schon im Frühjahr 1934 hatte sich Kessler mit dem Gedanken getragen, die Insel wenigstens während der heißen Sommermonate zu verlassen, doch entschied er sich dagegen, weil die Schwester zu Besuch kam und zusammen mit ihrem Sohn Gérard den Sommer über blieb.[45] Als Kessler sich im Frühjahr 1935 erneuert überlegte, das mallorquinische Exil zu unterbrechen, hing es angeblich mit der "necessity of a short change and holiday" zusammen, wie er an seine Schwester schrieb.[46] Thelen malte in seinem Roman ein wesentlich düstereres Bild: "Seine Gesundheit war ruiniert, er spuckte Blut; sein Anblick war oft erschreckend" (857). In Briefen nach der Mallorca-Zeit behauptete Thelen, die Schwester habe ihren Bruder aus gesundheitlichen Gründen aus Spanien herausgeholt, was sich auch in Wilma de Brions Briefen im März und April 1935 nachlesen läßt.[47] Hinzu kam, daß wieder einmal der heiße mallorquinische Sommer bevorstand. So wurde die Abfahrt auf den 28. Juni festgelegt, an dem die Vidal-Quadras ein letztesmal zum Essen kamen und zwei von Kesslers geliebten Hunden übernahmen; an dieser Stelle sind auch Photos von ihnen ins Tagebuch eingeklebt.[48] Mit zwei anderen Hunden, Biederle und Grete, ging es auf dem Dampfer Barcelona über die gleichnamige Stadt nach Frankreich.[49]

Dort setzten sich die finanziellen Schwierigkeiten fort. Ende Juli 1935 wurde anscheinend auf Druck des deutschen Finanzamts viel von Kesslers Besitztum in Weimar versteigert; im Oktober 1935 gab es immer noch einen Schuldenberg von über 10 000 Reichsmark; am 6. Juli 1936 ist im Tagebuch vom Verkauf des Hauses in Weimar zu lesen (vgl. Tagebuch-Transkriptionen).[50] In Briefen an die Schwester vom 29. März 1936 und vom 14. und 19. Februar 1937 ging es um den Verkauf der Cranach Presse (vgl. Kessler-Nachlaß); am 16. August 1937 schrieb er an seine Schwester: "My affairs are not very brillant in Weimar & Berlin! I suppose, I shall lose about everything. The most painful is losing the Press. However, I fear nothing can be done to save it. It is hard" (Kessler-Nachlaß).

Das Erscheinen der französischen Version der Memoiren *Souvenirs d'un Européen* (1936) mag in diesem Zusammenhang ein wenig Erleichterung geschaffen haben. Es ist eine Ausgabe, die Kessler selbst völlig überarbeitete, weil er mit der Übersetzung unzufrieden war.[51] Aus Anlaß des Erscheinens reiste Kessler am 26. Oktober 1936 nach Paris. Ebenfalls arbeitete er an der englischen Version *Times and Faces*, von der er am 16. Juli 1937 145 Seiten an Faber & Faber in London abschickte (vgl. Tage-buch-Transkriptionen), wo sie aber nie zum Druck gelangten. In Pontanevaux in Südfrankreich, wo er in einer von der Schwester betriebenen Hostellerie unterkam, wollte Kessler vor allem an der

Weiterführung der deutschen Niederschrift seiner Memoiren arbeiten, unterließ es dann aber, weil ihm einerseits eine größere Bibliothek und die in Berlin und Weimar eingelagerten Bücher nicht zur Verfügung standen. Anderseits fehlten ihm aber auch die in Palma zurückgelassenen Papiere und Unterlagen.

In den Tagebucheintragungen und im Briefwechsel mit der Schwester ist deshalb die Konsequenz auffallend, mit der er seine Rückkehr auf die Insel verfolgte. In einem Brief vom 14. Juni 1935 an die Schwester, bevor er die Insel am 28. verließ, hatte er schon zum Ausdruck gebracht, nach Mallorca "as soon as possible" zurückkehren zu wollen (Kessler-Nachlaß). Was die praktische Seite der Rückkehr betraf, standen zunächst einmal wieder finanzielle Überlegungen im Vordergrund. In einem Brief vom 1. November 1935 klang der leise Vorwurf an, die von der Schwester gewährten 1250 Pesetas würden zu einem Leben in Palma nicht ausreichen, er deshalb ein Gemälde verkaufen müsse. Überhaupt scheint sich die Schwester gegen eine Rückkehr gewehrt zu haben:

> What you say about Mallorca rather surprised me. I thought it had always been quite understood between us that I was going back. Quite apart from other reasons, which are imperative (my things, notes, books all being there, so that I cannot continue my book without going back) there is no alternative. Paris would be not less, but more expensive, Pontanevaux is closing and Fournels [wo die Schwester wohnte] is out of the question, on account of the climate. So what can I do, but return to Mallorca? (Kessler-Nachlaß)

In einem Brief zwei Tage später tauchte Berlin dann doch als Alternative auf, da Kessler der Ansicht war, das umgetauschte Geld "would go a longer way there than [...] in Palma" (Kessler-Nachlaß). Obwohl er es nie ausschloß, nach Deutschland zurückzukehren, ist diese Briefstelle eines der wenigen Male, wo diese Möglichkeit angesprochen und dann anscheinend verworfen wurde. Dazu trug vielleicht ein Gespräch mit Goertz am 31. März 1936 bei, in dem dieser von den schrecklichen Zuständen in Deutschland berichtete (vgl. Tagebuch-Transkriptionen).

Um die Rückkehr nach Mallorca ging es wieder in einem Brief vom 24. Januar 1936, den Kessler an Gerty von Hofmannsthal schrieb, die Witwe des Dichters. Diese bat um die Briefe ihres Mannes an Kessler, die er auf Mallorca zurücklassen mußte, von denen er aber nach seiner Rückkehr zur Insel, was in acht Tagen geplant war, Abschriften machen lassen wollte, um sie der Witwe zu schicken. Die Originale brauche er für die gedachte Fortführung der Memoiren.[52] Aus nicht nachvollziehbaren Gründen kam es aber nicht zur geplanten Rückkehr. Später im Jahr ist zu beobachten, wie Kessler sich über die politische Situation auf der Insel auf dem laufenden hielt. Am 19. Juli 1936 notierte er in seinem Tagebuch den Militäraufstand in Spanien und somit den Anfang des Bürgerkriegs (vgl. 748). Am 30. August schrieb er dann an seine Schwester:

> Büttner gave me some interesting news of Palma. He says, what they fear there and the reason why foreigners are leaving is the danger of a famine, more than even a bombardment, as the island is completely cut off from the continent & supplies are running short. It is a question, how long they can hold out. (Kessler-Nachlaß)

Trotz dieser Situation erkundigte sich Kessler am 30. Oktober in Paris nach Verbindungen nach Palma ab Marseille (vgl. Tagebuch-Transkriptionen); im Dezember ging er in Lyon auf das spanische Konsulat, um sich ein Visum zu besorgen. Zu diesem Zeitpunkt befand sich Mallorca bereits in den Händen der Phlangisten Francos, was sich auch auf Kesslers Konsulatsbesuch auswirkte:

> Der Konsulats-Sekretär sagte mir, daß nach den neuesten Instruktionen sie Visa an Deutsche und Italiener nicht mehr erteilen dürften. Aber ich solle ruhig nach Palma fahren; da es in den Händen der Rebellen sei, werde es dort gerade umgekehrt sein, niemand werde mir als Deutschem dort die Einreise verweigern. (754)

In diesem Sinn aufs Geratewohl nach Mallorca zu reisen, war Kessler aber zu unsicher, und er ließ sich am 9. Januar 1937 in Paris zwei Empfehlungsbriefe für Mallorca geben, und zwar für "den die englischen Schiffe in Palma kommandierenden Offizier" und "die Marquise de Layas [...], deren Mann der nationalistische Gouverneur von Mallorca ist." In Gesprächen ging es darum, inwiefern Mallorca in die Hände der Nazis oder der Italiener geraten sei (vgl. Tagebuch-Transkriptionen). Ein weiterer Absicherungsversuch ergab sich aus einem Vorschlag am 13. Januar 1937 von Misia Sert, der Frau des spanischen Monumentalmalers José Maria

Sert, ihn bei Quiñones de León einzuführen, dem Vertreter Francos in Frankreich, "damit er mir meine Reise nach Mallorca und den Rücktransport meiner Papiere aus Palma erleichtere" (756). Doch dieser Versuch schlug fehl, wie Kessler am 18. Januar berichtete:

> Ich wollte, in Ermangelung eines Visums, ein Empfehlungsschreiben von Quiñones für die Behörden in Mallorca haben. Ich bekam ihn aber nicht zu sehen. Molina [der Sekretär] setzte mir auseinander, daß mein Wunsch unerfüllbar sei, da Quiñones kein offizielles Schriftstück ausstellen könne und niemanden in Mallorca kenne, an den er schreiben könnte. (760)

Wie schon beim Konsulatsbesuch in Lyon redete ihm der Sekretär zu, er solle ruhig fahren, als Deutscher hätte er auf der Insel keine Schwierigkeiten. Am 11. März war er dann noch auf einer Botschaft—es ist nicht klar auf welcher—,wo ihm versprochen wurde, daß ihm ein Visum aus Salamanca für Palma besorgt werden würde (vgl. Tagebuch-Transkriptionen).

Ob er das Visum tatsächlich bekam, ist nicht ersichtlich, und ohnehin erübrigte sich bald der Versuch, ein Visum zu bekommen. Anfang Januar 1937 hatte Kessler einen erneuten Blutsturz erlitten; zwei Tage nach dem Botschaftsbesuch erlitt er eine Lungenentzündung und Darmblutungen. Einen Monat lang reichte die Kraft nicht einmal zu Tagebucheintragungen; Mitte April mußte er sich wegen der Darmblutung operieren lassen ("Abbindung zweier Venen im Darm, die die Blutungen speisten" [Tagebuch-Transkriptionen, 13.4.37]) und wurde erst Ende Mai aus der Klinik entlassen. Kessler war gar nicht mehr in der Lage, eine Reise nach Mallorca auf sich zu nehmen; er mußte gepflegt werden. In einem Brief an die Schwester vom 18. Juli schilderte er seinen lange andauernden bedenklichen Gesundheitszustand: "My health continues about the same [...] I cannot go up stairs, cannot walk more than a few steps, just about the length of the garden, cannot hold any long conversations with anybody; and from time to time little heart attacks, which keep me in bed for a day. I am in bed most of the day anyhow [...]" (Kessler-Nachlaß).

In Briefen vom 10. und 28. August 1937 an die Schwester verlieh er seiner Sorge Ausdruck, seine Papiere und Bücher auf Mallorca könnten von deutschen Behörden fürs Finanzamt beschlagnahmt werden. Das wäre "an absolutely irreplaceable loss.

This would really be, for me, the crowning catastrophe" (Kessler-Nachlaß, 10.8.37). In dem Brief zwei Wochen später fügte er hinzu:

> I myself am getting very anxious about this, lest it be seized by the German consulate, or something still worse happen to it. After all that has happened to my things in Germany, unfortunately this anxiety is only too justified. The very latest date to which I can postpone my journey to Mallorca is October; and even that is very risky. (Kessler-Nachlaß)

Doch auch jetzt spielte die Gesundheit nicht mit; am 10. September lesen wir im Tagebuch: "vor Allem das Herz will noch nicht recht; die kleinste Anstrengung rächt sich" (Tagebuch-Transkriptionen). Gleichzeitig verschärfte sich die politische Situation auf der Insel; am 11. September in der vorletzten Eintragung berichtete er, was ihm sein Neffe Jacques de Michel Duroc erzählt hatte:

> Es sei größtenteils in deutschen Händen, das heißt in Händen der Nazis. Ebensogut könnte ich nach Berlin fahren. Er ist in Paris mit Bernanos in Verbindung gewesen, der bis vor kurzem in Mallorca geblieben war. Obgleich dieser auf seiten Francos steht, habe er es dort nicht mehr aushalten können. Er ließe mir sagen, daß er mir dringend abrate, nach Mallorca zu gehen, es sei denn, ich stünde mich mit der deutschen Nazi-Regierung gut. Die Zustände dort seien entsetzlich usw. (766)[53]

Im Oktober kam Kessler wegen der Herzbeschwerden in eine Klinik in Lyon. Sogar in dem letzten vorhandenen Brief an die Schwester, geschrieben am 22. November 1937 in der Klinik, war von der Rückkehr nach Mallorca die Rede, diesmal fast verzweifelt: "That fact that I am prevented from continuing these [die Memoiren] [...] weighs more and more heavily on my mind. How long will it be, before I can go and get my papers in Mallorca?!" (Kessler-Nachlaß).

Laut Grupp verhinderte Geldnot die Reise nach Mallorca; selbst die Schwester habe sich weigern müssen, die Rückkehr zu finanzieren.[54] Da die Schwester in der überlieferten Korrespondenz nach Kesslers Verlassen der Insel auf seinen Wunsch einer möglichen Rückkehr kaum reagiert, kann diese Weigerung höchstens eine stillschweigende gewesen sein. Die Briefe und die Tagebucheintragungen machen aber klar, daß die eigene Gesundheit und die politischen Zustände auf Mallorca ebenfalls eine Rolle spielten. Vereinsamt starb Kessler am 4. Dezember in der Lyoner Klinik.

Die auf Mallorca zurückgelassenen, verpackten und verwahrten Bücher und Papiere, die z.T. mit Schulden belastet waren, verließen die Insel erst 1952, anscheinend auf Veranlassung von Goertz.[55] In diesem Zusammenhang und bei der Suche nach dem weiteren Nachlaß spielte auch Thelen eine Rolle, obwohl diese nicht klar ist.[56] Dazu schrieb er in einem Brief vom 15. Juni 1970 an Schmoller: "Keßler: die Fürfallenheiten Ihnen zu schildern, die mich betroffen, als ich nach den verschollenen Handschriften fahndete, würde mich 30-40 Seiten kosten, und dann werden Sie obendrein sagen,—d a s ist doch nicht möglich!"[57] Eventuell trug sich manches davon zu, als die Thelens im Herbst 1976 Mallorca noch einmal besuchten, obwohl in seinem Roman nicht davon die Rede ist. Bei dieser weiteren vergeblichen Suche drehte es sich u.a. um mögliche Abschriften des zweiten und dritten Bandes der Memoiren, die sich anscheinend nicht bei den Papieren befanden, die 1952 die Insel verließen. Thelen meinte, es müßte sie geben: "Von mir abgetippt, 10-12x, also in immerwährender wustmännisch-keßlerscher Fassung von vorletzter Hand, ist der zweite Band der Erinnerungen, sowie etwa 1/3 des dritten Bd."[58] In jedem Fall wurden weitere Tagebücher 1983 in Palma entdeckt. Kessler hatte sie dort 1933 in einem Banksafe deponiert; nach Ablauf der fünfzigjährigen Mietszeit kamen sie ans Licht.[59]

Kessler hat sich in seinem Leben kunstfördernd, buchkünstlerisch, politisch und schriftstellerisch verdient gemacht. Wenn sich Mallorca auch nicht direkt in seinem literarischen Schaffen niederschlug, bot ihm die Ruhe der letzten Lebensjahre auf Mallorca die Gelegenheit, seine *Gesichter und Zeiten* fertigzustellen. In seinem Roman würdigte Thelen den Geist dieses europäischen *Homme de lettres* auf folgende Weise:

> Für seine Manuskripte bediente Keßler sich der gotischen Letter, im Briefverkehr schrieb er mit lateinischen Charakteren. Damit brachte er die große künstlerische und geistige Spaltung seiner Persönlichkeit zum Ausdruck: in seinen Episteln war er der Mensch der Völker, der durch Abstammung, höchste internationale Erziehung, angeborene Bildung und weite Reisen; durch seine Laufbahn als Diplomat, durch seinen Umgang mit Menschen, die einer Zeitwende, wie fragwürdig sie immer gewesen sein mag,

ihr Gesicht gegeben haben; der durch sein Verhältnis zur Welt der Antike (er las lateinische und griechische Autoren im Original, wie andere nicht einmal einen Autor in ihrer Muttersprache zu lesen imstande sind)—gehobene Mensch, der über den Vaterländern stand. Vaterländer: er hatte drei, mitsamt deren Sprachen, von denen aber nur die deutsche sich ihm als "Muttersprache" erschloß, in jenen Hamburger Jahren, die für seine "Deutschheit" entscheidend werden sollten. Goethes Menschentum und der Geist der Romantik standen ihm in dieser nicht schmerzlosen Wiedergeburt bei. In seinem schriftstellerischen Werk war er, und wurde es durch sein besonderes Schicksal immer mehr, der Mensch seiner tragischen Wahlheimat, die ihn schon bald in Konflikt brachte mit seinen Auffassungen vom freien deutschen Menschen. [...] Keßlers Worte über Rathenau, daß, wer Rathenaus Bedeutung ermessen wolle, immer genötigt sei, dessen Persönlichkeit in den Mittelpunkt der Betrachtung zu stellen und sie zu allem, was er gesagt und getan habe, hinzuaddieren müsse oder denn von ihr abziehen—das gilt im gleichen Maße von Rathenaus Biographen selbst, der stärker aus dem unberechenbaren Künstlerischen als aus dem Kalkül des Geistes heraus gelebt und gewirkt hat. (727)

Anmerkungen

[1] Zu Kesslers Werdegang vgl. Grupp u. Stenzel. Beide Studien behandeln kaum die Zeit nach Kesslers Weggang aus Deutschland im Jahre 1933. Der Ausstellungskatalog von Schuster/Pehle geht zwar auf die Mallorca-Zeit ein, aber nur in der Verknappung der von einer Ausstellung vorgegebenen Form.
[2] Vgl. Kessler an Hofmannsthal, 21.8.10 in Schuster/Pehle 260-61. Zur Mitarbeit Kesslers am *Rosenkavalier* und zur Kontroverse um diese Mitarbeit vgl. 249-68.
[3] Vgl. ibid. 457-77.
[4] Kessler, *Tagebücher 1918 bis 1937* 136 Weitere Zitate aus diesem Text werden mit der Seitenangabe in Klammern versehen. Vgl. a. Anmerkung 12.
[5] Vgl. Kessler, "Richtlinien für einen wahren Völkerbund. Entwurf einer Prinzipienerklärung als Grundlage eines Aktionsprogramms".
[6] Vgl. Schuster/Pehle 325-68, 377-78 u. 409-12.
[7] Dazu hatte sich Kessler schon in seinem Aufsatz "Nationalität" (1906) Gedanken gemacht. Dort schrieb er von "seelischen Formtendenzen" im Menschen, womit er persönlichkeitsbezogenen Eigenschaften meinte. Dabei seien Geographie, Vererbung, Heldvorstellungen und Berufsarbeit wichtige Faktoren. Würden dieselben Formtendenzen in vielen Individuen auftreten, ergebe sich daraus das Gefühl der Nation, wobei es aber nicht darauf beschränkt bleiben müsse: "Deshalb ist es auch kein Gegensatz, ein guter Deutscher und ein 'guter Europäer' zu sein; ein Konflikt zwischen national und 'international' existiert nicht. Die 'interna-

Harry Graf Kessler

tionalen' Formtendenzen sind in demselben Sinn national wie die engeren, heimatlichen; nur ist ihr Gebiet größer" (128-29).

[8] Vgl. Schuster/Pehle 374-77.

[9] In diesem Zusammenhang vgl. Kesslers bereits erwähnte "Richtlinien für einen wahren Völkerbund", in denen der Arbeiterschaft eine große Rolle eingeräumt wurde, oder sein Interesse am "Gildensozialismus", wie er es in einem Aufsatz mit demselben Titel zum Ausdruck brachte. Vgl. a. Schuster/Pehle 393-413.

[10] Vgl. Schuster/Pehle 58.

[11] Goertz galt auch als poetisches Talent. Ein Band *Gedichte* (1922) und *Zwei Novellen* (1928) erschienen im Insel-Verlag. Vgl. ibid. 417.

[12] Kessler, Tagebucheintragung, 27.4.26, Transkriptionen des Projektes zur Editionsvorbereitung der Tagebücher Harry Graf Kesslers, Deutsches Literaturarchiv, Marbach. Weitere Zitate aus dieser Editionsvorbereitung werden mit "Tagebuch-Transkriptionen" und, wo nötig, mit dem Datum der Eintragung in Klammern versehen.

[13] Vgl. den Abdruck dieses Plakats in Schuster/Pehle 476.

[14] Vgl. Stenzel 190.

[15] Kessler, "Der neue deutsche Menschentyp" 288.

[16] Vgl. Grupp 252 u. Kessler, *Tagebücher* 55-56. An anderer Stelle warnt uns Grupp (vgl. 301) vor Thelens Ausschmückungen der Anekdoten um Kessler in seinem Roman. Ein gutes Beispiel ist die erwähnte Geschichte der angeblichen Flucht aus Deutschland. Während Grupp anhand seiner Nachforschungen und Kesslers Tagebucheintragungen die Normalität von Kesslers Paris-Reise unterstreicht, fallen die Umstände dieser Reise bei Thelen zeitlich früher und wesentlich dramatischer aus, wie sie ihm angeblich von Kessler selbst vermittelt wurden: "es ist eine Szene im Hotel Adlon in Berlin. Er führt Besprechungen mit einigen Persönlichkeiten, deren Namen ich natürlich auch vergessen habe, in einem Privatzimmer; da kommt der Kellner und sagt: 'Meine Herren, der Reichstag brennt [am 27.2.33]! Jemand faßt Keßler beim Arm und flüstert ihm zu, nun werde es für ihn die höchste Zeit, die Koffer zu packen und nach England oder Frankreich zu fliehen. Keßler nahm sich nicht einmal mehr die Zeit, in seine auch von Henry van de Velde eingerichtete Wohnung in der Köthener Straße zu gehen. Er fuhr mit dem nächsten Zug nach Paris. Sein Kopf stand auf der Liste derjenigen Persönlichkeiten, die umgebracht werden sollten, wenn die Nazis ein kommunistisches Attentat auf den Führer inszenieren würden. Keßler besaß die Liste, die ihm seine Freunde von der Deutschen Botschaft in London zugestellt hatten" (*Die Insel des zweiten Gesichts* 856). Auch von der erwähnten Liste ist bei Grupp nicht die Rede. Diese Darstellung Thelens wird vielleicht der Anlaß gewesen sein, warum Kesslers Schwester Wilma de Brion am 23.12.52 an den sich für den Kessler Nachlaß interessierenden Berliner FU-Germanisten Karl Salzmann Folgendes schrieb: "Mein Bruder ist nicht regelrecht beim Reichstagsbrand geflohen. Dieser fand am Montag 27ten Februar 1933 statt und Harry war in Berlin

erst spät am 4. März [...] und hat Deutschland nur am 4ten März 1933 für Paris verlassen wo er sehr oft kam, da wir dort wohnten und er auch da verschiedene Kreise gern besuchte [...]" (Bodenhausen-Nachlaß). Immerhin unterstützt Kesslers Tagebucheintragung vom 8.3.33, dem Tag seiner Abreise aus Deutschland, die Version der Schwester; sie scheint lediglich das Datum verwechselt zu haben. Letzten Endes ist aber auch nicht auszuschließen, daß Kessler die Episode erfand, die er Thelen angeblich erzählte. Grupp weist z.B. in seiner Biographie nach, daß Kessler in seiner Autobiographie *Gesichter und Zeiten* Tatsachen durchaus anders zurechtlegte, wenn es der "geschlossene[n] und harmonische[n] Einheit" (249) seines Lebens diente (vgl. a. 246-49).

[17] Vgl. Grupp 253.

[18] Kessler an de Brion, 8.5.33, Kessler-Nachlaß. Weitere Zitate aus diesem Briefwechsel werden mit "Kessler-Nachlaß" und, wo nötig, mit dem Datum des Briefes in Klammern versehen.

[19] Erstmalig war von Mallorca die Rede in einem in Paris verfaßten Brief an die Schwester vom 18.9.33: "I shall really be sorry to leave for Majorca, would now much rather stay with you. But, le sort a ete [sic!] jeté" (Kessler-Nachlaß).

[20] Thelen, *Die Insel des zweiten Gesichts* 849. Weitere Zitate aus diesem Text werden mit der Seitenangabe in Klammern versehen.

[21] Vgl. a. Kap. 1, Anmerkung 6.

[22] Schuster/Pehle behaupten, Kessler sei "immer wieder von Palma nach Paris" (488) zurückgekehrt. Weder das Tagebuch noch der Briefwechsel mit der Schwester liefern dafür Belege.

[23] Vgl. ibid. 496.

[24] Laut Thelens Roman lernten er und Kessler sich zunächst kennen, als dieser die Übersetzungshilfe des Autors brauchte: "Die Nazis hatten Graf Keßler einen Prozeß anhängig gemacht wegen Steuerhinterziehung. Wo sie ihn schon nicht mehr aufhängen konnten, wollten sie wenigstens sein Vermögen auf legale Weise einkassieren. Er habe ein Gemälde aus seiner Sammlung—war es ein Renoir? ich erinnere mich nicht mehr—für eine Million verkauft, indessen nur einen ganz niedrigen Betrag gebucht. Auf Ersuchen seines deutschen Anwaltes habe er vor einem spanischen Notar seine Aussagen zu Protokoll bringen wollen, aber es sei keine Verständigungsmöglichkeit mit dem Beglaubiger vorhanden" (723, vgl. a. Grupp 253).

[25] Vgl. Grupp 249-51 u. 253.

[26] Joseph Wittlin zit. n. Stern, "Was heißt und zu welchem Ende studiert man Exilliteratur?" 22.

[27] Laut Thelens Roman hatte er einen unwillkürlichen Einfluß auf die endgültige Fassung des Manuskripts: "Aber bei aller Schlüchtigkeit und Abscherung der entsprechenden Hirnpartie konnte es mir doch passieren, daß ich die Erinnerungen von Harry Graf Keßler mit der Zeit auswendig heruntertippte. Nach einem halben Dutzend Mal saß es meistens wie Goethes Erlkönig, mit dem Unterschied freilich,

daß der klassische Spuk eine Fassung von letzter Hand war, während die Erinnerungen an Völker und Vaterländer, in mir schon zum literarhistorischen Geoid gestockt, beim Autor noch in schöpferischer Fließe waren; und da ich nur mit zwei Fingern tippe, ob auch ziemlich schnell, und mein Augenmerk mehr auf die Tasten als die Vorlage richten muß, kam ich aus dem neuen in ein altes Konzept, und über die Verbesserungen hinweglesend, ließ ich das Ausgemerzte wieder gelten, vertippte mich also um ganz Worte und Redewendungen: Keßler deutete es oft als meine kritsche Mitarbeit, für die er dankbar war; die frühere Fassung sei entschieden die bessere gewesen, und ich erntete Lob für mein vermeintliches Stilgefühl [...]" (730). Mit der Zusammenarbeit zwischen Kessler und Thelen beschäftigt sich Hermanik, "Der Autor und sein Schreiberling". Problematisch ist dieses Essay insofern, als Hermanik Thelens Aussagen für bare Münze nimmt.

[28] Gottfried Bermann-Fischer, der ab 1932 den Fischer Verlag leitete, ging 1936 mit einem Teil davon nach Wien, 1938 nach Stockholm und 1942 in die USA. Im Jahre 1947 vereinte er den Emigrationsverlag mit dem in Deutschland verbliebenen Teil, den Peter Suhrkamp in der Zwischenzeit geleitet hatte.

[29] In einem Brief an einen gewissen Herrn Schmoller vom 15.6.70 erzählte Thelen davon, wie "verzweifelt" Kessler gewesen sein soll, als er die Belegexemplare seiner Memoiren von Bermann-Fischer bekam (Kessler-Nachlaß). Warum das angeblich so war, wird nicht klar, zumal sich Kessler weder in seinen Tagebüchern noch in der Korrespondenz mit der Schwester in diesem Sinn äußerte.

[30] In seinem Roman gab Thelen ebenfalls das Gerücht weiter, Kessler sei der uneheliche Sohn Kaiser Wilhelms I. (vgl. 738).

[31] In diesem Zusammenhang merkt Grupp kritisch an: "Kessler hat eine scharfsichtige Schilderung der gärenden und keimenden Unruhe gegeben, die sich unter der ruhigen glatten Oberfläche des alten Europa verborgen hat. In seiner Jugend hatte er diese Dinge bestenfalls vage erahnt, wirklich durchschaut hat er sie erst, nachdem er Abstand gewonnen und 1918 den ideologischen Bruch vollzogen hatte. Präsentiert hat er das ganze aber, als hätte es diesen Bruch nicht gegeben, als hätte sein Leben eine geschlossene und harmonische Einheit dargestellt. Letztlich hat er sein Leben so geschildert, wie er es gerne gelebt hätte. So sind seine Erinnerungen gleichzeitig Analyse des untergegangenen Europa und Stilisierung und Rechtfertigung des eigenen Lebens" (249). Vgl. a. Anmerkung 16.

[32] Vgl. ibid. 252.

[33] Zit. n. Schuster/Pehle 498-99.

[34] Vgl. Grupp 246 u. 252.

[35] Vgl. Schuster/Pehle 499-500 u. Schuster, "Anhang" 439.

[36] Vgl. Grupp 252-53 u. Schuster/Pehle 500.

[37] Vgl. Tagebuch-Transkriptionen, 14.1.34, 9.2., 19.2., 1.3., 18.4., 19.4., 3.5., 10.5. u. 24.5.35.

[38] Vgl. ibid., 25.12.34, 23.5., 25.6. und 28.6.35.

[39] Es handelt sich hier um Felix Noeggerath (1885-1960), der in München Philosophie, Indologie und die indogermanische Sprachwissenschaft studierte, wobei sein weitgespanntes Interesse auch der Literatur, Kunst, Mythologie, Parapsychologie, dem Okkultismus und allgemein den Naturwissenschaften galt. Darüber hinaus hegte er die von Kessler erwähnten dichterischen Ambitionen, doch vernichtete er fast alle seine vor 1945 geschriebenen Manuskripte. Posthum erschienen ein Band *Gedichte* (1961) und der Prosatext *Das Fenster* (1986). Noeggerath hielt sich 1932-33 auf Ibiza auf, wo er zweimal den Studienfreund und Kulturphilosophen Walter Benjamin (1892-1940) im April 1932 und 1933 beherbergte. Noeggerath ist aber nicht direkt als Exilant zu bezeichnen, da er trotz seiner Ablehnung des Nationalsozialismus kriegsverpflichtet wurde und u.a. in den Archiven des Auswärtigen Amtes arbeitete. In den Augen Fischers, auf dessen Ausführungen die oben genannten Daten beruhen, ist Noeggerath als "das Genie der ungeschriebenen, beziehungsweise unveröffentlichten Bücher" zu bezeichnen (38).

[40] Wann sie sich zum erstenmal begegneten, ist nicht klar, doch bestand schon längere Zeit eine geistige Verwandtschaft. So schrieb Kessler 1919 einen Aufsatz zu "Graf Hermann Keyserlings politische[n] Ideen", in dem er dessen Eintreten für eine "Organisation der Welt als Völkerbund" hervorhob, an dem auch Deutschland teilhaben würde. Das wäre dann "das Ideal der *deutschen Selbstverwirklichung auf sozialer und universaler Grundlage* [...]" (191 u. 192). Vgl. oben Anmerkung 5.

[41] Eventuell handelt es sich hier um einen zweiten Besuch Kayserlings, denn *Der Herold* kündigte einen Besuch bereits für Ende März 1934 an. Vgl. "Zweiter Kolonieabend".

[42] Eventuell hat es eine homosexuelle Beziehung oder eine Spannung dieser Art zwischen den beiden Grafen gegeben. In seinem Brief an Schmoller schrieb Thelen im Hinblick auf Kessler: "Er lebte unter Druck, politisch; wozu sich die Anrempeleien von 'Homophilen' gesellten, die ihm das Leben auf der Insel ungemein erschwerte. Von diesen schwulen Dingen in meinem Insel-Memorial mit keinem Wort, noch dem kleinsten Hinweis gesprochen zu haben, haben mir die Baronin [Wilma de Brion] und R.A. Schröder, sehr hoch angerechnet; dabei ist das kein Verdienst. Wäre nämlich in den letzten Jahres [sic!] des Exils die Homosexualität des Grafen wichtig gewesen, ich hätte sie nicht verschwiegen. Die Keyserling-Komödie im Hotel Principe ist nur dem verständlich, der weiß, daß der buntbehemdete baltische Philosoph seinen Druck in schwulibus auf den emporgegraften Harry ausgeübt hat" (15.6.70, Kessler-Nachlaß). Bei Kessler gibt es weder in den Briefen an die Schwester noch in den Tagebucheintragungen eindeutige Hinweise auf eine Homosexualität seinerseits, wobei das für die damalige Zeit wohl auch kaum zu erwarten wäre. Höchstens aus Kesslers begeisterter Tagebuchbeschreibung von Keyserlings Besuch bei ihm in Bona Nova ist vielleicht eine homosexuelle Neigung herauszulesen: "Er sah phan-

tastisch aus in einem Sportanzug mit rotem Sweater, violettem Halstuch, gelbem Mantel und riesigem braunem Kalabreser" (780).

[43] In einem Brief vom 23.1.34 willigte die Schwester in den Kauf eines Gebrauchtwagens ein, dessen Finanzierung sie damit auch zu übernehmen versprach. Dabei dachte sie auch an seine prekäre Gesundheit: Das Auto muß "a good hood" haben "in case of sudden rain!—(most important for you) and above all, be quite safe!" (Kessler-Nachlaß). Über die Zustimmung der Schwester freute sich Kessler in einem Brief vom 27.1. (vgl. Kessler-Nachlaß), was Goertz in seinem Brief vom 31.1. an Wilma de Brion bestätigte. Allerdings schrieb er, die anscheinend gewährte Summe von 2000 Pesetas würde nur für "einen uralten Wagen" ausreichen und sprach von einem Gelegenheitskauf: Ein Amerikaner verlasse die Insel und würde ihnen seinen neuen Wagen für vielleicht 4500 Pesetas überlassen (Kessler-Nachlaß). Zu diesem Kauf kam es anscheinend nicht. Im Tagebuch ist dann nachzuvollziehen, wie Kessler am 15.2. einen Durant von einem spanischen Offizier kaufte, wobei sich aber am 17. dann herausstellte, daß der Offizier das Auto bereits einem anderen verkauft hatte. Am 18. beschwerte sich Kessler über den Offizier bei dessen Vorgesetzten, weil er sein Ehrenwort gebrochen hatte (vgl. Tagebuch-Transkriptionen). Danach ist nicht mehr von Autokauf die Rede.

[44] Goertz.

[45] Vgl. Kessler an de Brion, 18. u. 27.4.34, Kessler-Nachlaß.

[46] Zit. n. Grupp 246.

[47] Vgl. Thelen an Dora v. Bodenhausen, 25.9.52, Bodenhausen-Nachlaß. Vgl. a. seinen Brief an Schmoller, 15.6.70. Vgl. z.B. de Brion an Kessler, 24., 25. u. 31.3 u. 4. u. 19.4.34, Kessler-Nachlaß. Aus der Zeit unmittelbar vor Kesslers endgültiger Abreise gibt es keine Briefe der Schwester im Kessler-Nachlaß.

[48] Vgl. das Original des Tagebuchs, Kessler-Nachlaß. Im Zusammenhang mit Kesslers Liebe zu Hunden und Thelens Arbeit für ihn schilderte dieser in seinem Roman noch einen Einbruch in seine Wohnung in Palma, hinter dem er die Nazis vermutete. Wenn auch seine und Kesslers Manuskripte, die Thelen gerade abtippte, unberührt blieben, setzte er Kessler doch von der Gefahr in Kenntnis. Dieser entschloß sich laut Thelen, sich von einem deutschen Hundezüchter auf der Insel einen Hund anzuschaffen: "Graf Keßler hatte den Züchter aufgesucht und ihm sein Anliegen vorgebracht: wer er sei, weshalb er einen Wächter brauche, auf den Mann dressiert, denn Hitler... Hitler? Wer das sei?—'Bedenken Sie das einen Augenblick, ich bitte Sie: so ein Mann lebt seit Jahrzehnten auf der Insel und züchtet Hunde. Was in der Welt vor sich geht, weiß er nicht. Den Namen Hitler muß er aus meinem Munde vernehmen. Nun habe ich seine Ruhe gestört, um meine eigene zu sichern. Ich mache mir die größten Vorwürfe, ich hätte eine hiesige Rasse kaufen sollen'" (844). Von diesem Einbruch und dem Hundekauf ist weder in Kesslers Tagebuch noch im Briefwechsel mit der Schwester die Rede.

[49] In seinem Roman sprach Thelen davon, daß Kessler die Insel gerade rechtzeitig "im Frühjahr 1936" vor Ausbruch des Bürgerkriegs verlassen habe: "Graf Keßler kann von Glück sagen, daß er schon auf französischem Boden weilte, als es losging. Er hätte die Franconacht vom 18. auf den 19. Juli nicht überlebt" (857). Da Kessler laut Tagebuch die Insel bereits im Juni 1935 verließ, irrte sich hier Thelen in der Zeitangabe, obwohl es durchaus stimmen mag, daß der Anfang des Bürgerkriegs für Kessler zu einer Gefahr geworden wäre. Auf alle Fälle wird das Verlassen der Insel nicht mit "terroristische[n] Übergriffe[n] der Franco-Faschisten" zusammengehangen haben, wie Schuster meint ("Anhang" 438). Dafür gibt es weder in Kesslers Tagebucheintragungen noch in der Korrespondenz mit der Schwester Belege, abgesehen davon, daß der Spanische Bürgerkrieg erst im Juli 1936 begann.

[50] Vgl. Schuster, "Anhang" 440 u. Schuster/Pehle 488-92.

[51] Schuster, "Anhang" 440-41.

[52] Schuster/Pehle. 500-01.

[53] Zu Bernanos vgl. Kap. 2, Anmerkung 14.

[54] Vgl. Grupp 246 u. 255.

[55] Vgl. ibid., Schuster/Pehle 505 u. zwei Briefe Salzmanns an Dora von Bodenhausen, 25.11 u. 3.12.52, Bodenhausen-Nachlaß. Bei Dora von Bodenhausen handelt es sich um die Witwe des Freiherrn Eberhard von Bodenhausen (1868-1918), den Kessler aus der gemeinsamen Studienzeit in Bonn kannte und der in der Stahlindustrie die Millionen verdiente, die ihn wie Kessler als Kunstmäzen auftreten ließen. Zusammen mit ihm war er auch Mitbegründer des *Pan* und des "Deutschen Künstlerbundes". Die Witwe wollte in den 50er Jahren den Briefwechsel ihres Mannes mit Hofmannsthal herausgeben und einen Erinnerungsband schreiben, interessierte sich aber auch für den Kessler-Nachlaß, weswegen sie mit Salzmann, Thelen u.a. korrespondierte.

[56] Vgl. folgende Briefe: Eschmann an Bodenhausen, 20.8.52, Salzmann an Bodenhausen, 14.9.52, Thelen an Bodenhausen, 25.9.52, Salzmann an Bodenhausen, 25.11.,3.12., 23.12.52 u. 22.1.53 u. Bodenhausen an Dr. Steiner, 30.1.53, alle Briefe im Bodenhausen-Nachlaß.

[57] Thelen an Schmoller, 15.6.70, Kessler-Nachlaß.

[58] Ibid. Wenn es stimmt, was Thelen hier schrieb, dann müssen die Abschriften als verschollen gelten. Vom zweiten Band ist lediglich das sogenannte "Amerika-Kapitel" in den Herbst-Heften der *Neuen Rundschau* 8, 9 u. 10 ('35) erschienen. Vgl. auch den Abdruck dieses Kapitels in Kessler, *Gesammelte Schriften in drei Bänden. Gesichter und Zeiten* 235-96. Die Erinnerungen an den polnischen Staatsmann und Marschall Josef Pilsudski werden hier der Weiterführung der Memoiren ebenfalls zugeordnet (vgl. 297-305). Ferner wird Kesslers "Geplante Kapitelfolge der 'Erinnerungen'" abgedruckt (vgl. 307-17).

[59] Vgl. Schuster/Pehle 505, die hier von den frühen Tagebüchern aus den Jahren 1902 bis 1912 sprechen. Hingegen meint Grupp 303, es handele sich um die

"letzten" Tagebücher. Das stimmt insofern nicht, als Kessler noch nach seinem Weggang aus Mallorca in Frankreich seine Tagebücher fortführte.

KAPITEL VIER

Franz Blei

Ein mallorquinisches Arkadien?

Wie Kessler tat sich auch Blei als wichtige Vermittlerfigur um die Jahrhundertwende hervor, in seinem Fall mehr auf dem Gebiet der Literatur. Am 18. Januar 1871 in Wien geboren und von polnischer und schwedischer Herkunft, absolvierte er das Gymnasium dort und in Melk.[1] Schon als Siebzehnjähriger gewann er Kontakt zum und sympathisierte mit dem sozialistischen Gedankengut August Bebels und Viktor Adlers, was möglicherweise zu seinem Austritt aus der katholischen Kirche 1887 beitrug. Er studierte Philosophie in Wien, Paris, Bern und Zürich und promovierte mit einer Arbeit zum italienischen Nationalökonomen und Philosophen Abbé Ferdinando Galiani (1728-1787). Im Jahr 1893 heiratete er die Medizinerin Maria Lehmann,[2] 1897 kam in Zürich die Tochter Sibylla zur Welt, und im selben Jahr siedelte die Familie nach Paris über, von wo aus Blei kurz bei der von Kessler mitherausgegebenen Literaturzeitschrift *Pan* mitarbeitete. Im Jahr 1898 ging es in die USA nach Philadelphia, wo Bleis Frau ein zahnärztliches Studium abschloß. Ab 1903 entfaltete Blei eine vielseitige literarische Tätigkeit in München und Berlin; sein Haus in Schwabing entwickelte sich zum Treffpunkt der künstlerischen Bohème. Im Jahr 1905 wurde sein Sohn Peter geboren. Als Kenner der Literatur machte Blei z.B. Hermann Broch, Franz Kafka, Robert Musil und Robert Walser einer breiteren Öffentlich-keit bekannt, übersetzte Paul Claudel, André Gide, Nathanial Hawthorne, Moliére, Oscar Wilde und Walt Whitman, begründete und gab die literarische Zeitschrift *Hyperion* (1909-11) heraus und arbeitete 1913-14 als Redakteur der *Weißen Blätter*.[3] 1919 trat er wieder in die katholische Kirche ein.

Blei war aber auch schriftstellerisch tätig und schrieb eine Prosa, der der Einfluß Lichtenbergs die gedankliche Schärfe verlieh.[4] Bereits 1912 kamen die *Vermischten Schriften* heraus, die seine Gedichte, Dramen, Erzählungen, Porträts, Essays und Marginalien zur Kunst vereinten. Bekannt wurde *Das große Bestiarium der modernen Literatur*, das 1920 unter dem Pseudonym Dr. Peregrinus Steinhövel und 1924 in erweiterter Form erschien und in dem er anhand von kurzen scherzhaften Vignettes, einem zoologischen Buch gleich, die großen europäischen Schriftsteller der Zeit karikierte. Die Autobiographie *Erzählung eines Lebens* (1930) ist eine Kulturgeschichte der Zeit um die Jahrhundertwende. Blei besaß auch ein starkes Interesse an der Erotik, die sich z.B. in seinen Essays in *Formen der Liebe* (1930) zeigt. Für Karl Hopf war vor allem die essayistische Form Bleis literarische Stärke.[5] In der Tat weisen seine vereinzelt erschienenen "Historischen Bildnisse" wie auch sein Sammelband *Zeitgenössische Bildnisse* (1940), die z.T. in seine *Schriften in Auswahl* (1960) aufgenommen wurden, den Author als Essayisten hohen Ranges aus, der geschichtliche und gegenwärtige Persönlichkeiten lebendig werden läßt. Darüber hinaus bezeugen die "Bildnisse" der Heiligen Teresa von Avila und des Philosophen Miquel de Unamuno Bleis Interesse an der spanischen Gedankenwelt.

Klar ist, daß Blei sehr früh die Grundbegriffe des Nationalsozialismus als Gefahr erkannte. Im Jahr 1928 schrieb er in der *Weltbühne*: "Nationalität, Rasse: die beiden Begriffe sind heute in einer Weise politisch hypertrophiert und verunreinigt und daher formlos geworden, daß saubere Hände sie nicht anfassen sollten. Die Begriffe werden davon nicht sauberer, sondern die Hände schmutzig."[6] Gregor Eisenhauer faßt Bleis Situation zu Beginn der Nazizeit folgendermaßen zusammen:

> Franz Blei war weder Jude, noch zählte er zu den meistgehaßten Autoren. Er galt lediglich als "unbeliebt", was aber durchaus genügte, seine ohnehin unsichere Existenz vollends zu vernichten. [...] seine Solidarisierung mit den Rotgardisten war unvergessen, noch immer galt er vielen als sittenloser Erotomane, zudem hatte er sich durch "Das große Bestiarium der Literatur" allzuviele Feinde unter jenen drittklassigen Schriftstellern gewonnen, die nun, dank ihrer zeitgemäßen politischen Gesinnung, Karriere machten. Blei wurde vom Buchmarkt ausgeschlossen, für seine Werke durfte nicht länger geworben werden.[7]

Es kam sogar zum Verbot seiner Bücher, und diesbezüglich schrieb Blei an den Juristen, Staatsrechtslehrer und politischen Schriftsteller Carl Schmitt (1888-1985), mit dem er damals noch befreundet war, im August 1933: "Ich las meinen Namen im Buchhändlerbörsenblatt unter den für öffentliche Büchereien verbotnen Autoren, vor einigen Monaten."[8] Er vermutete, die Liste sei auf der Grundlage der Schriften des nationalsozialistischen Literaturwissenschaftlers Adolf Bartels entstanden, der die Literatur nach deutschvölkischen Kriterien gewertet und Blei irrtümlicherweise als Juden bezeichnet hatte.[9] Lakonisch bemerkte er dazu: "Aber es ist mir nicht so wichtig, als dass ich veranlasst wäre, das richtig zu stellen" (*Briefe* 84).

In einem Brief an den längjährigen Freund und österreichischen Schriftsteller und Maler Albert Paris Gütersloh (1887-1993) gab Blei Anfang Juni 1932 als den Zeitpunkt seiner Ankunft auf Mallorca an.[10] Somit erreichte ihn die Nachricht des Bücherverbots erst dort, denn er hatte wohl schon früher erkannt, daß es für ihn kaum noch ein finanzielles Auskommen in einem zunehmend nationalsozialistisch gesinnten Deutschland geben konnte. Wahrscheinlich war seine finanzielle Situation sowieso prekär, da Blei seit 1922 von seiner berufstätigen Frau in Trennung lebte. Er mußte sogar Schmitt hilfesuchend um einen Kredit angehen, um die Reisekosten nach Mallorca zu decken.[11]

Einmal dort angekommen, ließ er sich in dem Fischerdorf Cala Ratjada an der Nordostküste der Insel nieder, wo sich auch Otten und Schlüter später ansiedelten, ebenfalls die Maler Heinrich Maria Davringhausen,[12] Rudolf Levy[13] und, während der Sommermonate, Arthur Segal,[14] die sich alle aus Berlin kannten. Warum er sich für Mallorca entschied, ist nicht mehr klar ersichtlich, doch hing es vielleicht mit der damaligen Linksregierung der spanischen Republik unter dem Ministerpräsidenten Manuel Azaña zusammen, die die Insel als politisch ungefährlich erscheinen ließ. Hinzu kam, daß man in dem Fischerdorf sehr billig lebte, wie Blei in einem Brief an Gütersloh vom 31. Januar 1933 bemerkte. In diesem Brief versuchte er, den Freund ebenfalls zu einem längeren Aufenthalt auf der Insel zu bewegen:

Aber schon wenn du vier Schilling für den Kopf und auf seine körperlichen Anhängsel im Monat ausgeben kannst, lebst du hier wie anderswo ein reicher Herr. Vier Schilling sind sechs Peseten und etwas an Centimos. Darin ist alles inbegriffen, natürlich auch das Wohnen. Auch das geschirrabwaschende Mädchen. Auch eine Flasche Gin. (Schönwiese-Nachlaß)[15]

Franz Blei

Blei selbst mietete für 120 Mark im Monat ein möbliertes Haus am Meer (vgl. *Briefe* 81). Zeitweise waren anscheinend auch seine geschiedene Frau und sein Sohn Peter dabei, ebenfalls die Tochter Sibylla, "Billy genannt", die von 1926 bis etwa 1929 mit dem Rundfunkpionier Ernst von Lieben verheiratet gewesen war.[16] Heute läßt sich nur sehr schwer nachvollziehen, wie genau die Bleis ihre Wohnverhältnisse auf Mallorca gestalteten. Auf alle Fälle erwarb die Tochter in der Nähe von Cala Ratjada sehr günstig "ein grosses Stück Land zu Bauen und Hausen [...] eine fünffingrige Bucht mit grossem Wald, drei Badesträndern, einem Bauerngütchen mit dreihundert Obstbäumen" (*Briefe* 82) und betrieb dort anscheinend vor allem eine Geflügelfarm.[17] Auf diesem Land entstand ein Haus mit fünf Räumen, in das Blei Schmitt und seine Familie einlud, wohl um sich für den Kredit erkenntlich zu zeigen, und in das der Autor etwa im Mai 1934 anscheinend auch selbst einzog.[18]

In seinem unten noch zu besprechenden Romanfragment "Lydwina" bietet uns Blei ein Bild des sozialen Lebens in Cala Ratjada zur Zeit seines Exils dort:

> Die moralischen Anschauungen der Fremdenkolonie von Cala Ratjada waren nicht engherzig. Man ließ da jeden nach seiner eignen Façon leben und selig sein. Es gab keine sozialen Dehors, auf die man Rücksicht zu nehmen gezwungen war. Alles lebte eher im Abstieg als im Aufstieg auf der Leiter des Vorwärts- und Hinaufkommens. Von einer Rente, die nicht zu steigern war, von einer Pension, die fixiert war, ein für allemal, oder von der gönnerischen Hand eines Bekannten im Ausland oder der Heimat, wenn es der einfiel, einem Brief eine Geldnote beizulegen. Es kam sehr selten vor, daß hier etwa ein fremder Maler ein Bild verkaufte. Von einigen Schreibenden wurde behauptet, daß es Artikel für Blätter in der Heimat seien, von deren Honorierung sie lebten. Solche Angaben dürften meist nur den Zweck gehabt haben, die gönnerische Hand zu kaschieren. Man kann sagen, daß nur in einer Gesellschaft, die Geschäfte macht und Geld verdient, so etwas wie ein festes moralisches Konvenü entsteht. In der atomisierten kleinen Welt dieses fremden Strandgutes war dieses sittliche Konvenü nicht mehr vorhanden, weil nicht mehr nötig, und Reste davon kamen nur ganz selten wie ein Aufstoßen zur Manifestierung, bildeten keinerlei öffentliche Meinung, die Herrschaft über einen Outsider suchte.[19]

Eine weitere Schilderung finden wir z.B. im Brief vom 3. Januar 1933 an Gütersloh:

Hier ist keinerlei Kleiderluxus, gibts keine 'Strandpromenade', keine Theestuben und was sich Bar nennt, ist ein grosser geweisster Saal, in dem auf einem Podium Spanier beiden Geschlechts zuweilen Flamengo singen und tanzen, wozu das Publikum, zum grössten Teil Eingeborne, entweder nichts trinkt oder einen Caffee, der zehn Groschen kostet, oder einen Wein, von dem das Liter zwanzig Groschen kostet. Die Fremden machen es nicht anders. (Schönwiese-Nachlaß)

Im Briefwechsel mit Schmitt erreichten die Beschreibungen arkadische Töne. Auffallend ist, daß einer der Briefe, der ohne genaues Datum ist, eingangs von einem Gefühl der Zeitlosigkeit spricht:

ich weiss nur, dass Juli ist, nicht der wie vielte und nicht welcher Tag der Woche, auch die Uhr liegt längst unaufgezogen, man trägt die landesüblichen Leinenschuhe mit Bastsohlen, einmal den Overall, dann das Badetrikot, weder Strümpfe noch Hemd noch Hut, isst vielerlei vorzügliche Fische und starkschaliges Getier, das man mit dem Hammer öffnen muss, um zu dem zu kommen, weswegen mans gekocht hat, trinkt einen Wein dazu, der entweder gelb oder braun oder schwer und leider etwas reich an Alkohol ist, dann gibts sehr gutes Gemüse, Aprikosen, Feigen, Mandeln. Und die Hammelskoteletten stinken nicht nach Bock, weil der mangels Gras keine Möglichkeit hat, fett zu werden, wie auch die schwarzen Schweine hager bleiben, sich auf die Hinterfüsse stellen und das Olivenlaub oder das vom Johannesbrotbaum fressen. Das alles vollzieht sich in einer sehr originalen Landschaft mit seltsamen Bergen, teils kahlen, teils spazieren Arven hintereinander den Kamm hinauf wie in einer Prozession, und vor einem Meer, dessen Blau nicht die kitschigste Ansichtskarte erreicht und vor dem mein Häuschen nur ein Stückchen undeutlicher Weg und eine felsige Küste trennt, in der man immer ein Stück Sandstrand, eine vom Meer ausgewaschne Steinbadewanne mit Abfluss in das Schaukelbad der Wellen findet, alles hübsch beieinander zu jeder Stunde geöffnet. Alle acht Tage gibts für zwei Stunden ein Gewitter, sonst blauer Himmel, Sonne und Mond und ein reich mit Sternen und Milchstrasse ausgestickter Himmel. Wenig Fliegen, gar keine Mücken, Flöhe und derlei. (*Briefe* 80-81)[20]

Eine Rolle bei alledem spielte sicher Bleis Genügsamkeit, so im selben Brief an Schmitt: "Man sollte nicht glauben, was man alles entbehren, worauf man alles verzichten kann ohne das geringste Bedauern" (*Briefe* 81).

Blei, der als Sechzigjähriger nach Mallorca kam, scheint die Zeit dort "[m]eist mit Nichtstun" verbracht zu haben (*Briefe* 80).[21] In einem Brief an Gütersloh vom 6. August 1934 führte er das

Franz Blei

weiter aus: "Ich tue wenig, unterstützt darin von der Einfältigkeit der Tage und wohl auch vom mehr beschaulichen als aktiven Alter" (Schönwiese-Nachlaß).[22] Dennoch blieb er literarisch aktiv, wie er an Schmitt schrieb: "ich spiele mich mit Theaterstücken und was Nachdenklicherem" (*Briefe* 81). Mit jenen waren vielleicht das Bauernstück "Brigittens Hochzeit" und die Filmoper "Faust 1935" gemeint, die aber anscheinend beide nie erschienen.[23]

Bei den "nachdenklicheren" Schriften handelte es sich eventuell um die achtundsechzig Porträts gegenwärtiger Persönlichkeiten, die Blei zum größten Teil selbst kannte und mit wenigen Worten treffend zu umreißen wußte. Er ließ fünfundvierzig davon zwischen Ende April 1934 und Ende April 1935 als Folgeserie unter dem Titel "Zeitgenossen" in der *Prager Presse* erscheinen[24] und brachte sie dann 1940 gesammelt als die erwähnten *Zeitgenössichen Bildnisse* beim Amsterdamer Exilverlag Allert de Lange heraus. Es ist auch möglich, daß Blei während seiner Mallorca-Zeit an dem Essay "Die totale Revolution" arbeitete, das sich gegen den totalitären Staat richtete und anscheinend auch nie gedruckt wurde.[25] Darüber hinaus plante er ein Buch über "die Gegenstände des Ästhetischen", wie er am 6. August 1934 an Gütersloh schrieb (Schönwiese-Nachlaß).

Ein Brief vom 9. Juli 1935 an den Wiener Publizisten Ernst Schönwiese belegt Bleis Einwilligung zur Mitarbeit an dessen, zu jenem Zeitpunkt gerade erst gegründeten Wiener Literaturzeitschrift *das silberboot* (vgl. Schönwiese-Nachlaß). Zum Erscheinen des ersten Heftes gratulierte er dem Herausgeber in einer Karte vom 13. Juli 1936: "Hoffentlich können Sie durchhalten, auch wenn Österr. nat. sozial. werden sollte, wofür alle Zeichen sprechen" (Schönwiese-Nachlaß). In den Jahren 1935 und 1936 erschienen in den ersten fünf Heften der Zeitschrift Bleis "Marginalien zur Literatur", eine Art aphoristische Literaturkritik, zwei Gedichte unter dem Titel "Zwei Khasadien" und eine Buchbesprechung von Elisabeth Langgässers Roman *Der Gang durch das Ried* (1936).[26] Als Mitarbeiter der Zeitschrift kritisierte er in einem Brief vom 5. Dezember 1935 die Gestaltung des ersten *silberboot*-Heftes (vgl. Schönwiese-Nachlaß) und blieb auch literaturfördernd tätig. So veranlaßte er seinen Mitexilanten Schlüter, dem *silberboot* die Erzählung "Cullera" einzuschicken, wo sie auch 1936 erschien.[27] Ebenfalls empfahl er Schönwiese in einem Brief vom 9. September 1935 andere Autoren wie Gütersloh und Gottfried Benn (vgl. Schönwiese-Nachlaß).

Die erwähnten literarischen Schriften Bleis haben sehr wenig mit Mallorca zu tun. Allerdings sprach Schönwiese in einem Manuskript für eine Radiosendung von Versen, "die Blei nach alten maurischen Melodien schrieb, die er auf Mallorca von balearischen Bauern bei der Feldarbeit singen hörte. Verse eines Sechzigjährigen von erstaunlicher Frische im Ton und in der Farbenfreudigkeit."[28] Leider sind diese Verse aber nicht mehr aufzufinden. Darüber hinaus nahm Blei auf der Insel ein in Cala Ratjada spielendes Romanprojekt mit dem Titel "Das trojanische Pferd" in Angriff, das 1960 als das Fragment "Lydwina" erschien.[29] Die Publikationsgeschichte dieses Romans wird unten noch eine Rolle spielen; auf seinen Inhalt soll näher im zweiten Teil dieses Kapitels eingegangen werden.

Zunehmend erlebte Blei die Insel als eine Isolation, die er aber zu genießen schien, wie er am 26. September 1934 an Gütersloh schrieb: "Hier geht das Leben weiter so wie du es kennst. Nur dass meine freiwillige Isolation immer stärker wird. Ich kann mich nicht mehr mit irgendwelchen 'unterhalten'. Es fallen mir die dazu passenden Worte einfach nicht mehr ein. Aber es ist ein überaus angenehmer Zustand" (Schönwiese-Nachlaß). Wir wissen auch, daß seine finanzielle Lage weiterhin prekär blieb, eine Situation, die sich nur z.T. mit arkadischen Gedanken überspielen ließ. In einem Brief an Gütersloh vom April 1936 lesen wir:

> Ach, hätten wir nur ein bißchen mehr Geld, daß es uns möglich machte, das äußere Leben mit dem andern in einem erträglicheren Gleichgewicht zu halten! Welcher sinnlose Aufwand an Kraft und Nerven, es überhaupt zu erhalten. Und man ist nicht mehr zwanzig alt, wo man aus der Importanz des Geldes ausreißen kann ins Illusionäre, und noch nicht alt genug für die Flucht ins Resignierte.[30]

Aus einem 1939 im französischen Exil verfaßten Brief an Maria Börner, mit der er seit dem Ersten Weltkrieg befreundet war, erfahren wir schließlich, daß sich Blei 1936 "durch einen falschen Absprung von einer Klippe ins Meer" eine Sehnenscheidenentzündung im linken Unterschenkel zugezogen hatte, die ihn während der folgenden Exilzeit belasten sollte.[31]

Franz Blei

Als die Phalangisten auch auf Mallorca seine Existenz unmöglich machten, floh Blei am 22. September 1936. Er verließ die Insel auf demselben britischen Kriegsschiff, auf dem sich die Thelens befanden. In der *Insel des zweiten Gesichts* berichtete Thelen: "Ein Herr saß schon dort, mit Bärtchen und blauer Baskenmütze, in dem ich Franz Blei erkannte [...] (904). Als sich herausstellte, so Thelen weiter, daß das Schiff Kurs auf Genua nehmen sollte, habe Blei heroisch gehandelt:

> Franz Blei erhob sich, und es soll um der Erhabenheit des historischen Augenblicks willen auch noch vermeldet werden, daß sich der Schriftsteller auf die Taurolle stellte. Er wandte sich an den Offizier. Er spräche nicht in eigener Sache, er sei als Österreicher noch ein freier Mensch. Doch seien verfolgte Deutsche an Bord, auch Staatenlose, und da ginge es nicht an, diese Menschen in Italien an Land zu setzen; es bedeute für sie alle: Drittes Reich, Konzentrationslager, Tod! (906)

Laut Thelen gelang es Blei, die Schiffsleitung von dieser Gefahr zu überzeugen: Das Schiff lief das noch republikanische Barcelona an, wo diejenigen, die wollten, auf einen Zerstörer umsteigen konnten, der dann nach Marseille auslief.

Die Eile der Flucht erlaubte es Blei nicht, seine vielen schriftlichen Unterlagen mitzunehmen. Erst im Dezember 1938 erfuhr er von deren Schicksal, wie er am 30. des Monats an Gütersloh schrieb:

> Jetzt erst erfuhr ich, da Frau Bley es sich nicht zu schreiben traute, dass mir drei bewaffnete Phalangisten meine acht Kisten mit Büchern, Scripturen, Briefen gestohlen haben, einfach in einem camion weggefahren, ohne Ausweis ohne Bestätigung. Frau Bl. ging in Palma zum span. Polizeipräsidenten, der sehr verlegen ahnungslos war, es für gentilos [sic!] erklärte und etwas von los alemanes murmelte. Ich schrieb jetzt an den deutschen Konsul in Palma, dass er mein Eigentum wahre. Dazu [ist—sic!] er ja schliesslich da. Auch diese Haltlosigkeit macht das unstäte leben [sic!] und erleichtert es. Es wird ein Tag kommen, wo man sich mit dem Zahnbürstel auf den Weg macht. (Schönwiese-Nachlaß).

Blei floh zunächst nach dem noch freien Österreich und nach Wien zurück, wo ihn die bereits dorthin zurückgekehrte Tochter aufnahm.[32] In der österreichischen Hauptstadt traf er sich regelmäßig im Café Herrenhof mit solchen dichterischen Persönlichkeiten und

Freunden wie Musil, Broch, Albert Ehrenstein oder Gütersloh, wurde weiterhin von finanziellen Sorgen geplagt und war auf die Hilfe der Freunde und Bekannten angewiesen.[33] Nach dem Anschluß Österreichs im Jahre 1938 entkam er zunächst nach Florenz und, als die Pension, in der er dort lebte, aufgelöst wurde, nach Lucca (Italien), wo er beim Schriftsteller Rudolf Borchart (1877-1945) Zuflucht fand.[34]

Das mallorquinische Exil spielte insofern noch eine Rolle in seinem Leben, als Blei in dieser Zeit an dem Romanprojekt "Das Trojanische Pferd" weiterarbeitete. Mit dem unvollendeten Manuskript, das ursprünglich nur als "Roman für die Schublade" gedacht war, wie er Gütersloh am 20. April 1936 schrieb (Schönwiese-Nachlaß), nahm er 1938 an einem mit $4520 dotierten literarischen Wettbewerb der American Guild for German Cultural Freedom teil, bei dem er auch das Manuskript der *Zeitgenössischen Bildnisse* einreichte. Unabhängig davon stellte ihm die Hilfsorganisation ein "Scholarship" bereit, das er als Leumund auch für solche mitexilierten Schriftstellerkollegen wie Bloch, Gütersloh oder Musil zu erwirken versuchte.[35]

Von der Autorin Annette Kolb finanziell unterstützt, führte das Exilleben Blei im März 1939 nach Frankreich, weil Italien von ihm verlangt hatte, er müsse seinen österreichischen Paß "verdeutschen" lassen, wozu er "begreiflicherweise nicht die geringste Lust" verspürte.[36] Er kam in dem nahe Nizza gelegenen Cagnes-sur-mer unter, wo er billig zu leben hoffte.[37] Dort berichtete er in einem Brief vom 11. Juni an Börner vom Ausgang des Guild-Wettbewerbs und weiteren Geldsorgen:

> Den amerikanischen Preis hab ich nicht bekommen, da das MS des Romans, den ich einsandte, nur 170 Maschinenseiten hat und ihm die hundert Schlußseiten fehlen, an denen ich jetzt arbeite. Aber die 'American Guild' habe die Freude, so schreibt sie mir, mir mitteilen zu können, daß mein Roman zu den wenigen gehöre, die sie den neun interessierten Verlegern sehr zur Publikation empfohlen habe. Neumann sagt mir, das bedeute eine Annahme des Buches. Also Geld. Bevor sich das effektuiert, hab ich an diese Amerikaner geschrieben, daß ich drei Monate lang eine monatliche Unterstützung von 30 Dollar brauche, um den Roman beenden zu können.[38]

Ob er die finanzielle Unterstützung erhielt, ist nicht klar, doch machte sein Roman in Cagnes-sur-mer weitere Fortschritte. Im

Dezember war das Manuskript laut Blei in einem Brief an seine Tochter auf 190 Seiten angewachsen, und im Januar 1940 bat er die American Guild um die Rückgabe des Manuskripts, da er anscheinend keine Kopie davon hatte und es brauchte, um den fehlenden Schluß schreiben zu können.[39] In einem weiteren Brief an die Tochter vom Februar war von 210 Seiten die Rede, und im November wurde das Manuskript mit 280 Seiten angeblich abgeschlossen.[40] Im Oktober schrieb Blei an Broch sogar von "490 Maschinenseiten".[41]

Ganz im Gegensatz dazu behauptet Eisenhauer, der Roman sei ein Fragment geblieben.[42] Er begründet das damit, daß Blei kaum die Ausdauer für die Romanform besessen habe. Es sei ein Roman gewesen, "mit dem er sich seine wirtschaftliche Unabhängigkeit zu erschreiben hoffte, wider sein besseres Wissen, daß ihm jegliches Talent zur großen Form fehlte."[43] Dies scheint insofern plausibel, als es nie zur Publikation des Romans kam, anscheinend vor allem, weil das Gutachten eines amerikanischen Agenten "vernichtend" ausfiel.[44] Dieses Urteil beruhte aber vermutlich auf einem vollständigen Manuskript. Letzten Endes können aber die Unklarheiten in diesem Zusammenhang nicht restlos beseitigt werden. Im Wilhelm Sternfeld-Nachlaß im Deutschen Exilarchiv liegt nur das erwähnte Fragment.[45]

Als es in Frankreich im Juni 1940 zum Waffenstillstand kam und die Vichy-Regierung sich verpflichtete, auf Verlangen alle Emigranten auszuliefern, erwirkte die American Guild ein Visum für Blei.[46] So konnte er dann am 20. Oktober 1940 an seinen Freund Hermann Broch, der bereits nach New York emigriert war, schreiben:

> Inzwischen sind vorgestern die nötigen Papiere aus USA in Marseille bei dem dortigen Konsulat eingetroffen, das mir gerade mitteilt, dass es sie weiter an das Konsulat in Nice gegeben hat, dem ich hier unterstehe. Morgen fahr ich dahin, um auch gleich auf der Prefecture mein franz. Ausreisevisum zu kriegen. Es wird bei meinen 69 keine Schwierigkeiten damit haben, obwohl man da nie was Genaues weiss was die Behandlung der deutschen, österreichischen und tschechischen Emigranten betrifft. Jetzt kommen die bis 50 z.B. wieder in ein Arbeitslager, in dem sie schon den Sommer verbracht haben. Ich bin sehr froh, weg zu kommen. Wobei auch das Hungern etwas mitspielt, aber nur mit.—Also klappt alles kann ich in zehn Tagen in Lissabon bei Billy sein und dort die Abfahrt des Schiffs nach NY abwarten.[47]

Hier wird ein typisches, tragisches Exilschicksal sichtbar, gekennzeichnet von Visumsjagd, Unsicherheit und angeschlagener Gesundheit. Wie er am 16. Mai 1941 in einem Brief an den ebenfalls exilierten Hermann Kesten schrieb, setzte sich dieser Zustand für Blei auch fort, nachdem er erneut bei seiner Tochter untergekommen war, diesmal an der portugiesischen Costa Cynarica in der Nähe Lissabons, wo sie sich 1938 niedergelassen hatte:

> Endlich bin ich hier angekommen, nach sieben Wochen Arbeit in Marseille. Mit allen Papieren en règle. Mein amerikanisches Immigrationsvisum reicht bis zum 6. Juli. Da muß ich mich bereits auf einem amerikanischen Schiff befinden unterwegs nach New York. Das genaue Datum weiß man auf der Hicem in Lissabon noch nicht, aber meint, mein Schiff würde so um den 26. Juni Lissabon für New York verlassen. Bis dahin habe ich Zeit, bei meiner Tocher hier mich zu erholen von einer Herzattacke am Weihnachtstag, wegen Unterernährung.[48]

Es gelang Blei, sich nach New York einzuschiffen, wo er anscheinend an unterschiedlichen Orten unterkam, u.a. in einem Eckzimmer in Hastings Hall, einem Studentenheim der Columbia University, von dem aus er einen Blick auf die East Channel und die Brooklyn Bridge hatte.[49] In einem Brief vom September 1941 an Broch war von weiteren Geldsorgen die Rede, da unsicher blieb, ob Bleis Roman—vermutlich drehte es sich um "Das Trojanische Pferd"—angenommen werden sollte oder nicht.[50] Da das anscheinend nicht der Fall war, sah sich Blei weiterhin auf die finanzielle Hilfe der American Guild angewiesen, u.a. auf Beiträge von Vicki Baum, Annette Kolb, Thornton Wilder, Rudolf Serkin und Albert Einstein.[51] Die von Blei erwähnte Herzerkrankung trug dann vermutlich zu seinem Tod am 10. Juli 1942 in Westbury (Long Island) bei.[52]

Im Vergleich zu den krankheitsgezeichneten Jahren nach Mallorca, die darüber hinaus im Zeichen der ruhelosen Visumsjagd und der Finanznot standen, stellt das mallorquinische Exil eine Zeit der relativen Idylle in Bleis Leben dar. Abgesehen von den landschaftlichen Reizen der Insel war entscheidend, daß er sich dort eine Existenz hatte schaffen können. Die finanziellen Sorgen dort erreichten nicht dasselbe Ausmaß wie später, und, wie gleich zu zeigen sein wird, war das Exil auf Mallorca für ihn auch literarisch produktiv.

Franz Blei
"Lydwina"—ein Bild der Zwischenkriegszeit

Wie bereits erwähnt, stellte Bleis langjähriger Freund Gütersloh posthum die *Schriften in Auswahl* zusammen, die er mit einem Nachwort versah und in die er einen Teil des Romanfragments "Lydwina" aufnahm. Der Text war im Nachlaß des Schriftstellers gefunden und als Beginn des Romanfragments "Das trojanische Pferd" erkannt worden.[53] Die Handlung der etwa vierzig Seiten des gedruckten Textes und der zusätzlichen dreiundsechzig Manuskriptseiten[54] spielt in "dem kleinen Fischerort Cala Ratjada an der Ostküste der Insel Mallorca" (435), in dem "vierzig Fremde überwinter[n]",[55] also in dem Ort, wo Blei selbst während seiner Exilzeit auf Mallorca lebte. Obwohl der Roman im Gegensatz zu Thelens *Die Insel des zweiten Gesichts* nicht eindeutig autobiographisch angelegt ist, wird Blei z.T. wenigstens eigene Erlebnisse darin verarbeitet haben.

Das Romanfragment erzählt zunächst eine banale Dreiecksgeschichte. Um "eine Art räumlichen Schlußpunkt unter das kürzlich Vergangene" (434), eine zu Ende gegangene Liebesbeziehung, zu setzen und einen neuen Liebhaber zu finden, der sie finanziell aushalten kann, reist die achtundzwanzigjährige Deutsche Lydwina nach Mallorca, wo sie in Cala Ratjada zwei etwa zwanzigjährige und sich als Dichter ausgebende Engländer kennenlernt: Jack und James. Beide bemühen sich um sie, und während Lydwina James "unappetitlich" (444) findet—er ist dicklich und hat die "Gutmütigkeit eines etwas plumpen jungen Neufundländers" (443)—, läßt sie sich vom "graziöse[n]" Jack mit "seiner epigrammatisch witzigen Art" (442) verführen. Sie verbringen eine Nacht zusammen, und berauscht von dem Erlebnis, in einem "Zustand der aussetzenden Intelligenz" (427), macht Jack seiner Geliebten einen Heiratsantrag. Der in *Schriften in Auswahl* erschienene Text endet damit, daß die beiden in großer Eile die Insel verlassen, vor allem weil Lydwina um ihren Ruf fürchtet, da sie die Nacht nicht im Hotel verbracht hatte. Einsam und erschüttert bleibt James zurück.

Die weiteren unveröffentlichten Manuskriptseiten lassen uns vor allem drei deutsche Emigranten kennenlernen: den ehemaligen Schiffsleutnant der kaiserlichen deutschen Marine Kurt Matschewski, der wie ein "Nagetier" (456) aussieht, den Juden Heilmann, "dessen einziger Anteil an der Wirklichkeit in gesichertem Besitz und dessen Erwerb bestand" (M76), und den Kommunisten Seewald, der in Deutschland aus einem Konzentrationslager geflohen war und dabei einen SS-Mann hatte töten müssen. Heilmann finanziert Matschewski ein kleines Fabriksgebäude, in dem dieser allerhand Gebrauchsgegenstände von den Mallorquinern herstellen lassen will. Ebenso unterstützt er Seewald finanziell, der eine Maschine für ein kleines Elektrizitätswerk braucht. Am Ende des Manuskripts wird noch der ungarische Arzt Ady eingeführt, mit dem Heilmann mitten in der Nacht auf einer Terasse über dem Meer ein philosophisches Gespräch führt, dessen Ausgang wir jedoch nicht mehr erfahren.

Diese Handlungsstränge scheinen für Blei den Anlaß gebildet zu haben, aus einer allwissenden und unsentimentalen Erzählperspektive und als der Kulturkritiker, der er war, einen "Zeitroman" zu schreiben.[56] Mit leiser Ironie beleuchtete er schon in dem Fragment die gesellschaftlichen Zustände der Zwischenkriegszeit in den 30er Jahren, wie er sie auf Mallorca miterlebte und auf die die Ereignisse in Deutschland bereits ihre Schatten warfen.

Da sind z.B. die beiden leichtlebigen Engländer, die es nicht schwierig finden, angesichts der lockeren sozialen Verhältnisse in Cala Ratjada, so wie sie Blei beschreibt (vgl. oben), einem ungebundenen Leben nachzugehen. In ihre Idylle bricht dann die opportunistische "Dame" Lydwina ein: "Dame etwa orientiert nach Titel und Inhalt einer damals sehr verbreiteten Zeitschrift, welche den Begriff Dame ganz billig und den zufälligen Geldbesitz als dessen einzige Voraussetzung zugänglich machten, um ihn ohne weiteres in Fleisch und Blut zu verwirklichen" (428). Sie gehört zu jener

> fluktuierende[n] Menge weiblicher Attrappen in ständiger Sorge, das Lichtfünkchen Dame auf ihren wohlcoiffierten Scheiteln könnte verlöschen und sie stünden dann da als nichts als Frauenspersonen, gewissermaßen nackt und bloß den Widrigkeiten des gemeinen Lebens ausgesetzt (428).

Im Heiratsantrag Jacks sieht sie die Gelegenheit, "ihre nicht sehr bequem gewordene deutsche Nationalität in die weit bessere englische" (432) zu wechseln.

Warum ihr die deutsche Staatsbürgerschaft unangenehm ist, wird insgesamt nicht klar. Vielleicht ist sie Jüdin. Eine allgemeine

Andeutung ist im Gespräch Jacks mit der Mrs. Honeysuckle zu finden, in dem jener beiläufig und kurz auf die rassistisch-faschistischen Zustände in Deutschland zu sprechen kommt: "In Deutschland untersucht man das Blut der Brautpaare auf Kinder, die dann vielleicht gar nicht kommen" (440). Deutlicher ist die nationalsozialistische Großmannssucht in der Figur Matschewskis. Seinem Nagetieraussehen fügt Jack folgende Beschreibung hinzu:

> Wanderratte mit aufgebürstetem gelbem Schopf. Auch die Augen hat er so. Eng beieinander und kleine Knöpfchen. Stecknadeln. Weil er kein Kinn hat. Aber einen auf- und absteigenden Adamsapfel. Vielleicht das Kinn geschluckt und will wieder raus. Die vier großen Zähne oben verschwinden für keinen Augenblick. Wittern immer, statt der Nase. Die man gar nicht sieht. Nur zwei aufgestülpte Löcher, wie das Innere von kleinen Muscheln. (456)

Dazu paßt sein ausbeuterisches Treiben auf der Insel, denn er läßt die Mallorquiner für sich arbeiten. Er hält nichts von der Devise "Spanien den Spaniern" (454), vielmehr muß dieses Volk mit "fremde[m] Unternehmungssinn" in den "Fortschritt" (457) gepeitscht werden. Geschickt widerspiegelt Blei in dieser Haltung eines "Kleinen Mannes" die Ideologie der großen Politik in Deutschland zu dieser Zeit, nämlich den Drang nach "Lebensraum" und die Geringschätzung fremder Völker. Als ironischer Widerspruch bleibt, daß Heilmann als Jude dieses Treiben finanziert und zur Ausbeutung beiträgt, wie uns überhaupt diese Figur keine Sympathie abgewinnt.

Es überrascht nicht, daß Blei seinen Blick auch auf den Kommunismus und den Kampf der Ideologien zwischen den Weltkriegen richtet. Der Gesetzmäßigkeit des Kommunismus, die Seewald vertritt, setzt Heilmann folgenden Kommentar entgegen, der den Kommunismus als bloße Variante eines Heilsversprechens darlegt: "Vielleicht machen die Menschen mit ihren wissenschaftlichen Anstrengungen nur einen sehr kuriosen ungeheuren Umweg zu einem Ziel, das immer schon in ihrem Herzen liegt. Man nennt es meist Gott" (M70). Die Auseinandersetzung zwischen Rechts und Links wird im Roman in den spanischen Kontext der Zeit gesetzt, in der die Linksregierung der Republik versuchte, sich gegenüber Tradition und der katholischen Kirche zu behaupten. So erzählt der Arzt Ady von einem Dorf auf dem spanischen

Festland, in dem drei Bauern aus den Bergen eines Tages zum *Alcalde*, zum Bürgermeister, kommen:

> wir wollen bei uns da oben selber eine Schule bauen. Steine dazu haben wir genug. Soll den Staat schon nicht kosten. Wir wollen nur fragen, ob wir dann auch einen Lehrer bekommen. Der Alcade [sic!] redete so herum. Er war kein Republikaner und hielt nichts von der Dorfschule. Die Nonnen genügten ihm dafür. (M105)

In Deutschland hatte der ideologische Streit und die Machtergreifung der Nazis bereits zur Emigration vieler Deutscher geführt, die in vielen Fällen mit einem Zustand der Entfremdung einherging. Diesen Zustand läßt Blei Heilmann folgendermaßen kommentieren: "Das ist die Grausamkeit der deutschen Regierung. Man hat im fremden Land keinen Nachbarn. Man bleibt immer ein Fremder" (M101).

Weitere Figuren anderer Nationalitäten werden im Romanfragment kurz vorgestellt oder erwähnt: so "ein pensionierter amerikanischer Geistlicher der baptistischen Kirche" (436), ein Schweizer, der Barbesitzer Victor Popoff, "der sich als ehemaliger Weißgardist aufs Mixen verstand" (442), und Catalina, eine ältere Mallorquinerin, die den Haushalt der beiden Engländer besorgt. Da Blei das Manuskript anscheinend abschloß, verliehen die weiteren Romankapitel diesen Figuren sicher mehr Farbe. Vielleicht klärten diese Kapitel auch, worauf sich der Titel "Das trojanische Pferd" bezieht. Da aber kein vollständiges Manuskript vorhanden ist, kann das kulturkritische Bild der Zwischenkriegszeit, das Blei entwerfen wollte, nicht näher interpretiert werden. In einem verlorengegangenen Vorwort zum Manuskript für den Guild-Wettbewerb erklärte er, wie der Roman ausgehen sollte. Dieses Vorwort faßt ein Gutachten zusammen:

> The author explains in the forword [...] that [the—sic!] story will continue by telling the adventure of these variegated characters up to the beginning of the Civil War in Spain; he intends to partray [sic!] further the first six weeks of the war in Mallorca, and the attempts of five thousand Catalonians to conquer the island which the Phalangists have taken over and how this attempt fails through the intervention of Italian airplanes.[57]

Franz Blei

Vom angeblich fertigen Manuskript schrieb Blei an seine Tochter: "ein formidables Buch, mit Witz, Tiefsinn und Erschütterungen. Und ganz ohne Sentimentalitäten."[58] Das war natürlich nicht unvoreingenommen formuliert, doch ist einiges davon im Fragment zu finden.

Anmerkungen

[1] Zu Bleis Werdegang vgl. Eisenhauer 9ff.
[2] Zum Leben Maria Lehmanns vgl. Einsele.
[3] Zu Bleis Wirken vgl. Harth und Schönwiese, "Der Wegbereiter des modernen Romans: Franz Blei (1871-1942)".
[4] Vgl. Hopf 56.
[5] Ibid. 57.
[6] Zit. n. Eisenhauer 128.
[7] Ibid. 133.
[8] Blei, *Briefe an Carl Schmitt: 1917-1933* 84. Weitere Zitate aus diesem Briefwechsel werden mit *Briefe* und der Seitenangabe in Klammern versehen. Da sich Schmitt nicht vom Nationalsozialismus distanzierte, brach die Korrespondenz bereits im August 1933 ab. Schmitt vertrat politisch eine autoritär-liberale Haltung, indem er sich für einen starken Staat als Schutz gegen Bürgerkrieg einsetzte, die Wirtschaft aber frei bleiben sollte. Die konkreten Gründe für den Bruch führte Blei in seinem Porträt Schmitts in den *Zeitgenössischen Bildnissen* aus. Dem Author nach habe Schmitt einen gewissen Spaß daran gehabt, in Hitler die Verwirklichung seiner Theorie vom totalen Staat zu sehen. Dabei nahm Blei vor allem Anstoß an Schmitts Ansicht, daß die "Artgleichheit" des deutschen Volkes eine Voraussetzung sei, "Tyrannei und Willkür" (27) zu verhindern. Blei bemerkte, daß der Preis für eine solche Philosophie die Verfolgung von Juden und Oppositionellen sei. Aus der Sicht des Authors redete Schmitt Hitler das Wort. Er resümierte: "Schmitts publizistische Tätigkeit seit 1933 beschränkt sich darauf, sein Möglichstes zu tun, sein Theorem vom totalen Staat à tout prix zu halten, unter grössten Opfern des Intellektes" (29).
[9] Vgl. *Briefe* 84 u. 170-71.
[10] Vgl. Blei an Gütersloh, 3.1.33, Schönwiese-Nachlaß. Es geht hier um eine Kopie des Briefwechsels, der sich aus unbekannten Gründen im Nachlaß des österreichischen Herausgebers, Essayisten und Lyrikers Ernst Schönwiese (1905-1991) befindet. Weitere Zitate aus diesem Briefwechsel werden mit "Schönwiese-Nachlaß" und, wo nötig, mit dem Datum des Briefes in Klammern versehen. Irrtümlicherweise geben Furness u. Humble (32) u. Wiesner (67) 1933, Eisenhauer (132) sogar 1931, als das Jahr von Bleis Übersiedlung nach Mallorca an.
[11] Vgl. *Briefe* 11 u. 78.

[12] Heinrich Maria Davringhausen (1894-1970) war Autodidakt, wenn er auch 1913-14 die Düsseldorfer Kunstakademie besuchte. Er wurde von van Gogh beeinflußt und malte zunächst expressionistisch. Ab 1915 wohnte er regelmäßig in Berlin, wo er sich unter dem Einfluß Georg Grosz' der Neuen Sachlichkeit zuwandte. 1924 unternahm er eine ausgedehnte Reise nach Spanien, wo er zum ersten Mal Interesse an der abstrakten Malerei fand. Bereits im Januar 1933 emigrierte er mit seiner jüdischen Frau Lore und den zwei Töchtern nach Cala Ratjada, wo er sich ein Haus bauen ließ. Zu Beginn des Spanischen Bürgerkriegs 1936 mußten sie die Insel in aller Eile unter Zurücklassung ihres gesamten Besitzes, inklusive über sechzig Gemälde, verlassen. Weitere Stationen in Davringhausens Exil waren dann Italien und Südfrankreich, wo er sich nach dem Krieg in Hauts-de-Cagnes niederließ. In den 50er und 60er Jahren stellte er an verschiedenen Orten in Frankreich und Deutschland aus. Vgl. Eimert 18-20 u. 176-79. Blei porträtierte Davringhausen in seinen *Zeitgenössischen Bildnissen* (317-27), kam dabei aber nicht auf die gemeinsame Mallorca-Zeit zu sprechen.

[13] In Pommern geboren, ging Rudolf Levy (1875-1944) Anfang des Jahrhunderts nach Paris, wo ihn der Fauvismus von Paul Cézanne und Henri Matisse beeinflußte und er zusammen mit Oskar Moll und Hans Purrmann einer von Matisses wichtigsten deutschen Schülern wurde. In Paris nahm er auch am Künstlerkreis im Café du Dôme teil. Er lebte dann von 1921 bis 1933 in Berlin, wo Alfred Flechtheim seine erste Ausstellung im Jahre 1922 organisierte. In dieser Zeit galt er als eine der wichtigen Vermittlerfiguren französischer Malkunsttraditionen in Deutschland. Abgesehen von Mallorca bildeten Frankreich, die USA, Jugoslawien und Italien weitere Stationen in seinem Exildasein. In Florenz wurde er von der Gestapo verhaftet; er starb auf dem Wege ins Konzentrationslager. Zusammenfassend schreibt Susanne Thesing zu Levy: "Rudolf Levy ist den Weg zum Expressionismus über Paris gegangen. Er war kein Avantgardist, eher ein Nachzügler in der durch Cézanne und Matisse eingeleiteten Epoche" (82).

[14] Arthur Segal (1875-1944) wurde in Rumänien geboren, fand aber bereits 1890 den Weg nach Berlin, wo er sich 1904 niederließ und 1910 zusammen mit Max Pechstein und anderen einer der Mitbegründer der Neuen Sezession war. Zunächst beeinflußte ihn der Pointillismus, doch wandte er sich während der Berliner Zeit van Gogh zu und stand in Verbindung mit dem Blauen Reiter. Nach Ausbruch des Ersten Weltkriegs ging er nach Ascona in der Schweiz, wo er Kontakt zu den Dadaisten in Zürich aufnahm. Seine Kunst wurde zunehmend abstrakt. Segal stellte wenigstens dreimal, im Oktober/November 1933, im April/März und im Mai 1934, in Palma aus, wie aus dem *Herold* hervorgeht (vgl. "Arthur Segal Ausstellung in 'El Coll'", "Ausstellung Arthur Segal", "Ein neues künstlerisches Zentrum in Terreno" u. "Ausstellung in Sol y Sombra"). Nach der Exilzeit auf Mallorca von 1933 bis 1936 ging es nach London, wo Segal eine Malkunstschule gründete. Vgl. Liska 68-73, 229, 230 u. 283-84.

[15] Vgl. a. Blei an Gütersloh, 1.6.33, Schönwiese-Nachlaß. Anscheinend kam Gütersloh auch zu Besuch, obwohl nicht klar ist, genau wann und wie lange er auf Mallorca blieb. Im Karl Otten-Nachlaß führte dessen Frau Ellen Otten in einer Chronik zum Leben ihres Mannes Gütersloh als eine derjenigen Persönlichkeiten an, denen sie in Cala Ratjada begegnet waren.

[16] Blei an Gütersloh, 31.1.33 u. 6.8.34, Schönwiese-Nachlaß. Vgl. a. Einsele 240.

[17] Vgl. Eisenhauer 132 u. Schönwiese, "Literarisches Leben im Wien der dreißiger Jahre" 77.

[18] Vgl. *Briefe* 83 u. Blei an Gütersloh, 7.11.33, Schönwiese-Nachlaß.

[19] Franz Blei, "Lydwina" 436. Weitere Zitate aus diesem Text werden mit der Seitenangabe in Klammern versehen.

[20] Zeitlosigkeit empfand auch Thelen, wobei er sie aber auf das allgemein Iberische bezog: "Manchmal ist es schon der morgige Tag, und man meint, es sei immer noch gestern oder vorgestern oder, in glücklichen Fällen völliger Zeitverwahrlosung: überhaupt nicht. Das Heute scheidet immer aus; es ist nur eine philosophische Abstraktion" (*Die Insel des zweiten Gesichts* 523). Weitere Zitate aus diesem Text werden mit der Seitenangabe in Klammern versehen.

[21] Vgl. a. Blei an Gütersloh, 31.1.33 u. 6.8.34, Schönwiese Nachlaß.

[22] Vgl. a. Blei an Gütersloh, 31.1.33, ibid.

[23] Vgl. Blei an Gütersloh, 25.9.33, ibid. Vgl. a. Blei an Schönwiese selbst, 9.7.35, ibid. Weitere Zitate oder Angaben aus diesem Briefwechsel mit Schönwiese werden ebenfalls mit "Schönwiese-Nachlaß" und, wo nötig, mit dem Datum des Briefes in Klammern versehen.

[24] Die Porträts erschienen in der Kulturbeilage "Die Welt am Sonntag", das erste, ein Porträt Gerhart Hauptmanns, am 29.4.34, das letzte, ein Porträt Charles Algernon Swinburnes, am 28.4.35.

[25] Vgl. Eisenhauer 80 u. 167. Vgl. a. Blei an Gütersloh, 3.1.33, Schönwiese-Nachlaß.

[26] Vgl. *silberboot* 1 ('35): 45 u. 2, 3, 4 u. 5 ('36): 76, 139-40, 195-96 u. 260. Die Zeitschrift wurde dann doch Ende 1936 eingestellt, aber im März 1946 fortgesetzt. Dort erschienen in 1 ('46): 49-51 u. 6 u. 7 ('47): 327-28 u. 397-98 noch weitere von Bleis "Marginalien zur Literatur".

[27] Vgl. Blei an Schönwiese, 17.8.35, Schönwiese-Nachlaß. Die Erzählung erschien im *silberboot* 4 (1936): 155-64.

[28] Dieses Manuskript befindet sich im Schönwiese-Nachlaß.

[29] Vgl. Eisenhauer 132 u. einen Brief Bleis an Gütersloh in Gütersloh, *Allegorie und Eros* 102-03.

[30] Zit. n. Gütersloh 102.

[31] Franz Blei, "Briefe aus Cagnes" 164 u. 165. In bezug auf Bleis auf Mallorca geschriebenen Briefe bleibt noch zu erwähnen, daß es im Thomas Mann-Nachlaß im Thomas-Mann-Archiv in Zürich zwei Briefe Bleis gibt, die er dem Dichter am

25.1. u. 10.6.35 aus Cala Ratjada schrieb. Im ersten dankte er für die auf Manns Veranlassung vom Fischer Verlag geschickten Bücher und für "das Erlebnis ihrer Lektüre". Er lobte vor allem, daß Mann die Zeitumstände reflektiere, doch "mit den aesthetischen Mitteln der Sprache". Es ist nicht klar, welche Bücher Manns Blei meinte. Im zweiten Brief gratulierte er Mann zu dessen sechzigstem Geburtstag. Wie Manns Geburt sei auch sein Überleben ein Grund zum Feiern: "Denn auch dieses muss man bei den heutigen Zuständen in Deutschland schon als ein Glück ansehen." Es sind auch zwei auf Mallorca geschriebene Briefe Bleis an André Gide erhalten. In diesen dreht es sich vor allem um einen Konflikt zwischen den beiden zu moralischen Aspekten der Homosexualität. Vgl. Theis XXX u. 180-83. In keinem dieser Briefe an Mann und Gide erfahren wir weitere Einzelheiten über Bleis Leben auf Mallorca.

[32] Bleis Frau blieb wenigstens bis Ende 1938 in Palma. Vgl. Blei an Gütersloh, 21.10.38, Schönwiese-Nachlaß. Was die Tochter betrifft vgl. Schönwiese, "Einleitung" 6. Der Sohn Peter wurde wehrdienstverpflichtet und starb 1959 in der Schweiz.

[33] Vgl. Schönwiese, "Literarisches Leben im Wien der dreißiger Jahre" 71-90 u. Eisenhauer 134.

[34] Vgl. Blei an Gütersloh, 21.10.38, Schönwiese-Nachlaß.

[35] Die American Guild for German Cultural Freedom wurde 1935 von dem bayerischen Adligen Hubertus Prinz zu Löwenstein gegründet und von ihm als Generalsekretär geführt. Zunächst bestand ihr Zweck darin, Mittel für eine Deutsche Akademie der Künste und Wissenschaften im Exil aufzubringen, doch nahm sie zunehmend die Funktion einer Hilfsorganisation für exilierte Schriftsteller, Künstler und Wissenschaftler wahr. U.a. wurden Bertolt Brecht, Hermann Broch, Alfred Döblin, Lion Feuchtwanger, Annette Kolb, Walter Mehring, Robert Musil und Anna Seghers geholfen. Vgl. einen Brief der Hilfsorganisation an Blei vom 2.5.38, Blei-Akte der American Guild. Vgl. a. Blei an Gütersloh, 30.8.38, Schönwiese-Nachlaß. Zu Bleis Einsatz für die genannten Schriftstellerkollegen vgl. seinen Brief an Löwenstein, 16.6.38, Blei-Akte der American Guild. Im selben Brief berichtete Blei von einem weiteren Romanvorhaben, das einen fiktiven Papst zum Gegenstand haben sollte, der als "wahrer Christ" die Kirche an "ihre grosse Aufgabe" erinnert.

[36] Blei an den Verleger Rudolf Kommer, 1.3.37, Kommer-Nachlaß.

[37] Vg. Blei an Gütersloh, 21.10.38, Schönwiese-Nachlaß. Da Gütersloh selbst von 1924-29 in Cagnes-sur-mer gelebt hatte, beruhte Bleis Entschluß, dort sein Exil fortzusetzen, eventuell auf einer Empfehlung seines Freundes.

[38] Blei, "Briefe aus Cagnes" 166. In Wirklichkeit wurde in dem Preisauschreiben, an dem sich auch Otten und Schlüter beteiligten, keine Entscheidung getroffen, da sich die Verlegerjury nicht einigen konnte. Doch sollten zehn der eingereichten Manuskripte gedruckt werden. Zu diesen gehörte zunächst anscheinend auch Bleis Buch. Vgl. die Brill-Akte der American Guild.

Franz Blei

[39] Vgl. Blei, "Briefe aus Cagnes" 168 u. Bleis Brief an die American Guild, 14.1.40, Blei-Akte der American Guild.
[40] Vgl. Blei, "Briefe aus Cagnes" 170 u. 175.
[41] Blei an Broch, 20.10.40, Broch-Nachlaß.
[42] Vgl. Eisenhauer 132.
[43] Ibid. 132.
[44] Vgl. ibid. 136. Eventuell bezieht sich Eisenhauer auf das Gutachten von Berthold Fles, das sich in der Blei-Akte der American Guild befindet. Dort ist zu lesen: "Some of the conversation is mildly interesting, most of it pointless, and the book as a whole, intending to give a sardonic picture of the decadent life of bourgeois Society [sic!], completely fails to come off. [...] Had the author told his story in a straightforward manner, without verbal curlicews, this might have been an interesting book. As it is the manuscript is unpublishable." Dahingegen fiel das ebenfalls in der Blei-Akte enthaltene Gutachten von Richard Bermann wesentlich positiver aus: "Dass der Autor Menschengestalter [sic!] formen kann, ist gewiss, und das Milieu ist reizvoll geschildert." Dieser Richard Bermann ist allem Anschein nach nicht mit dem Verleger Gottfried Bermann-Fischer in Verbindung zu bringen. Zu diesem vgl. Anmerkung 28, Kap. 3.
[45] Vgl. a. Blei, *Schriften in Auswahl* 676. In einem Brief an Gütersloh bestätigte Broch, daß er kein vollständiges Romanmanuskript im Nachlaß Bleis fand. Vgl. Gütersloh 108.
[46] Vgl. oben Anmerkung 35. In diesem Zusammenhang bezieht sich Löwenstein auf Blei in seiner Autobiographie *Botschafter ohne Auftrag* 194. Die Hilfeleistungen seiner Organisation in Frankreich zu diesem Zeitpunkt beschreibt er folgendermaßen: "Abgesehen von laufenden Stipendien hat die 'Guild' auch unmittelbar eingegriffen, vor allem zugunsten mittelloser Flüchtlinge in Frankreich. Eisenbahn- und Ozeanreisen wurden bezahlt, Visen und Aufenthaltserlaubnisse wurden beschafft, Empfehlungen wurden gegeben an Verleger, Zeitungen, Schulen und Universitäten. Nach dem Fall von Frankreich konnten wir viele Hunderte von deutschen Anti-Nazis vor der Gestapo retten und nach Amerika bringen" (134). Löwensteins Autobiographie erschien auf englisch unter dem Titel *Towards the Further Shore. An Autobiography* (1968). Er besuchte auch Spanien während des Bürgerkriegs und schrieb darüber in *A Catholic in Republican Spain* (London: Gollancz, 1937). Dieser Reisebericht erschien im Jahre 1938 auf deutsch unter dem Titel *Als Katholik im republikanischen Spanien*.
[47] Blei an Broch, 20.10.40, Broch-Nachlaß. In diesem Brief sprach Blei, abgesehen von den bereits zitieren "490 Maschinenseiten" des "Trojanischen Pferdes", die er nach New York mitbringen wolle, von "vier Erzählungen 'Frauen', 300 Seiten". Er fügte hinzu: "Ja, zu einem dritten Buch, das Tagebuch des Jack the Riper [sic!], hab ich viele Notizen. Kein pornographisches Buch, sondern eher ein theologisches [sic!] Rechtfertigung, freier Wille (den Willen Gottes zu tun, sonst nicht) Gnade etc. Explizert an dem extremen Fall eines Frauenmörders ohne

Lustkomplex. In Auseinandersetzungen mit sich selber." Vgl. a. Blei an Gütersloh, 6.4.38, Schönwiese-Nachlaß.

[48] Kesten 189. Die Tochter verbrachte den Rest ihres Lebens in Portugal, wo sie vermutlich 1963 starb. Dort bewahrte sie auch die Bibliothek ihres Vaters auf, die 1979 der Biblioteca Nacional in Lisboa übergeben wurde. Vgl. Maria Assunçao Duarte Pinto Correia (Hg.), *Uma Biblioteca Reencontrada. A Doaçao Sibylle Blei/Sarita Halpern na Biblioteca Nacional* (1988). Vgl. a. zur Mühlen, *Fluchtweg Spanien-Portugal* 168-69, der vermutet, Sara Halpern, eventuell die lesbische Freundin Sibylles (vgl. Blei an Gütersloh, 6.8.34, Schönwiese-Nachlaß), habe einen Teil des Bestands von Mallorca nach Portugal transportiert, während der Rest dann von der Tochter selbst mitgebracht worden sei. Dem scheint Bleis Brief vom 30.12.38 an Gütersloh (Schönwiese-Nachlaß) zu widersprechen, in dem er von der Beschlagnahmung seines Eigentums auf Mallorca spricht.

[49] Vgl. Blei in einem undatierten Brief an Broch, Broch-Nachlaß.

[50] Vgl. Blei an Broch, 1.8.41, Broch-Nachlaß.

[51] Das geht aus drei von einem Wolfgang Sauerlander verfaßten "Memorandums" hervor, die sich im Broch-Nachlaß befinden.

[52] Bleis letzte Stunden beschrieb Broch in einem Brief an Gütersloh: "Aber er hat einen sanften Tod gehabt; ich war bis zum letzten Augenblick bei ihm, und ich war froh, daß ich es tun konnte. Er war selbst während der Krankheitszeit voller Hoffnungen und Pläne; die letzten 24 Stunden war er bewußtlos, und so ist er hinübergeschlafen" (Gütersloh 105).

[53] Blei, *Schriften in Auswahl* 676.

[54] Eine Kopie aller vorhandenen Manuskriptseiten befindet sich im Sternfeld-Nachlaß. Wenn Güterslohs Herausgabe des Textes in Bleis *Schriften in Auswahl* auf diesen Seiten beruht, dann ist nicht ganz klar, warum er lediglich die ersten siebenundvierzig Manuskriptseiten auswählte. Vielleicht hängt dies damit zusammen, daß S. 55 fehlt und das Manuskript auf Seite 111 mitten im Satz abbricht.

[55] S. 90 der Manuskriptseiten im Sternfeld-Nachlaß. Weitere Zitate aus diesen Manuskriptseiten werden mit einem "M" und der Seitenangabe in Klammern versehen.

[56] Vgl. Hopf 56 u. Eisenhauer 132.

[57] Gutachten von Berthold Fles, Blei-Akte der American Guild. In seinem Mallorca-Roman *Torquemadas Schatten* schilderte Karl Otten diese Ereignisse ebenfalls. Vgl. Kap. 5.

[58] Blei, "Briefe aus Cagnes" 170.

KAPITEL FÜNF

Karl Otten

Ein Expressionist und Kommunist auf Mallorca

Karl Otten wurde am 29. Juli 1889 in Oberkrüchten bei Aachen in kleinbürgerlichen und katholischen Verhältnissen geboren.[1] Nach dem Abiturabschluß in Aachen studierte er von 1910 bis 1914 Soziologie und Kunstgeschichte in München, Bonn, Straßburg und Wien, wo er sich vor allem in expressionistischen Künstler- und Intellektuellenkreisen bewegte. Es kam zu Begegnungen und Freundschaften u.a. mit Blei, August Macke, Max Ernst, Franz Marc, Oskar Maria Graf, Egon Erwin Kisch, Erich Mühsam, Carl Sternheim und Otto Gross, einem Schüler Freuds, bei dem Otten in Wien auch Vorlesungen hörte. Eine Semesterferienreise im Jahr 1912 führte ihn nach Griechenland, wo er ahnungslos in ein Vorspiel des Ersten Weltkriegs, den Aufstand der Albanier gegen die Türken, geriet, dessen Grausamkeiten er in seinem ersten Buch *Die Reise nach Albanien 1912* (1913) festhielt. Die Reise trug ausschlaggebend zu Ottens pazifistischer Haltung bei, die sich bereits im August 1914 konkret zeigte, als er beim Ausbruch des Krieges wegen antimilitaristischer Tätigkeit in Straßburg verhaftet wurde und etwas über ein Jahr im Gefängnis verbrachte.

Im expressionistischen Stil der Zeit veröffentlichte Otten 1918 den Lyrikband *Thronerhebung des Herzens*. Aus diesem nahm Kurt Pinthus 1919 das Titelgedicht und fünf weitere Gedichte in *Die Menschheitsdämmerung* auf, seine Anthologie expressionistischer Lyrik, die klassisch werden sollte,.[2] In den folgenden Jahren schrieb Otten die Romane *Lona* (1920), *Prüfung zur Reife* (1928), das Drehbuch *Kamaradschaft*, das der Regisseur Georg Wilhelm Pabst 1931 verfilmte, und *Der Schwarze Napoleon* (1931), eine Biographie Toussaint Louvertures, des Freiheitshelden von Santo Domingo. Zwischen 1919 und 1933 arbeitete er als Redakteur der Zeitschrift *Der Friede*. Otten betätigte sich aktiv auf der linken Seite des politischen Spektrums, so in seinen politischen Essays,

Gerichtsreportagen und Miniaturen, die in verschiedenen Zeitungen erschienen.[3] Kasimir Edschmid nach war er ein "glühender Kommunist"[4]; dazu sagte Otten selbst: "Das Heil kommt von Osten. Ich habe gewählt."[5] Angesichts der Verbrechen des Stalinismus wandte er sich später vom Kommunismus ab.

Es überrascht nicht, daß Otten bereits am 12. März 1933 kurz nach den entscheidenden Reichstagswahlen aus Deutschland floh, und zwar unter Zurücklassung sämtlicher Manuskripte, Tagebücher und Briefe bei einer Bekannten, die sie später aus Angst vor Entdeckung den Flammen übergab.[6] Es war ein Gang ins Exil, den Otten in dem unveröffentlichten Gedicht "Abschied" reflektiert. Auf expressionistische Weise hält er dort den Schritt ins Exil mit Metaphern fest, die um Tod, Unsicherheit, Atemnot, Sturm und Träume kreisen:

> Ich trete in mein Haus und ahne,
> dass ich gestorben bin und ausgelöscht.
> Mein Schritt ist unstät.
> Die Luft ist schal
> von meinem Atem, der mich eben erst verliess.
>
> Und droben wälzt die Nacht sich über Sterne.
> Es braust die Stadt, ein fernes Meer.
> Die Winde beugen Bäume, lösen Aeste.
> Die Städte flackern auf und hüllen Stein
> um Mensch und Tier, die atmend weiden
> im Land der Träume,
> dem ich jetzt gehöre.
> Und leise, dass ich niemand störe,
> nehm ich den Hut und geh auf Wanderschaft.[7]

Es war eine "Wanderschaft", die er gerade rechtzeitig unternahm, denn drei Tage nach der Flucht wurde seine Wohnung in der Künstlerkolonie Wilmersdorf von der SA durchsucht.

Es ging zunächst einmal nach Paris, wo er auf Ellen Kroner wartete, eine jüdische Freundin, die ihm am 17. März folgte und 1939 seine zweite Frau wurde. Eventuell ergab sich der Plan, nach Mallorca zu gehen, aus dem Kontakt zu Blei, wobei die politischen Zustände im damaligen Spanien, die von einer Linksregierung unter dem Ministerpräsidenten Manuel Azaña geprägt waren, die Entscheidung sicher auch beeinflußten. Über Barcelona und Palma führte die Flucht nach Cala Ratjada, wo Otten und seine Begleiterin am 27. März ankamen.[8] In einem unveröffentlichten Text mit dem Titel "Unser Dorf" bietet uns Otten ein Bild Cala Ratjadas, das eigentlich "garkein Dorf [ist]—es ist das Ende einer langen Strasse, die aus dem Innern der Insel oder Europas direkt in das Meer führt":

> Alles ist provisorisch, die Häuser, Strassen und Gärten. Als könne heute oder morgen alles wieder in den Urzustand zurücksinken als welcher Dickicht, Dorngesträuch, Stechpalmen, Felsen und Sand ringsum geblieben sind. Inmitten dieser Oase üppigster Wildnis hausen hier und da einige Bauern, die ihre Maulesel unablässig Karussellaufen lassen. Auf diese Weise gedeihen Bohnen, Kartoffeln und Salat. [...] Es hat weder Strassen, noch Hausnummern, weder Kanal noch Wasserleitung, nur eine halbe Kirche, kein Rathaus und keinen Bürgermeister. Dafür aber hat es uns, die Fremden, und aus denen macht es sich wenig genug.[9]

In "Unsere Fremden", einem weiteren unveröffentlichten Text, schätzt Otten die damalige Anzahl der Ausländer in Cala Ratjada auf "etwa zweihundert"; durch sie kam es zu etwas wie einem Bauboom in dem Dorf.[10]

Abgesehen von Blei standen Otten und seine Lebensgefährtin in Cala Ratjada mit den Malern Arthur Segal und Rudolf Levy in Kontakt.[11] Ersparnisse, ein genügsames ländliches Leben (ein eigener Gemüsegarten wurde angelegt) und gelegentliche Honorare machten die Inselexistenz möglich.[12] Die Honorare aus Deutschland wurden allerdings immer weniger. Am 2. Juni 1933 erhielt Otten beispielsweise folgende Zeilen von Dr. Martin Hürlimann, dem Herausgeber des Atlantis-Verlags in Berlin, bei dem *Der Schwarze Napoleon* des Autors zwei Jahre zuvor erschienen war:

> Was hier vor sich geht, kann ich Ihnen allerdings auch nicht sagen, nur dass heute nur noch eine Richtung in Deutschland möglich ist, und dass man vor allem, wenigstens heute, Beiträge von ausserhalb mit sehr schelen Augen ansehen würde. Denn wie gesagt, es ist heute nur eine Richtung möglich. Massgebend ist nicht, was ich für wahr, gut und schön etc. halte, sondern was befohlen wird. Trotzdem hoffe ich, hier für meinen Teil einstweilen weiterarbeiten und vielleicht auch einiges Gute tun zu können.[13]

Zwischen 1933 und 1935 wurde Ottens Leben auf Mallorca von einigen mehrmonatigen Aufenthalten in Paris unterbrochen, wo er sich politisch engagierte und Mitglied der "Liga für Menschenrechte" und der "Ausländischen Presse" wurde. In dieser Zeit engagierte er sich auch im Rahmen der "Saarländischen Friedensgesellschaft und Liga für Menschenrechte", was mit einer Agitationstätigkeit bei der Saarabstimmung im Januar 1935 verbunden war.[14] In der Saarbrücker Zeitung *Die Volksstimme* erschien von November 1933 bis Januar 1934 *Der unbekannte Zivilist* als Folgeserie, ein Roman, in dem Otten die Endphase der Weimarer Republik analysierte und vor allem einen scharfen Blick auf das sich radikalisierende Kleinbürgertum warf.[15]

Nach Ausbruch des Spanischen Bürgerkriegs im Juli 1936 geriet Otten als Kommunist zunehmend in Schwierigkeiten mit der phalangistischen Macht auf Mallorca. In zwei kurz nach der Inselzeit veröffentlichten Beiträgen für die *Pariser Tageszeitung*, eine Emigrantenzeitung, schilderte er seine Erlebnisse zu Beginn der Bürgerkriegswirren. So schreibt er davon, wie er vor den Militärkommandanten zitiert wurde, nachdem ein achtzehnjähriger Faschist dem Autor vorgeworfen hatte, ihn mit erhobener Faust gegrüßt zu haben. Der Militärkommandant, ein "[p]reussischer Typus des eilsamen Nichtstuers in Uniform", gab Otten eine eindeutige Warnung:

> Ich habe Sie hierher gebeten, um Ihnen mitzuteilen, dass wir nichts gegen die Fremden haben. Wir sind mit allen gut Freund. Aber die Zeiten sind ernst und schwer, und wir müssen Sie daran erinnern, dass das Kriegsrecht herrscht. Sie können ruhig nach Hause gehen und leben, wie es Ihnen behagt. Unter Beachtung der augenblicklichen Umstände, die jedem eine Beschränkung der Meinungsfreiheit auferlegen, die wir persönlich bedauern, aber nicht ändern können. Wir sind über Sie und Ihren Freund Don E.... genau unterrichtet. Wir kennen Ihre Einstellung zur nationalen Bewegung genau—und ich muss Ihnen mitteilen, dass wir Sie, wenn das Geringste vorfällt, dem deutschen Konsul überstellen werden zwecks Abtransport in Ihre Heimat—zu Hitler![16]

Von diesem deutschen Konsul auf Mallorca, mit dem Thelen ebenfalls im Konflikt lag, wurde Otten anscheinend denunziert.[17] Denn, als republiktreue Katalanen versuchten, die Insel zu befreien, wurde er im August 1936 von Franco-Anhängern kurzzeitig verhaftet. Auch das beschrieb er für die *Pariser Tageszeitung*:

> Wir werden alle verhaftet und im Rathaus wie Vieh zusammengepfercht, Männer und Frauen getrennt. Wir sind der Front ganz nahe, die Wände beben unter den Explosionen, das Geschrei der Kinder und Weiber gellt zu uns hinauf: "Arriba Espana—abajo los cobardes!—Hoch Spanien, nieder mit den Feiglingen!" Die Feiglinge, das sind wir und jene katalanischen Milizen, die gegen die Felsen stürmen, um Mallorca vor der Barbarei des Faschismus, vor dem Hunger, vor dem Kriege zu retten.[18]

Unter welchen Umständen Otten freigelassen wurde, ist nicht klar, doch beschlossen er und Ellen Kroner, daß es keine Bleibe mehr für sie auf der Insel gebe:

> Es ist unmöglich, unter diesem Hass zu leben—in acht Tagen hat sich dieses jenseits der Zeit lebende Volk, das den Fremden alles, seinen Priestern und Aristokraten nichts verdankt, nicht einmal Lesen und Schreiben, in eine racheschnaubende, uns, die Fremden wild hassende Horde von Fanatikern verwandelt.[19]

Wie Thelen und Blei gelang auch ihm die Flucht auf einem britischen Kriegsschiff nach Barcelona.[20] In der Eile konnten Otten und Kroner nur die Schreibmaschine und ein Minimum an Gepäck mitnehmen.[21] Somit sind nur sehr wenige Dokumente zu Ottens Mallorca-Zeit vorhanden.[22]

Über Barcelona, Marseille und Paris fanden der Autor und seine zukünftige Frau den Weg nach London. Dort erfuhr er im Dezember von seiner Ausbürgerung aus Deutschland, die bereits zwei Jahre zuvor eingeleitet worden war.[23] In London verfaßte er unter dem starken Eindruck der miterlebten Bürgerkriegszustände auf Mallorca den antifaschistischen Roman *Torquemadas Schatten*. Schon im Sommer 1937 abgeschlossen, erschien der Roman ein Jahr später. Es soll unten noch näher darauf eingegangen werden. 1938, im selben Jahr wie Blei und Schlüter, nahm Otten mit dem Roman *Die Reise nach Deutschland*, der erst im Jahr 2000 erscheinen sollte, an dem Wettbewerb der American Guild for German Cultural Freedom teil, bei dem jedoch, wie in Kapitel Vier zu Blei bereits erwähnt, keine Entscheidung getroffen wurde.[24] In diesem Roman gerät die Deutschlandreise eines jungen Engländers zu einer Reihe von Begegnungen mit Menschen, die ein Bild des Nationalsozialismus vermitteln. Es ist ein Roman, den der Autor "noch vor der Katastrophe in den Kampf werfen" wollte.[25] Über die Veröffentlichung von *Torquemadas Schatten* hinaus blieb Otten in London antifaschistisch aktiv, indem er u.a. für die BBC arbeitete und z.b. die soziologische Studie *A Combine of Aggression. Masses, Elite and Dictatorship in Germany* (1942) schrieb.[26]

Otten und seine Frau wohnten bis 1958 in England, bevor sie ins Schweizer Tessin übersiedelten. Im Jahre 1944 erblindete er, was ihn aber nicht daran hinderte, sich in der Folgezeit der Herausgabe expressionistischer Lyrikanthologien zu widmen, mit denen er den verstorbenen Freunden aus der Jugendzeit und ihrem Geist, der für das eigene Schaffen so prägend gewesen war, ein Denkmal setzen wollte.[27] Otten wurde dabei "zum Chronisten seiner Zeit, zum Anwalt seiner eigenen Generation, für die er sich verantwortlich fühlte."[28] Tatkräftig unterstützte ihn dabei seine Frau.

Im Jahre 1961 veröffentlichte er einen letzten Gedichtband mit dem Titel *Herbstgesang*, erhielt noch den Leo-Baeck-Preis und konnte den autobiographischen Roman *Wurzeln* (1963) fertigstellen. In diesem geht es nicht um die objektive Widerspiegelung biographischer Tatsachen, also auch nicht um Mallorca, sondern vielmehr "um die Verwurzelung seines Lebens, um die Deutung seiner selbst".[29] Er starb am 20. März 1963, ohne deutschen Boden kaum je wieder betreten zu haben. Einmal danach gefragt, worauf es ihm in seinem Leben angekommen sei, antwortete Otten: "Auf die Freiheit, ein Einzelner, ein Einzelgänger zu sein, der, an keine Kategorie—außer der moralischen—gebunden, seine Entscheidung selber trifft. Die Entscheidung nämlich, für wen und gegen wen er seine Stimme erheben muß."[30]

Torquemadas Schatten—eine Kampfansage gegen den Faschismus

Die Handlung von Ottens Roman *Torquemadas Schatten* findet vor allem an der Ostküste Mallorcas in einem fiktiven Dorf mit dem Namen Pueblo statt. Der historische Ausgangspunkt ist der 17. Juli 1936, an dem ein Generalsputsch den Bürgerkrieg einleitete. Im Laufe dieses Tages und der darauffolgenden Wochen tritt eine bunte Reihe von Figuren auf: Bauern, Fischer, Arbeiter, Carabineros, Phalangisten, die Guardia Civil, ein Gastwirt, ein Gemeindediener, eine Magd, ein Italiener, dessen Frau und ein Deutscher. Insgesamt legen sie "Zeugnis [...] von des Autors Kenntnissen über die Volksseele" ab,[31] ein Volk, das wir aus Ottens allwissender Erzählperspektive und in vielen Dialogen und inneren Monologen kennenlernen. Dabei führt er uns den tiefen Konflikt des Bürgerkriegs vor. Darüber hinaus wurde Mallorca zu Ottens Blickwinkel, aus dem er den Faschismus in seiner Grausamkeit aufdecken und auf größere Zusammenhänge hinweisen wollte.

Hinter dem Generalsputsch der Phalangisten stecken im Roman die Italiener und Deutschen.[32] Im Gespräch zwischen Fontanelli und dem Deutschen Don Walter, auch Porfiro genannt, erkennen wir, daß zunächst einmal Kolonialisationsvorhaben im Vordergrund stehen, bei denen Spanien "wieder römisch"[33] und das Mittelmeer von den Balearen aus beherrscht werden soll. Es geht aber um mehr, wie Fontanelli ausführt: "In vier Wochen gibt es auf dieser Insel keinen einzigen Spanier mehr, der nicht überzeugt wäre, daß er mit uns gegen die ganze Welt siegen wird" (57). Don Walter fügt hinzu: "Dann stehen zum ersten Mal seit vierhundert Jahren die Chancen wieder gleich. Philipp der Zweite wird gerächt, der Krieg zwischen England und Spanien ist noch nicht entschieden, die Armada wird diesmal nicht verbrannt!" (58).

Als Hauptvertreter der Phalangisten tritt der junge einäugige Hai auf, offensichtlich ein sprechender Name: "Über die leere Höhle fällt sein struppiges Haar und verdeckt zugleich die niedrige Stirn" (109). Anscheinend beruht diese Figur auf einer realen Vorlage, denn in Ottens Beiträgen zur *Pariser Tageszeitung* beschreibt er einen "Chef der Faschisten" ähnlich: "Dieser Chef zählt 18 Jahre, ist Fischer und—einäugig!"[34] Als Verwalter der Schlüssel zu einem geheimen Waffendepot ist seine große Stunde gekommen. Zusammen mit den anderen Phalangisten auf der Insel sowie der Guardia Civil geht er auf rücksichtslose Weise vor. Es gibt Verhaftungen, Erschießungen und brutales Gemetzel; Hai verrät sogar den eigenen Vater. Zerstörung wird zum Prinzip erhoben, wie Hai zum Ausdruck bringt: "Man muß alles zerstören, was man nicht versteht. Je mehr zerstört wird, desto richtiger ist die Revolution, desto mehr Eindruck macht sie auf alle, und desto weniger Widerstand leisten sie" (144).[35] Dabei geschieht das im Einvernehmen mit der katholischen Kirche; vor dem Morden wird die Messe besucht. Don Romeos, der wiedereingesetzte phalangistische Bürgermeister Pueblos, bringt es auf den Punkt: "Mit uns ist Christus, seine heilige Mutter und der Papst" (207).[36] Es wird nun abgerechnet:

Heute werden alle alten Händel beglichen. Familienrache, die Generationen überdauerte, feiert heute Auferstehung. Nonnen und Priester rächen sich an jenen, die ihre Kinder nicht in die Kirche sandten. Die Geldverleiher rächen sich an jenen, die keine Zinsen zahlten. [...] Die Schar der Gefangenen schwillt an. (197)

So sperrt die "eine Hälfte der Bevölkerung [...] die andere Hälfte ein" (206).

In der politisch konservativen bzw. rechtsradikalen Hälfte gibt es neben den Phalangisten auch die Bauern, die schon deswegen gegen die Republik sind, weil sie den Status quo nicht gefährden wollen, ganz abgesehen davon, daß sie zunächst einmal die Gefahr eines Bürgerkriegs gar nicht wahrhaben wollen: "Noch niemals seit Menschengedenken hat ein Mallorquiner einen Landsmann ermordet, nicht einmal in der größten Wut hebt er die Hand oder gar das Messer gegen einen anderen. Soll sich das so schnell ändern können? Niemand glaubt es" (112). Mit Speisen, Schokolade, Feuerwerk und Paraden werden die Bauern aber bestochen und immer mehr für die Radikalität der Phalangisten gewonnen. Aus Opportunismus und Bequemlichkeit schlägt man sich dem Sieger zu: "Man wird sich dem Sieger anschließen, das ist der Sinn aller Politik" (203). Letzten Endes ist der Mensch ein "Herdentier" (103).

Als linker Intellektueller stand Otten selbstverständlich auf der Seite derjenigen, die um den Erhalt der rechtmäßig gewählten Republik kämpften, die seit den Wahlen im Februar 1936 von einer linksgerichteten Volksfront geführt wurde.[37] Wie es der Autor in seinem Roman schildert, stehen die "Menschenrechte" (36) im Mittelpunkt dieser Republik. Gerechtigkeit ist das zur obersten Religion erhobene Prinzip der kommunistisch eingestellten Dorfbewohner, wie Valenti, der Anführer der kommunistischen Zelle in Pueblo, zum Ausdruck bringt: "Es gibt nur einen Geist, das ist unserer, der aller Menschen Geist ist, und unsere Religion ist die Gerechtigkeit. Die kann uns kein Heiliger geben, die müssen wir uns selbst erkämpfen. Das ist unser Glaube" (219).

Ob Waffen im Kampf um die Gerechtigkeit eine Rolle zu spielen haben, wird nicht deutlich. Einerseits gibt es im Roman eine pazifistische Tendenz. Mit der Hilfe der Magd Antonia gelingt es einer Gruppe von Republikanern in Pueblo, die versteckten Waffen zu finden, aber nicht zum Zweck eigenen Gebrauchs. Bartholomé, ein Cafébesitzer und der rechtmäßige republikanische Bürgermeis-

Karl Otten

ter Pueblos, verkündet nämlich: "*Keiner* soll die Gewehre haben. Ins Meer mit ihnen! Das Meer ist unparteiisch. Erst wenn keiner Waffen hat, dann erst ist Friede!" (37). Anderseits bemängelt er aber, daß es unter den Republikanern nicht die notwendige Widerstandshaltung gibt: "So sind unsere Republikaner hier. Sie verstehen zu sterben. Aber sich zu wehren? Niemals!" (44-45).

Ein weiterer Reibungspunkt unter den Republikanern im Roman liegt im Konflikt zwischen taktischem und spontanem Vorgehen. Eine Masse von Hafenarbeitern und Matrosen versammelt sich im Volkshaus der Hauptstadt Palma, wo das Komitee der Volksfront eine Sitzung abhält. Es geht tumultartig zu, doch gelingt es Valenti, die Menge zu beruhigen, so daß sie nicht auf die Straße geht, wo es zu einem Gemetzel kommen könnte. Sein Kamerad Luis reflektiert die Situation:

> Er bewundert Valentis Erfahrung und Beherrschung, aber seine Kraft, seine Jugend empört sich gegen Taktik und kalte Überlegung. "Ich hätt's riskiert, Valenti—ich hab noch nie so wie heute den Sieg gespürt—ich glaube nicht an die Zeit, an den Ausgleich, ich glaube an unseren Elan! Wir hätten sie niedergerannt und hinweggefegt" (72).

Deutlich wird, daß Otten die republikanische Seite des Konflikts differenziert darstellt.

Später wird der Taktiker Valenti auch psychologisch aufgefächert. In einer imposanten Tropfsteinhöhle (die Coves del Drac an der Ostküste Mallorcas), in der er sich zusammen mit anderen Gesinnungsgenossen vor den Phalangisten verstecken muß, gerät seine materialistische Weltsicht ins Schwanken: "Hier aber, in dieser Höhle, überfallen ihn seltsame Zweifel an der Wirklichkeit des Lebens und der Welt, und beklommen starrt er in diese Weite, die Natur ist, eine Welt für sich, und so ganz verschieden von allem, was er bisher gesehen hatte" (119). In einer Passage, die Ottens intensive Beschäftigung mit der Psychologie verrät, wünscht sich Valenti in einen beschützten Urzustand zurück:

> Jetzt hat er Fieber. Die Freunde hat er vergessen, sie haben sich zum Schlaf ausgestreckt. Er ist allein mit seiner Furcht, die die Ur-Furcht aller Menschen ist, im Bauch der Erde, im eigenen Grabe lebendig aufzuwachen. Und es ist zugleich die Ur-Lust aller Menschen, im Innern der Mutter-Erde zu leben, wie man damals lebte, frei von aller Qual und Strafe, bevor man geboren wurde und

kein rächender Vater da war, der sich zwischen uns und die geliebte Mutter stellt. (220)

Beim Durchwandern dieser Höhle macht Valenti allerdings eine furchtbare Entdeckung:

> Rechts und links vor dem Eingang, durch den er kam, hängen in schweren eisernen Ketten elf Mumien, elf Schatten aus braunem Staub, wie Bajazzos, in allzu weiten Kleidern, zusammengesunken und doch aufrecht im Tode, der Hunderte von Jahren dauerte und sie zu Pulver zerrieb, ohne ihr Bild zerstören zu können. (225)

Abgelagertes Salz hat die Leichen erhalten, und auf dem Lederkoller einer der Mumien findet er die Lösung des Geheimnisses: "Judios bautizados por doctrina herética castigados—Iglesias ... getaufte Juden, die ihres Irrglaubens wegen bestraft wurden—Iglesias" (226). Valenti erkennt, daß er den "Richtplatz Torquemadas" (227) gefunden hat, jenes Dominikaners, der im 15. Jahrhundert während der spanischen Inquisition die Juden auf grausame Weise verfolgte. In Valentis Kopf stellen sich Zusammenhänge her: "Er [Valenti] lebt, aber da liegen die Gebeine seiner Brüder, Spanier wie er, die vergebens nach Gerechtigkeit geschrien haben. Seit vielen hundert Jahren bis zum heutigen Tage schreien die Menschen in Spanien nach Gerechtigkeit. So ist es bis heute geblieben" (227). Vorbei ist die stille Betrachtung des Naturwunders in dieser Höhle; für Valenti ist es Zeit für die Tat: "Sein Grauen hat sich in den Entschluß umgeformt, die Höhle zu verlassen" (227).

Valentis Erlebnis in der Höhle weist auf den Titel des Romans und dessen "Dimension historischer Tiefe" hin.[38] Torquemada wirft seinen furchterregenden Schatten über die Romangegenwart—ein Schatten, der die drohenden Schrecken des Bürgerkrieges um so stärker zum Vorschein bringt. Der Dominikaner verfolgte die Juden, ließ sie nicht nur aufhängen, sondern in Autodafés auch verbrennen; ein Peppé befürchtet dasselbe für seine mallorquinischen Landsleute, die historisch zu einem großen Teil Juden sind, wenn auch katholisch getauft: "Wir sind alle Juden—siebzig Prozent—also werden wir alle verbrannt" (34). Otten scheint hier die Verbrennungsöfen des Holocausts zu ahnen.[39] Im Roman gilt es, die Befreiung von jahrhundertelanger Grausamkeit und Unterdrückung nicht nur zu erträumen, sondern auch in die Realität umzusetzen, wie Bartholomé ausführt:

> Der Spanier ist ein Sklave, der mit den Zähnen an seinen Ketten nagt; bei diesem Werk lebt er seit Jahrhunderten durch ein Wunder. Und so lange er lebt, träumt er vom Tag der Auferstehung, und so lange er diesen Traum träumt, ist er schon jenseits seiner Sklaverei und viel stolzer, viel empfindlicher als ein Mensch, der nie Ketten trug, nie der Inquisition unterworfen war, niemals gezwungen wurde, auf Essen und Trinken, auf Lesen und Schreiben, auf Kleider und Schuhe zu verzichten. Hört er das Lärmen, mit dem seine Ketten zerspringen, steht er auf, auf der Erde, die einem anderen gehört, die er nur bearbeitet. Jetzt begreift er, endlich, daß er seinen Traum ausgeträumt hat und ihn verwirklichen muß und geht weiter, als jemals irgendein Volk in Empörung ging! (42)

Nun ist "die Stunde der endgültigen Entscheidung" (43) gekommen. Es wird zugleich auch Ottens Hoffnung gewesen sein, daß die republikanischen Kräfte den neuen Unterdrückungsversuchen der Phalangisten standhalten würden.

Der Roman ist auf weiten Strecken sprachlich noch vom Expressionismus geprägt, an dem Otten so lebhaften Anteil hatte. Wiegenstein spricht in diesem Zusammenhang von einer "Roman-Ballade".[40] Hier ist nur ein Beispiel des expressionistischen Sprachduktus, das den Konflikt des Bürgerkriegs im Kopf Bartholomés als etwas Organisches erscheinen läßt:

> Er fragt nicht mehr, woher er das Recht nimmt, den Anspruch, ein Land oder auch nur ein Dorf zu verteidigen. Es darf ihm nicht zum Bewußtsein kommen, daß er nur ein kleiner, unbedeutender Körper in dem gewaltigen Blutstrom ist, der da aufbricht und in fiebrigen Zuckungen Millionen von Menschen emporschleudert—in das Licht oder in eine ewige Nacht. (41)

Auffallend sind aber ebenfalls die dokumentarischen Aspekte des Romans. So spielen historische Persönlichkeiten wie General Goded oder der auch von Thelen erwähnte Juan March eine Rolle im Roman. Von der republikanischen Regierung nach Mallorca gewissermaßen verbannt, war Goded ein aktiver Teil des erwähnten Generalputsches. March hingegen manipulierte von Mallorca aus jahrzehntelang als Politiker und Verfassungsrichter, sowie mit seinem Tabakmonopol, Waffenschmuggel und sonstigen fragwürdigen Bankgeschäften, die Geschicke der spanischen Wirtschaft. Im Roman tritt er als der "Voerge" auf, was auf mallorquinisch Blutsauger bedeutet. Luis beschreibt ihn so: "Und du weißt auch, was er getan hat? Gelogen und gestohlen, der größte Räuber, den die Insel, ja Spanien, je gehabt hat, der uns alles genommen hat, Land und Geld, Schiffe und Häuser, Frauen und Kinder [...]" (244). Ottens Darstellung sowohl der historischen Persönlichkeiten als auch der rücksichtslosen Gewalt der Phalangisten entspricht zeitgenössischen Berichten anderer Autoren, so Thelens (vgl. Kap. Zwei) oder Georges Bernanos' (1888-1948), der als französischer Katholik, Romancier und politischer Journalist den Bürgerkrieg auf Mallorca miterlebte und seine Erfahrungen auf sehr eindringliche Weise in seinem Tagebuch *Les Grands Cimetieres sous la lune* (1938) festhielt.[41]

Wiegenstein bezeichnet die Vermischung von expressionistischen und dokumentarischen Formelementen im Roman als ein "Ineinander von Evokation und Report".[42] Otten selbst sprach in einem Brief an seinen Verleger Gottfried Bermann-Fischer von dem Versuch, "das Ur-Menschliche dem Politisch-Sachlichen einzuverleiben".[43] In dieser Konzeption wurde der Autor wahrscheinlich von der Neuen Sachlichkeit beeinflußt, mit der er sich während seiner Berliner Jahre auseinandergesetzt hatte.[44] Insgesamt führte diese "neue konstruktive Romanform", wie sie Otten selbst benannte,[45] einerseits zur künstlerischen Erhöhung der dokumentarischen Aspekte des Romans, indem sie in expressionistische Beschreibungen eingebettet bzw. davon umrahmt werden. Durch die Bindung dieser Beschreibungen an reale Orte, Ereignisse und Persönlichkeiten bleiben sie aber anderseits nicht auf der Ebene der expressionistischen Evokation, sondern werden in Verbindung mit der faschistischen Bedrohung gebracht.

Das ist dann wiederum der Ansatzpunkt, um den Roman in einen größeren Kontext zu stellen, nämlich als Beitrag zum Kampf gegen den Faschismus. So beschreibt der Spanienkämpfer und spätere Literaturwissenschaftler Alfred Kantorowicz, wie es aus der Sicht vieler Exilanten beim Spanischen Bürgerkrieg nicht nur um Spanien ging. Ihnen war bewußt, "daß in Spanien die Entscheidung über Sieg oder Eindämmung des Faschismus falle und daß nur das Standhalten der Republik den Zweiten Weltkrieg verhindern könne."[46] So sah es offensichtlich auch Otten, als er in einem der erwähnten Beiträge zur *Pariser Tageszeitung* diesen Standpunkt ganz konkret auf Mallorca bezog: "Denn ein faschistisches Mallorca, auf dem Hitler und Mussolini nisten, ist der Krieg."[47] In einer Art Vorwort zu *Torquemadas Schatten*, das Otten der Erstausgabe von 1938 voranstellte, erklärte er seine antifaschistische Widerstandshaltung noch deutlicher. Dort schrieb er einen offenen Brief an den General, der ihn im August 1914 "wegen Aufreizung zur Militärdienst-Verweigerung und Widerstands gegen die Staatsgewalt"[48] verhaften ließ und den er als Verkörperung des preußischen Militarismus und des Faschismus sah. Ihm und seinesgleichen sprach er eine deutliche Warnung aus:

> Jeder Tag Krieg in Spanien mehr gibt uns die stärkere Gewißheit, daß es einem Volke möglich ist, Ihnen erfolgreich Widerstand zu leisten! Und meiner etwas größeren Erfahrung als der Ihrigen gemäß, sind die Kräfte der Vorbereitung des Widerstands im deutschen Volke unendlich tiefer, lebendiger noch als die des spanischen Volkes. Und das ist Ihre Tragik, daß gerade Sie, Herr General, uns die Gelegenheit geben werden, die Möglichkeit dieses Widerstandes zu verwirklichen. Nicht nur zur Befreiung unserer Heimat, sondern ganz Europas.[49]

Im selben Brief fügte Otten hinzu: "Und um der Welt zu helfen, Sie und Ihre kleinen Leute zu entlarven, die Anständigen in der Welt vor Ihnen zu warnen und zu stärken, habe ich dieses Buch geschrieben: Ich lege Rechnung ab über meine Tätigkeit, wie sich das gehört heutzutage, auch und gerade für Dichter."[50]

Mit dem antifaschistischen und engagierten Anspruch des Romans, der über den unmittelbaren spanischen Bürgerkriegskontext hinausweist, unterscheidet sich *Torquemadas Schatten* nicht wesentlich von z.B. Willi Bredels *Begegnung am Ebro* (1938) oder Eduard Claudius' *Grüne Oliven und nackte Berge* (1945). Diese beiden Autoren erlebten den Bürgerkrieg als Mitglieder der Internationalen Brigaden, die auf der Seite der Republik kämpften. Mit ihren zu Romanen verarbeiteten Erfahrungen wollten sie auf ähnlich politisch engagierte Weise wie Otten ein Bewußtsein der faschistischen Gefahr in ganz Europa wecken und zum Widerstand aufrufen.

Auffällig an dem oben zitierten Vorwort Ottens ist seine optimistische Haltung, die einerseits auf den allgemeinen militärischen Erfolgen der Republikaner zum Zeitpunkt der Romanveröffentlichung beruhen mag, anderseits aber keineswegs den Ereignissen auf Mallorca entsprach, wie er sie in seinem Roman beschrieb. Dort ließ er einige der kommunistischen Kameraden auf abenteuerliche Weise der Tropfsteinhöhle, in der sie gefangen gehalten wurden, entfliehen. Schwimmend und watend durchqueren sie eine Bucht, und unterhalb eines Caps klettern sie durch die Klippen, um nach dem von republikanischen Katalanen besetzten Porto Cristo zu gelangen. Mit dem Kampfruf "Viva la Republica" (266) klingt der Roman aus. Auch hier ist der Roman insofern dokumentarisch, als der Luftwaffenkapitän Bayo am 16. August, einen Monat nach dem Generalsputsch, mit ungefähr 8000 Mann das östliche Küstengebiet nördlich von Porto Cristo besetzte und ohne größeren Widerstand etwa zwölf Kilometer ins Inland der Insel vordrang. Doch die sich aus dem überraschenden Erfolg ergebende Unsicherheit und Unentschiedenheit Bayos machten es den Nationalisten möglich, ihre Kräfte zu konsolidieren und mit der Unterstützung einer italienischen Luftwaffenstaffel Druck auf Bayos Truppen auszuüben, so daß dieser mit seinen eigenen Wasserflugzeugen nicht mehr nach Palma zur Bombardierung der Hauptstadt durchkommen konnte. Am 3. September begann dann eine nationalistische Gegenoffensive unter García Ruiz, die dazu führte, daß Bayo mit großen Verlusten den Brückenkopf aufgeben mußte. Von da ab blieb Mallorca in phalangistischer Hand; der Mord an der mallorquinischen Bevölkerung erreichte seinen Höhepunkt.[51]

Von dieser geschichtlichen Weiterentwicklung des Bürgerkriegs auf Mallorca muß Otten Bescheid gewußt haben, als er den Roman 1938 fertigstellte, doch unterschlug er sie wenigstens in dem Sinne, daß er die Handlung vor der phalangistischen Übernahme der Insel enden ließ. Das tat er wahrscheinlich, um seine optimistische Haltung plausibler zu machen oder, wie Walter Boehlich es ausdrückt, den "Entschluß zu 'Freiheit und Leben für alle Ewigkeit'" zu rechtfertigen.[52] Zunächst war es aber so, daß der Faschismus nicht nur in ganz Spanien, sondern in weiten Teilen Europas eine Zeitlang die Oberhand gewann.

Das war eine Realität, der auch der Roman zum Opfer fiel. Nachdem er vom Bermann-Fischer Verlag in Stockholm angenommen und 1938 in Amsterdam gedruckt worden war, konnten kaum tausend Exemplare ausgeliefert werden, bevor die Restbestände in die Hände der nach Holland einmarschierenden Wehrmacht fielen und vernichtet wurden.[53] Die wenigen Kritiken, die damals erscheinen konnten, waren "durchweg verständnisvoll",[54] doch wird die

Wirkung des Romans gering gewesen sein. Erst 1980 erschien eine Neuauflage in der "Bibliothek der verbrannten Bücher" des Fischer Verlags. Abgesehen von der damaligen anti-faschistischen und humanistischen Absicht des Romans, die durch die neue Auflage gewissermaßen anerkannt wurde, ergibt sich die Frage, was uns der Roman heute noch bedeuten kann. In seinem Nachwort zur Neuauflage beantwortet Wiegenstein diese Frage, auf den Romantitel bezugnehmend, folgendermaßen: "Die Gefahren, die er in Wort gebannt hat, sind in der Realität nicht spurlos vergangen, sie haben andere Namen angenommen. Und Schatten können rasch riesig werden, wenn nur die Sonne tief genug steht."[55] Zum Zeitpunkt der Neuausgabe hatte Ottens Roman tatsächlich wieder Aktualität. Zwar war Franco 1975 gestorben und der Übergang Spaniens zur Demokratie erfolgreich gewesen, doch z.B. in El Salvador, Chile, Bolivien, Guatemala, Argentinien oder Kambodscha herrschten diktatorische Regime.[56] Auch heute noch hat der Roman, der in einem allgemeinen Sinne dem Faschismus den Kampf ansagen wollte, angesichts der anhaltenden Gefahr rechtsextremistischer Kräfte seine Aktualität nicht eingebüßt.

Der ironische Blick in den "Geschichten aus Pueblo"

Im Nachlaß Ottens befinden sich einige unveröffentlichte Prosastücke, die auf Mallorca und/oder danach in London entstanden sein müssen und offensichtlich mit der Zeit in Cala Ratjada zusammenhängen. Dazu zählen die zwei bereits erwähnten kürzeren Texte "Unsere Fremden" und "Unser Dorf", sowie fünf weitere Erzählungen. "Der Leuchtturm" und "Die Revolution" sind mit "Geschichten aus Pueblo I" und "II" übertitelt, tragen also den Namen jenes fiktiven Dorfes, das in *Torquemadas Schatten* als Hauptschauplatz diente. "Juanito", "The Dog that Could Talk" und "The Queen of Sheba" liegen in englischer Sprache vor und sind vermutlich Übersetzungen, ohne daß aber das deutsche Original im Nachlaß aufzufinden wäre. Denkbar ist, daß "Unsere Fremden" und "Unser Dorf" als Einführungstexte für einen Erzählband mit dem Titel "Geschichten aus Pueblo" gedacht waren, Erzählungen, die durch gemeinsame Figuren locker miteinander verbunden sind. Ob sich Otten um die Publikation der Erzählungen bemühte, ist nicht klar, doch dachte er offensichtlich an eine englische Übersetzung.

Die beiden kürzeren Texte schildern das Dorf und die dort lebenden Ausländer, wobei Cala Ratjada Otten sicher als Vorbild diente. In "Unsere Fremden" charakterisiert ein mallorquinischer Posthalter die Ausländer in einem Brief an seinen Onkel: "[E]in wenig vergrämten Gelehrten" gleich treffen sie mit viel unnützem Gepäck im Dorf ein und machen dann eine "sonderbare Wandlung" (3) durch:

> Sie entledigen sich aller normalen Kleider, suchen aus allen Winkeln der Läden die tollsten Farben zusammen, Hemden, Hosen Hüte, Schuhe—nichts ist ihnen rot oder blau, weiss oder grün genug. Sie gleichen eher Indianern aus unseren interessanten Jugendbüchern, zumal wenn Du Dir vorstellst, dass sie ihren grössten Ehrgeiz dareinsetzen, möglichst dunkel, braun, gelb und schwarz zu verbrennen. [...] [Sie] laufen halb oder ganz nackt herum, bei der schlimmsten Hitze, baden im Salzwasser, essen entsetzliche Gerichte, rohe Salate, Unmengen ungekochter Früchte—und werden gesund, sie strahlen vor Gesundheit. Es ist gradezu unangenehm, wie sie sich entwickeln und aufblühn, wenn wir uns neben ihnen betrachten.[57]

Kurzum: Sie holen auf der Insel nach, was sie im kühlen Norden Europas entbehren mußten, was auf ein gewisses Unverständnis bei dem Posthalter stößt, da ihm seine Umgebung selbstverständlich ist. Sein Blick auf die Ausländer gibt aber den Lesern die Gelegenheit, ihr buntes Treiben mit Ironie und einem Lächeln zu betrachten, ein Treiben, das auch heute noch auf Mallorca zu beobachten ist.

In "Unser Dorf" wechselt die Erzählperspektive zu der eines Fremden, der das Dorf und dessen mallorquinische Einwohner sachlicher, wenn auch nicht ohne Ironie beschreibt. Die vielen Ausländer haben Elektrizität ins Dorf gebracht, die aber pünktlich um elf Uhr abgeschaltet wird:

> Dieses Spiel mit der elektrischen Uhr ist das ewige Ergötzen aller Fremden, die dann wehmütig ihrer strahlend erhellten Riesenstädte gedenken, in denen sie alles haben—allerdings mit Ausnahme der himmlischen Urzeit. Und der zuliebe bleiben sie in unserem Dorf, das garkeines ist und garnichts will als so bleiben wie es ist.....ein lebendiger, einmütiger Protest gegen den Triumph der Technik und ein ewiger Applaus für Meer, Wälder und Berge. (3)

Das ist gewissermaßen ein Plädoyer für das einfache Leben, hinter dem offensichtlich Otten selbst steckt, der zusammen mit seiner Frau die Einfachheit des Lebens auf Mallorca genoß.

Der ironisierende Blick auf die Ausländer kehrt im "Leuchtturm" stärker wieder. Dort begreifen die Mallorquiner nicht, was an dem Leuchtturm (an der Punta de Capdepera in der Nähe Cala Ratjadas) so aufregend ist, vor allem für Engländerinnen, die sich für den "view" begeistern, der vom Leuchtturmwärter Miquel immer nur als "Wu Wu" verstanden wird. Allerdings hat der Aussichtsgenuß eine gefährliche Seite, wenn eine Amerikanerin, die in einem Wettbewerb von Miquel die zweiundneunzig Stufen des Leuchtturms hinaufgetragen wird, die Eifersucht seiner Frau Conchita weckt, die ihrem eigenen Liebhaber befiehlt, die Amerikanerin ins Meer zu werfen. Sie wird zwar nicht tot, aber immerhin bewußtlos aufgefunden. Trotz des ironischen Humors seiner unterhaltsamen Erzählweise befaßt sich diese Erzählung letztendlich mit der dunklen Seite der Liebe.

Diese erzählerischen und inhaltlichen Elemente stehen auch in "The Queen of Sheba" und "Juanito" im Vordergrund, wobei deren literarische Qualität in der ebenfalls ironischen Erzählpointe liegt. Bei ihrem Werben um Angels Liebesgunst—sie will ihn als Ehemann gewinnen—denkt sich Maddalena eine phantasievolle Intrige aus. Sie erzählt Angel vom Geheimnis des naheliegenden Schlosses, wo der Schatz der Königin Sheba begraben, jedoch von einem Fluch belegt sei. Dieser Fluch könne nur durch die Reinkarnation der Königin überwunden werden, die Maddalena selbst verkörpere. Angel solle sich mit ihr im Schloß treffen. Dabei bricht sich aber Maddalena das Bein, das daraufhin amputiert werden muß. Der Genesungsprozeß macht sie dick und unansehnlich und für Angel nicht mehr reizvoll. Am Ende der Erzählung ist er froh, den Schatz nicht gefunden zu haben, da er dann Maddalena hätte heiraten müssen.

In "Juanito" ist der Titelheld ein Zwerg, der in einer kleinen Hütte auf dem weitläufigen Gelände des brutalen Millionärs Juan wohnt, "the Truncheon" (2) genannt. Diese Figur beruht wahrscheinlich auf Juan March, der tatsächlich eine große Villa oberhalb von Cala Ratjada besaß, die es immer noch zu sehen gibt. In dieser Geschichte ist es wieder die Leidenschaft der Liebe, die zur Tragik führt. Um Maria Antonia für sich zu gewinnen, duelliert sich Juan mit deren Mann und erschlägt ihn, was von Juanito heimlich beobachtet wird. Der Millionär erkauft sein Schweigen, indem er ihm auf seinen Wunsch hin die Hütte gibt. Die Pointe liegt in dem

Gespräch, das sie zwanzig Jahre später, am Ende der Erzählung, miteinander führen:

"Yes, Truncheon, but you shouldn't have killed the man."
[...]
"You are wrong, Juanito. Who but me would have given you such a snug cottage. Wasn't it worth it?" (10)

Als Name stellt "Juanito" die Verkleinerungsform von "Juan" dar, was bildlich durch Juanitos Zwerggestalt unterstrichen wird. Die Namensgleichheit hebt eine Parallelität der beiden Protagonisten hervor und deutet ihre gegenseitige Abhängigkeit an. Der ironische Blick fällt hier vor allem auf den "Kleinen Mann", dessen materielle Bedürfnisse ihn dazu antreiben, zum Mitläufer des "Großen Mannes" zu werden.

Die hintergründigeren Elemente in "Juanito" setzen sich in "The Dog that Could Talk" und "Die Revolution" fort, indem diese Geschichten ebenfalls einen sozialen Kontext herstellen und die Schwierigkeiten revolutionärer Veränderungen thematisieren. Die erste Erzählung stellt dar, wie die einfache Bevölkerung dadurch ausgebeutet wird, daß sie gegen minimalen Lohn Gegenstände aus Stroh herstellt, die ins Ausland verkauft werden. Ein Aufbegehrungswille gegen diesen Zustand ist nicht zu spüren; die Dorfbewohner schweigen oder sagen höchstens: "Es costumbre" (2). In der eigentlichen Handlung erfährt Angel, den wir schon aus "The Queen of Sheba" kennen und der der Neffe des korrupten Priesters Don Ilonso ist, von einer "Canine University" (5) in Frankreich. Er schlägt dem Onkel vor, er solle seinen Hund auf diese Universität schicken, und er, Angel, würde ihn dorthin begleiten. Der Hund könnte das Sprechen lernen und dann als Schaustück die Kirchenkasse umso mehr klingeln lassen. Begeistert unterstützt Don Ilonso das Vorhaben finanziell. Allerdings kehrt Angel ohne Hund zurück. Als ihm der Hund erzählt habe, was eines Tages zwischen dem Onkel und der Haushälterin Margarita vorgefallen sei, habe er ihn ertränken müssen. Diese Erzählung gerät zu einer Art Parabel: Der Hund (die unterdrückte Bevölkerung) gewinnt die Kraft des Sprechens und damit das Potential des Aufbegehrens, was aber mit einer tödlichen Gefahr verbunden ist, da die Kirche ihre Korruption decken und die Klassenstrukturen erhalten will.

In "Die Revolution" wird der Protagonist Juan das naive Opfer einer Revolution. Als Hersteller eigener Zigarren hatte er sich emporgearbeitet, und während ein Minister der alten Regierung ihm seine Zigarren abkaufte, was zu seinem bescheidenen Wohlstand beitrug, hat der Nachfolger kein Interesse mehr daran: "'Tut mir leid, mein Lieber', sagte er kalt, 'ich bin Revolutionär und daher Nichtraucher'" (9). Juan wird zum Bauern: "Mir genügt die Erde" (9). Die Sicht des Kleinbürgers auf die große Politik wird ironisiert: Für ihn hat sie wenig Bedeutung, wenn sie nicht zu seinem Wohlstand führt oder den bereits gewonnenen wenigstens erhält.

Es ist hier deutlich geworden, daß die "Geschichten aus Pueblo" ein Konvolut inhaltlich unterschiedlicher Texte darstellt. "Unsere Fremden" und "Unser Dorf" hängen unmittelbar mit Mallorca zusammen, zeichnen eher beschreibend als erzählend ein Bild Cala Ratjadas und ironisieren die Ausländer dort, was sich z.T. in "Der Leuchtturm" fortsetzt. Diese Geschichte, "The Queen of Sheba" und "Juanito" erzählen von der dunklen Seite der Liebe und Mitläufertum. Diese Erzählungen spielen alle zwar auf Mallorca, doch gibt die Insel lediglich den Hintergrund ab. In "The Dog that Could Talk" und "Die Revolution" wirft der Kommunist Otten einen nüchternen Blick auf die Problematik revolutionärer Umwälzungen in den Blick. Die korrupte Kirche, die ihren Machtbereich erhalten wollte, wie auch die materiellen Interessen des Kleinbürgertums stellten Probleme im revolutionären Kampf dar. Die faschistische Bedrohung unterstrich diese Probleme. Mallorca bietet hier aber keinen besonderen Blickwinkel; auch hier gibt die Insel nur den allgemeinen Hintergrund ab. Was diese Texte vereint, ist Ottens ironische und eher traditionelle Erzählhaltung. Während in *Torquemadas Schatten* ein expressionistischer Sprachgestus gelegentlich noch durchklingt, ist in den "Geschichten aus Pueblo" nichts mehr davon zu spüren.

Anmerkungen

[1] Zu Ottens Leben vgl. vor allem Zeller/Otten 5-37.
[2] Vgl. Pinthus 204-05 ("Gott"), 218-19 ("Des Tagdomes Spitze"), 227-30 ("Arbeiter!"), 238-42 ("Für Martinet"), 245 ("Die Thronerhebung des Herzens") u. 298-99 ("An die Besiegten"). Vgl. 243 die Porträtzeichnung, die Egon Schiele von Otten gemacht hat.

³Vgl. Ottens Zeitungsbeiträge aus den 20er Jahren in *Das tägliche Gesicht der Zeit*.
⁴Edschmid, "Gedenkwort für Karl Otten" 160. In dem Nachruf "Abschiedsgruß an Karl Otten" charakterisiert Edschmid den Autor folgendermaßen: "Er war ein Mann von athletischer Figur, einer der leidenschaftlichsten Rhetoren, die ich kennenlernte, feurig im Willen zu überzeugen, ohne Bitterkeit aber voll gesunder Empörungslust, ein glänzender Debatter und mächtiger Postulant. [...] Er war immer ein Kämpfer, ein Unbestechlicher, ein nicht Vergessender (ohne ausgesprochen ein Hasser zu sein), ein Heiterer, ein Kamerad mit aufgekrempelten Ärmeln, ein wahrer Menschenkenner, ohne Menschen-Verächter zu sein. Er hatte vollendeten Charme und etwas sehr Liebevolles, wo es angebracht war" (in Otten, *Wurzeln* 283 u. 284).
⁵Zit. n. Pinthus 357.
⁶Vgl. Zeller/Otten 179.
⁷Otten, "Abschied". Im Nachlaß sind die Typoskriptkopien des Gedichts mit dem Jahr 1933, eine mit 1931 versehen. Wenn das Gedicht in Wirklichkeit auf das frühere Jahr zurückgeht, dann hatte Otten damals schon sein Exil vorausgeahnt und -empfunden.
⁸Zum Exil Ottens auf Mallorca vgl. Zeller/Otten 23-24.
⁹Otten, "Unser Dorf", "Geschichten aus Pueblo" 1.
¹⁰Otten, "Unsere Fremden", "Geschichten aus Pueblo", Otten-Nachlaß, Typoskripts. 2. In dem Romanfragment "Das trojanische Pferd" schrieb Blei von "vierzig Fremde[n]", die in Cala Ratjada "überwinter[n]" (90). Der Widerspruch ist vielleicht dadurch zu erklären, daß Otten allgemeiner und eher vom Sommer zu sprechen scheint, also die Touristen einschloß, während Blei sich auf die Exilanten als längerfristige ausländische Inselbewohner bezog.
¹¹Zu Segal und Levy vgl. Kap. 4, Anmerkungen 13 u. 14. Im Otten-Nachlaß liegen die Briefe von Segal und seiner Frau Erna an die Ottens, die den Zeitraum von August 1938 bis zu Segals Tod im Juni 1944 umspannen. Diese Briefe beinhalten aber keine wesentlichen Informationen zu ihrer gemeinsamen Mallorca-Zeit.
¹²Vgl. Ottens spanisches Sparbuch, Otten-Nachlaß.
¹³Dr. Martin Hürlimann an Otten, 2.6.33, Otten-Nachlaß. Im Otten-Nachlaß liegen fünf vom Author verfaßte Briefe an den holländischen Literaturkritiker und Journalisten Dr. J. F. Otten—lediglich ein Namensvetter—, die im Dezember 1933 in Paris verfaßt wurden und in denen es auch um die immer geringeren Publikationsmöglichkeiten ging.
¹⁴Das Saarland stand seit dem Versailler Vertrag unter der Kontrolle des Völkerbunds; im Januar 1935 sollte über seinen zukünftigen Status entschieden werden. Um ein Zeichen gegen die nationalistischen Bestrebungen der Nazi-Regierung zu setzen, die das Saarland einverleiben wollte, plädierten Antifaschisten für dessen Verbleib im Völkerbund. Ihr Versuch scheiterte kläglich, da

90,5% für die Rückkehr ins Dritte Reich stimmten. Vgl. a. Löwenstein, *Botschafter ohne Auftrag* 105-06.

[15] Vgl. die Kopie des Abdrucks als Folgeserie im Otten-Nachlaß. Der Roman war bereits einmal von Oktober 1932 bis Januar 1933 als Folgeserie im *Berliner Tagblatt* erschienen. Der Roman wurde 1981 als Buch veröffentlicht.

[16] Otten, "Der Umsturz auf Mallorca" 2.

[17] Vgl. Kap. 2, Anmerkung 9.

[18] Otten, "Unter den Rebellen auf Mallorca" 1-2.

[19] Otten, "Der Umsturz auf Mallorca" 1.

[20] Da Thelen in der Darstellung seiner Flucht auf der Grenville von Blei spricht, Otten aber nicht erwähnt, ist zu vermuten, daß es sich um ein anderes britisches Kriegsschiff gehandelt haben muß.

[21] Vgl. Zeller/Otten 179.

[22] Der Otten-Nachlaß enthält keine mallorquinische Korrespondenz außer der mit einem Señor Sanz und dem deutschen Photographen Konrad Liesegang, die in Cala Ratjada lebten, vor allem die zurückgelassenen Sachen betreffend. Ellen Otten, die erst im Dezember 1999 starb, hätte zu einer wichtigen Informationsquelle für diese Studie werden können, doch ist es dem Verfasser dieser Arbeit nicht gelungen, ein Gespräch mit ihr vor ihrem Tod zu führen. Aus diesen Gründen müssen die Angaben zu Ottens mallorquinischem Exil relativ spärlich bleiben.

[23] Vgl. die Kopie der Akte hierzu im Otten-Nachlaß. Aus diesen Unterlagen geht hervor, daß im Juni 1935 der deutsche Konsul Dede auf Mallorca auf Anfrage Berlins zunächst einmal nichts gegen Otten vorbrachte, ihn später aber wahrscheinlich denunzierte. Vgl. Zeller/Otten 24.

[24] Vgl. die Otten-Akte der American Guild. Vgl. a. Otten an den Sekretär der American Guild, 21.10.39, Otten-Nachlaß. Vgl. Kap. 4, Anmerkung 38.

[25] Zit. n. Dove, "Die Reise nach Deutschland. Schicksal eines Exilromans" 248.

[26] Das deutsche Original erschien erst 1989 unter dem Titel *Geplante Illusionen. Eine Analyse des Faschismus*. Zu Ottens Zeit in England vgl. Ritchie 71-95 und Dove, *Five German-speaking Writers in Exile in Britain, 1933-45*.

[27] Vgl. *Ahnung und Aufbruch. Expressionistsiche Prosa* (1957), *Schrei und Bekenntnis. Expressionistisches Theater* (1959), *Das leere Haus. Prosa jüdischer Dichter* (1959), *Albert Ehrenstein. Gedichte und Prosa* (1961), *Schofar. Lieder und Legenden jüdischer Dichter* (1962) u. *Ego und Eros. Meistererzählungen des Expressionismus* (1963).

[28] Zeller, *Marbacher Memorabilien* 183.

[29] Ibid. 184.

[30] Zit. n. Zeller/Otten 36. Zu Ottens schriftstellerischer Produktion vgl. die Bibliographien zu seinem Werk in ibid. 181-265 u. "Bibliographie Karl Otten".

[31] Thelen, *Die Literatur in der Fremde* 229. Er fügte hinzu: "Karl Otten hat nun das Talent, den Widerspruch zwischen der lieblichen, paradieshaften Insel und dem herrschenden Terror deutlich herauszustellen, und gerade dies spricht für seine

Sachkenntnis, wie ein jeder bezeugen wird, der die ersten blutigen Taten der Falangisten dort miterlebt hat" (229).

[32] Zur Präsenz italienischer und deutscher Faschisten auf der Insel vgl. Kap. 2, Anmerkung 13.

[33] Otten, *Torquemadas Schatten* 57. Alle weiteren Zitate aus diesem Roman werden mit der Seitenangabe in Klammern versehen. *Torquemadas Schatten* wurde auch ins Polnische und Ungarische übersetzt (vgl. Zeller/Otten 231).

[34] Otten, "Der Umsturz auf Mallorca" 1.

[35] In seiner Rezension des Romans sieht Fried diese Aussage als eine der "kleine[n] Entgleisungen" des Romans: "Dieser Faschist selbst wäre sich dessen nie in dieser Formulierung bewußt geworden" (63). Hinter Hais Aussage steckt also Otten, der damit das zerstörerische Potential der Phalangisten kurz und bündig zum Ausdruck bringen wollte.

[36] Vgl. Otten, "Der Umsturz auf Mallorca" 1.

[37] Vgl. Kreuzer 27.

[38] Zeller/Otten 25. Vgl. a. Kreuzer 27. Wie noch in Kap. 6 zu zeigen sein wird, verlieh auch Martha Brill dem Mallorca-Kapitel ihres unveröffentlichten Romans "Schmelztiegel" eine historische Tiefe, die bei ihr aber persönlicher ausfiel.

[39] Vgl. Wiegenstein 274-75.

[40] Ibid. 272.

[41] Fried 63 hebt auch die "Authentizität" des Romans hervor.

[42] Wiegenstein 273.

[43] Zit. n. ibid. 267.

[44] Vgl. Jung, "Karl Otten" 27.

[45] Zit. n. Wiegenstein 273.

[46] Kantorowicz 180-81. Löwenstein, der sich ebenfalls im Exil befand und in den USA die American Guild for German Cultural Freedom gründete, die Blei helfen konnte (vgl. Kap. 4, Anmerkung 35), schätzte den Bürgerkrieg ähnlich ein. In seinem Reisebericht *A Catholic in Republican Spain* (London: Gollancz, 1937) schrieb er: "I am more than ever profoundly convinced that the future of Europe will depend on the outcome of the war in Spain. Spain is fighting for all of us. The defeat of Fascism in Spain would be the beginning of the end of Fascist conspiracy everywhere. The defeat of the Republic would be the beginning of the world war" (109).

[47] Otten, "Unter den Rebellen auf Mallorca" 2.

[48] Otten, "Statt eines Vorworts", Zeller/Otten 164.

[49] Ibid. 166.

[50] Ibid. 167. In seiner Rezension betont Boehlich vor allem den Bezug des Romans auf Deutschland: "Ottens Buch über Spanien ist gleichzeitig immer ein Buch über Deutschland. Wie sich die eine Hälfte der Nation durch die andere erst überraschen und dann überwältigen läßt, wie die Republikaner zögern, bis es zu spät ist, wie die linken Parteien abwiegeln und pazifizieren und das Handeln den

Karl Otten

Faschisten überlassen, das alles gilt für 1933 wie für 1936, auf Mallorca jedenfalls" (46).

[51] Vgl. Thomas 381-84 u. Dundas 70-71. Was den Kampf um Porto Cristo betrifft, vgl. a. Erich u. Katja Arendt, *Inseln des Mittelmeeres*: "denn auch Mallorca hatte sein tragisches 1936, sein Irren und seine entmenschte Schlacht von Porto Cristo, wo man die verwundeten Republikaner lebendigen Leibes verbrannte, hatte seine Märtyrer der Freiheit, die man nachts aus den Häusern Palmas zerrte und in den Straßen erschoß" (38).

[52] Boehlich 47.

[53] Vgl. Kantorowicz 188 u. Wiegenstein 267-69. Der Roman erschien wenigstens auch ab 23.9.37 als Folgeserie in der Antwerpener Zeitung *Freies Deutschland*, einem Organ der deutschen Opposition zu der Zeit. Zum Schicksal des S. Fischer Verlags vgl. Kap. 3, Anmerkung 28.

[54] Wiegenstein 269.

[55] Ibid. 276.

[56] Vgl. a. Fried 63 u. Kreuzer 21.

[57] Otten, "Unsere Fremden", "Geschichten aus Pueblo" 2. Alle weiteren Zitate aus den Texten in den "Geschichten aus Pueblo" werden mit der Seitenangabe in Klammern versehen.

KAPITEL SECHS

Martha Brill

Die Beschäftigung mit den Marannen

Wenigen wird Martha Brill bekannt sein, doch gehört auch sie zu den Schriftstellern, die Mallorca als Exilort wählten.[1] Sie wurde am 5. September 1894 als Martha Leiser und als Jüdin in Köln geboren. Als sie erst dreizehn Jahre alt war, starb Ihre Mutter an Tuberkolose. Brills älteste Schwester übernahm die Mutterrolle für sie und ihren jüngeren Bruder. Bereits aus dem Jahr 1910 stammen erste unveröffentlichte, im Nachlaß überlieferte Gedichte. Melancholisch, expressionistisch, oft mit Todesgedanken spielend, zeigen diese frühesten Gedichte eine junge Frau auf Sinnsuche, so in diesem unbetitelten Gedicht aus dem Jahr 1910:

> Ich liebe das lodernde
> Lachende Leben.
> Und ich liebe den wilden
> Den trotzigen Tod.
>
> Ich möchte nur einmal
> Tief bis zur Neige
> Leeren des Lebens
> Kühlgoldenen Becher,
> Um mit dem letzten
> Funkelnden Tropfen
> Jauchzend ein herrisches
> Dasein zu sühnen.[2]

Wenn sich auch Brill zeit ihres Lebens nicht als religiös bezeichnete, war sie sich ihrer jüdisch-sephardischen Abstammung bewußt und interessierte sich für die Geschichte(n) des jüdischen Volkes. Zwei Gedichte mit der Überschrift "Ahasver" widerspiegeln dieses Interesse. In einem von diesen lesen wir vom Haß, der den Juden immer wieder entgegen gebracht wird:

Martha Brill 111

> Immer geht der Jude Ahasver
> Müden Gangs am Abend durch die Städte.
> Augen sind, als ob er Schmerzen hätte,
> Ihm von von ungeweinten Tränen schwer.
> Immer geht der Jude Ahasver.
>
> Manchmal möchte er um Liebe rufen,
> Ernstumdunkelt und von Träumen blass.
> Tore springen auf vor Marmorstufen
> Und hervor tritt, gross und nackt: der Hass.

Im zweiten Ahasver-Gedicht, 1916 niedergeschrieben, identifiziert sich Brill mit der Suche und dem unsteten Dasein des ewig wandernden Juden:

> Fern glänzt Dein Segel her
> Schmales Licht zu meinen Füssen.
> Fernwärts neig ich mich, zu grüssen
> Meinen Bruder—Ahasver.

Viel später, in einer Tagebucheintragung vom 7. Mai 1938, umschrieb sie ihr jüdisches Selbstverständnis:

> Ich bin Europäer und Weltbürger jüdischer Abstammung. Ich bin auf diese jüdische Abstammung stolz wie jemand auf einen Adel stolz ist. [...] Vielleicht ist es für einen Weltbürger falsch, auf eine Abstammung stolz zu sein, aber das ist tiefer. Trotzdem würde ich jeden Menschen jeder Rasse lieben, wenn er mir nahe ist.[3]

Ihr Interesse am Judentum und ihre humanistische Haltung als Jüdin und zugleich Weltbürgerin waren für Brill prägend und spielten in ihrem Leben und im Zusammenhang mit dem mallorquinischen Exil eine entscheidende Rolle, wie noch zu zeigen sein wird.

Brill studierte Literatur und Staatswissenschaft in Heidelberg, wo sie das Studium 1917 mit einer Doktorarbeit zur indischen Baumwollwirtschaft abschloß. Im Jahr 1920 heiratete sie den jüdischen Kunstmaler und Doktor der Staatswissenschaften Erich Arnold Brill (1895-1942), eine Ehe, die etwa ein Jahr später bereits wieder geschieden wurde und wohl nur aus dem Grund der bevorstehenden Geburt der Tochter Alice geschlossen worden war. Als

Künstler wollte Erich Brill frei von jeder Konvention und Bindung sein, wenn er auch den Kontakt zu seiner ehemaligen Frau und seiner Tochter aufrecht erhielt.[4]

Auslandsaufenthalte prägten Martha Brills Leben in den 20er Jahren. Das Jahr 1925 verbrachte sie zusammen mit ihrer Tochter in der Künstlerkolonie Positano im Süden Italiens; 1926 war sie z.b. etliche Monate in Paris. Zeitweise arbeitete sie beim Verlag J. Kauffmann oder im Hamburgischen Welt-Wirtschaftsarchiv, blieb aber auch als freie Journalistin tätig. In solchen Zeitungen und sonstigen Publikationen wie dem *Hamburger Anzeiger*, dem *Hamburger Korrespondent*, dem *Hamburger Freudenblatt*, der *Frankfurter Zeitung*, dem *Hamburger Echo*, der *Rigaschen Rundschau* oder den *Blättern der städtischen Bühnen Frankfurt a. M.* sind allgemeine Betrachtungen zum Leben, autobiographische Reiseeindrücke und kurze Aufsätze etwa zu Stendhals Schwester, Kleists 150. Geburtstag am 18. Oktober 1927, seinem "Marionettentheater", Gustav Adolfs Tochter oder Rilke zu finden. Im Nachlaß liegen weitere, anscheinend unveröffentlichte Texte, u.a. auch Märchen.

Literarisches Talent bewies Brill z.B. in einem mit "Der Spezereiladen" überschriebenen Text, der 1925 in der *Hamburger Anzeige* erschien und in dem die Ich-Erzählerin ein idyllisch-kleinbürgerliches Bild als Inhaberin des genannten Geschäfts entwirft. Dennoch sagt sie an einer Stelle: "Ich gehöre nirgendwo hin."[5] Das Bild wird zerstört; laut werden seelische Unruhe, Ratlosigkeit und der Wunsch, auf Reise zu sein. Der kurze Text trägt zweifelsohne autobiographische Züge, und so überrascht es nicht, wenn wir immer wieder Reiseskizzen unter Brills Veröffentlichungen finden. Im Jahre 1929 erschien z.B. "Eine Stunde über dem Boulevard", in der sie uns eine impressionistische Stimmungsmalerei des abendlichen Pariser Montmartre bietet, die jedoch expressionistisch ausklingt: "Gegen den Himmel von Paris schlagen, in dieser Sekunde, die Herzen von Millionen, schlägt in rasendem Trommelwirbel der Herzschlag der Zeit."[6]

Um etwa 1930 begann Brills Arbeit für den Hamburger Rundfunk und die *Monatsschrift der Hamburg-Südamerikanischen Dampfschifffahrts-Gesellschaft*. Es kam wieder zu ausgedehnten Reisen und Reiseskizzen, die in dieser Zeitschrift veröffentlicht wurden, so ihr Reisebericht "Zwischen Bazaar und Wüste", der

Martha Brill

während einer Palästinafahrt entstand. Für diese Arbeiten wurde sie "in Reisekonto" bezahlt, d.h. in Reiseguthaben mit der Hamburg-Südamerikanischen Schiffslinie, womit sie weitere Reisen finanzierte, so auch ihre Reise nach Mallora mit der Tochter im März 1933, als die Nationalsozialisten an die Macht kamen. Als Jüdin verlor sie sofort ihre Arbeit am Hamburger Rundfunk; Kollegen rieten ihr, "für einige Monate" Deutschland zu verlassen. In diesem Sinn war die Reise nach Mallorca zunächst nicht als Auswanderung gedacht, da die Mutter ohnehin das ganze Hab und Gut in Deutschland zurückließ. In einer späteren Tagebucheintragung vom 20. September 1938 charakterisierte Brill Hitler als "ein düsteres Genie der Zerstörung—Genie durch die Schwächen der anderen."[7]

Die letzten Wochen in Deutschland und die Zeit bis 1941, die dann doch zum Exil wurde, hielt Brill "ziemlich getreu", wie es die Tochter formuliert, in einem unveröffentlichten Romanmanuskript mit dem Titel "Der Schmelztiegel" fest: "In diesem Roman oder dieser verschlüsselten Autobiographie nennt sie sich, wie schon öfter in autobiographischen Skizzen, 'Sylvia' und ich wurde 'Miriam'." Angesichts der stark autobiographischen Grundlage dieses Romans und des Mangels an anderen Zeugnissen dienen das Ende des ersten und das zweite auf Mallorca spielende Kapitel als Hauptquelle, um ein Bild des sechsmonatigen Mallorca-Aufenthalts der Brills zu entwerfen. Der Roman kann nur bedingt von Brills Leben getrennt werden.

Im Roman erfahren wir, daß es sich Sylvia/Martha immer gewünscht hatte, "auf einer Insel zu leben". Sie bringt dies in Verbindung mit dem Wanderleben ihrer jüdischen Vorfahren:

> Es sollte eine Insel sein im Süden, ein Garten über der blauen Weite des Mittelmeers, der Sonne und den Winden preisgegeben. Das lag ihr wohl im Blut von den Generationen her, die auf eigener Scholle gesessen hatten—vielleicht auch aus den Urzeiten, da ihre Ahnen auf den Meeren des Südens zu Hause gewesen waren. Schon als Kind hatte sie die Elemente als Geschwister empfunden.[8]

In der Nähe von Alcudia an der Nordküste der Insel bezogen sie und ihre Tochter eine von Freunden vermittelte Finca (Bauernhof), wo sie von monatlichen Geldsendungen ihres in den USA lebenden Bruders Bill lebten. Die Autorin entwirft ein idyllisches Bild von ihrem Leben auf der Finca:

> Der Garten war ein Paradies, üppig und ohne Sünde, wie sich Sylvia den Kindheitsgarten der Menschheit dachte. Er gab zu allen Zeiten des Jahres alles her, was seine Bewohner brauchten. Es gab wohl hundert Feigenbäume, die ja auch im Garten Eden nicht gefehlt hatten. Es gab blaue Feigen und grüne, vom frühen Sommer bis in den späten Herbst. Vor Tau und Tag schon kamen die Bauern, um die Früchte zu pflücken, und wenn die Gäste am Morgen aus der Tür ihres Hauses traten, stand schon ein Körbchen frischer Feigen bereit, mit grünen Blättern bedeckt, auf denen der Tau der Frühe lag. (36-37)

Zu diesem Paradies paßt das Bild der Küste bei Alcudia:

> Die stille Meeresbucht, von Bergen ganz umschlossen, war durchsichtig und klar wie ein Gebirgssee. Oft sass Miriam auf der schlüpfrigen Holztreppe, die ins Wasser führte, und schaute hinunter bis auf den Grund, der mit einem Teppich von Wasserpflanzen dicht bedeckt war. Das schimmerte geheimnisvoll wie Korallenwälder, und Tausende von winzigen Fischen, in allen Farben schillernd, schwammen dort unten. (37)

Zum Teil bestand die Idylle auch darin, sich durch eigenen Unterricht intensiver an der Entwicklung der Tochter zu beteiligen: "Es war schön und neu, diese junge Seele zu formen, die ihr ganz gehörte, und die sich ihr bisher nur zum Teil erschlossen hatte" (53). Zusammen mit einer deutschen Freundin, die am Anfang der Mallorca-Zeit dabei war, unternahm Sylvia/Martha eine zehntägige Wanderung in den Bergen auf der Westseite Mallorcas, bei der es wiederholt zu Begegnungen mit der einfach lebenden Bevölkerung kam. Sie merkte, "wie rein das Leben sein konnte, wie gut und voraussetzungslos" (46). Psychosomatisch erkrankt durch die Erlebnisse in Deutschland, erholte sie sich zunehmend. Mallorca wurde für sie zu einer "Insel des Friedens" (35).

Letzten Endes war es aber eine Idylle, in die Nachrichten über die politischen Zustände in Deutschland immer wieder einbrachen:

> Da sah Sylvia, dass ihre Freunde in Deutschland geschlagen, bespien, mit Stiefelabsätzen getreten wurden, dass sie in den Konzentrationslägern [sic!] schmachteten oder mit zerschlagenen Knochen in den Hospitälern landeten, dass gute Kameraden Selbstmord begangen hatten, weil sie ihren Beruf nicht mehr ausüben konnten, oder weil sie an der Welt verzweifelten. (38)

Auch Mallorca selbst war nicht frei vom allgemeinen Kampf der Ideologien in dieser Zeit und dessen Auswirkungen auf die Bevölkerung. Einerseits empfand Sylvia/Martha "die stärksten Sympathien" für die damalige Linksregierung in Spanien, die "Freiheit und Rechte für alle Spanier" (42) wollte. Anderseits aber wunderte sie sich darüber, daß diese Regierung gewisse katholische "Kirchenfeste und Prozessionen" verbot: "'Man hat diesen einfachen Menschen alles genommen, woran ihr Herz hing', grübelte sie. 'Warum? Es wird nicht gut enden'" (42). Ihre autobiographische Protagonistin ließ Brill vorausahnen, was die Autorin durch die spätere Niederschrift des Romans schon wußte: die Tragödie des Spanischen Bürgerkriegs.

Über den ideologischen Kampf hinaus gewann Sylvia/Martha ein tieferes Verständnis für die "blutigen Glaubenskämpfe der Vergangenheit" (48) und die immer wiederkehrende Verfolgung der Juden. Ein Bekannter, der als Deutscher seit Jahren auf der Insel lebte, ließ ihr eine Geschichte der Marannen Mallorcas zukommen, zwangsgetaufte Juden, deren Nachkommen noch heute spöttisch "Chuetas"[9] genannt werden:

> Da las sie, wie diese Parias Jahrhunderte lang gehetzt, gefoltert, erdrosselt und verbrannt wurden, wie noch in jenem Jahrhundert, in dem im Westen Europas das Licht der Aufklärung zu leuchten begann, um eine Welt der Finsternis und des Aberglaubens zu erhellen, in der Stadt Palma die Scheiterhaufen flammten, auf denen die letzten heimlichen Bekenner des Judentums auf spanischem Boden starben. Damals verfinsterte der Rauch der Autodafés die heitere Stadt, und die Asche der Märtyrer wurde in den Wind gestreut... Das war im Jahre 1691, fast zweihundert Jahre, nachdem auf Geheiss der Könige Ferdinand und Isabella die letzten Juden Spanien verlassen hatten. (57)

Das Schicksal dieser Juden wurde zu einer Besessenheit. Sylvia/Martha verließ die Idylle der Finca, fuhr nach Palma, "um in den Archiven der Stadt dem Schicksal der Chuetas nachzuspüren" (57). Dabei besuchte sie auch "die düsteren Gassen des einstigen Ghettos" (58) und glaubte, "am Fuss des Castillo des Bellver" den Ort gefunden zu haben, "wo einst die Scheiterhaufen errichtet waren" (58). Die intensive Beschäftigung mit den Marannen hatte mit ihrer eigenen Situation als verfolgter Jüdin zu tun, wobei das marannische Schicksal ein Identifikationsangbot bildete: "Schritt für Schritt ging sie so den Weg, auf dem das Schicksal ihrer Brüder sie erwartet hatte" (58-59). Doch wollte sie dieses Schicksal auch in einem allgemeinen Sinn brauchbar machen:

> Heimgekehrt schloss Sylvia sich in ihrem Zimmer ein. Sie schrieb die Geschichte der Chuetas von Mallorca. Sie schrieb sie in ihrer Sprache, für ihre eigene Zeit; denn es drängte sie, das Andenken dieser Opfer eines finsteren Wahns der Vergessenheit zu entreissen. Man sollte von ihnen wissen, in einer Zeit, die die Verfolgung Unschuldiger erneuerte. (60)

Wie autobiographisch "Schmelztiegel" angelegt ist, zeigt sich auch darin, daß es im Nachlaß Brills einen unveröffentlichten Aufsatz mit dem Titel "Die Marannen der Insel Mallorca" gibt. In drei Abschnitten auf neunundfünfzig Typoskriptseiten bietet uns Brill einen geschichtlichen Überblick der Juden auf Mallorca, die sich schon im Jahrhundert nach Christi Geburt dort ansiedelten und später andere Juden vom Festland Spaniens aufnahmen, als diese im 13. Jahrhundert zunehmend verfolgt wurden. Vor allem aber konzentriert sie sich im zweiten Abschnitt auf die vier im Roman erwähnten Autodafés des Jahres 1691, wobei sie sich auf einen Bericht des Jesuitenpaters Francisco Garau bezieht, *La Fe triunfante*, der im gleichen Jahr noch erschien, 1931 neu aufgelegt wurde und aus dem sie weitgehend zitiert.

Mit den Juden auf Mallorca sollte aufgeräumt werden; ihre Zwangstaufe nützte ihnen auch nichts mehr. Schon der ursprüngliche Bericht führte die achtundachtzig Verurteilten beim Namen zusammen mit dem Ausmaß der Strafe an; "zum Gedächtnis ihres Martyriums" nennt Brill sie noch einmal.[10] Kerker, Geißelhiebe, Galeerendienst, Verbannung und Geldbußen waren die geringeren Strafen. Zweiunddreißig von ihnen wurden erdrosselt und auf dem Scheiterhaufen verbrannt, drei weitere, u.a. der geistliche Führer der Marannen, Rafael Valls der Ältere, sogar bei lebendigem Leibe, da sie sich standhaft weigerten, den Katholizismus anzunehmen. Einige andere wurden *in effigie* verbrannt, weil sie entweder schon tot oder flüchtig waren. Im letzten Abschnitt verleiht Brill der folgenden Hoffnung Ausdruck: "Das Blut Unschuldiger ward nie umsonst vergossen. Die Geschichte zählt nicht die Opfer, aber sie sind dennoch nicht verloren. Einmal dämmert ein Zeitalter der Freiheit, in dem ihnen Gerechtigkeit widerfährt" (57). Wie unten noch ausgeführt wird, bemühte sich Brill erst viel später um eine

Veröffentlichung des Aufsatzes; er hätte ohnehin nicht im nationalsozialistischen Deutschland erscheinen können.

Die Tochter hebt hevor, daß es der Mangel an Arbeitsmöglichkeiten für die Mutter auf Mallorca oder überhaupt in Spanien und die Notwendigkeit eines geregelten Schullebens für sie selbst waren, die zum Entschluß führten, die Insel zu verlassen. Frankreich wurde als Alternative verworfen, weil es "nicht auf einen Literaten mehr an[kommt], der in den Caféhäusern herumsitzt" (57). So brachen sie im August oder September 1933 nach Italien auf.

Im "Schmelztiegel" ließ die Autorin im Zusammenhang mit dem Ende des Mallorca-Aufenthalts ein Bild entstehen, das die Tochter in diesem Fall weniger autobiographisch verstanden wissen möchte, das jedoch einen literarischen Wert besitzt. Für die Protagonistin hatte die Beschäftigung mit den Marannen dazu geführt, daß die mallorquinische Idylle endgültig verloren ging: "Für Sylvia aber war die Harmonie der Landschaft zerstört. Im Pinienwald schienen ihr die Schatten der Verdammten zu geistern, und der Nachtwind trug die Klagen der Gemarterten in seinem Flüstern..." (61). Am Heck des Schiffes schaut sie auf das entschwindende Palma zurück, wobei das zentrale Inselerlebnis für sie noch einmal heraufbeschworen wird:

> Da war die noble Silhouette der Kathedrale, der goldene Engel auf dem Dach des Bischofspalasts—dort drüben auf dem Hügel, finster und mächtig, das alte Castillo de Bellver im Kranz grüner Pinienwälder. Dort unten hatten die Brandstösse weithin über das Meer geleuchtet...
> "Ich brauche nicht verbrannt zu werden", dachte Sylvia aufatmend. Der Seewind kühlte ihre heisse Stirn. (66)

Für die Protagonisten ist die Abfahrt von Mallorca bedingt durch eine Furcht vor Verfolgung, die sie in Form des Schicksals der Marannen einholt. Indem sie ihr Schicksal mit dem der Marannen verknüpft, gelingt es Brill, ein Jahrhunderte übergreifendes literarisches Sinnbild für das Leiden der Juden zu schaffen—ein Leiden damals im Zuge der Inquisition, das sich zum Zeitpunkt der Romanhandlung im nationalsozialistischen Deutschland zu wiederholen begann. Dabei ließ Brill ihre Protagonistin ahnungsvoll die erneute Verbrennung der Juden vorwegnehmen. "'Wir wiederholen den ewigen Kreislauf'" (27) hatte sich Sylvia schon bei einer alptraumhaften Vision der Inquisition im Roman gedacht. In diesem Zusammenhang ist "Der Schmelztiegel" *Torquemadas Schatten* ähnlich, weil Otten ebenfalls die Inquisition ihre Schatten in die Romangegenwart werfen ließ (vgl. Kapitel Fünf).

In Florenz arbeitete Brill als Gouvernante eines kleinen Mädchens, und ihre Tochter kam in ein jüdisches Waisenheim, was sich aber auf die Dauer ebenfalls als ein unhaltbarer Zustand erwies. Auf Rat ihres früheren Redaktionschefs bei der *Monatsschrift der Hamburg-Südamerikanischen Dampfschifffahrts-Gesellschaft* wollte sie ihr Glück in Brasilien versuchen, doch im Frühling 1934 ging es zunächst kurz nach Hamburg zurück. Die Tochter kam beim Vater in Amsterdam unter, während Brill selbst nach Brasilien weiterreiste, um in São Paulo Fuß zu fassen. Dort fand sie auch Arbeit als Sekretärin im Büro eines Hilfskomitees für deutsche Flüchtlinge. Diese Arbeit, bei der es vor allem um deutsch-jüdische Flüchtlinge ging, schildert die Tochter folgendermaßen: "[Sie] hatte die schwierige Aufgabe diesen Menschen, fast alle mittellos und der Landessprache nicht mächtig, eine Unterkunft und irgendwelche Arbeit zu vermitteln." Alice Brill kam im August 1934 zusammen mit dem Vater nach, der, beeindruckt von der Schönheit Brasiliens, sechzehn Monate blieb, um die Landschaft zu malen. Im Januar 1936 kehrte er nach Deutschland zurück, was für ihn zum Verhängnis wurde. Der Rassenschande angeklagt, verhaftet und erst im Dezember 1941 entlassen, dann aber nach Riga deportiert, wurde er im März 1942 im Kaiserwald erschossen. "Meine Mutter hat die Tragik seines Schicksals nie verwinden können", schreibt die Tochter in den biographischen Angaben zur Mutter, und in Brills Tagebuch lesen wir unter dem 29. Dezember 1946: "Erich, der Schöne, der Aesthet—der Künstler—asozial. Blind den Weg ins Dunkel—Schicksal—ich, sehend, konnte nicht helfen."

In Brasilien lebten Brill und ihre Tochter zu Anfang in sehr bescheidenen Verhältnissen, zeitweise auch bei einer Emigrantenfamilie, blieben aber in São Paulo, wo sie sich unter der gemischten Bevölkerung der Stadt wohlfühlten. Der optimistische Lebenswille der Mutter war dabei zweifellos von entscheidender Bedeutung. In ihren Tagebucheintragungen ist immer wieder die Beschwörung "Das Leben geht weiter" zu lesen,[11] und in einer Eintragung vom 18. Dezember 1938 schrieb sie: "Es ist schön, zu leben, wenn man nützlich und hilfreich sein kann." Für sie bestand dieses Schöne in der Arbeit für die jüdischen Flüchtlinge, dem Sprachunterricht für Kinder und Erwachsene, Nachhilfestunden und in ihrer Bekanntschaft mit jungen brasilianischen Bühnenschriftstellern. So übersetzte sie Gianfrancesco Guarnieris (1934 geb.) Theaterstück *Eles não usam Blacktie* (1958) ins Deutsche als *Sie tragen keinen Smokingschlips*. Unter diesem Titel erschien das Werk 1962 beim Henselverlag im Berlin der damaligen DDR und wurde im Mecklenburgischen Staatstheater zu Schwerin aufgeführt.[12] Ebenfalls übersetzte sie Augusto Boals (1931 geb.) Tragikomödie *Revoluçao na America Latina* (1960) als *Revolution in Südamerika*. Dieses Theaterstück wurde 1966 vom Theaterverlag Kurt Desch in München veröffentlicht. Unklar ist, ob es je zur Aufführung in Deutschland kam. Ansonsten ist noch das Manuskript der Übersetzung von Guarnieris *Gimba, presidente dos valentes* (1959) als "Der Präsident der Draufgänger" zu erwähnen. Insgesamt sind es Theaterstücke, mit deren linksgerichteter Tendenz sich Brill identifizierte.

1941 stellte die Autorin den "Schmelztiegel" fertig, der über das Mallorca-Kapitel hinaus stark autobiographisch blieb. In einer einfachen, aber nicht vereinfachenden Sprache bietet uns Brill ein schillerndes Bild des deutsch-jüdischen Exildaseins in Brasilien, vor allem durch die Vielzahl von Emigranten, mit denen die Protagonistin und Brill selbst verstrickt waren. Mit ihren bescheidenen Möglichkeiten kämpfte Sylvia/Martha um deren Menschenwürde und überhaupt um Wahrheit und Freiheit. Trotz des eigenen Elends und der immer wieder auferzwungenen Neuanfänge schwebt über dem Roman eine trotzige Lebensbejahung. Dabei dient Brasilien als Metapher für eine Welt ohne rassistische Vorurteile und für die Hoffnung auf eine bessere Zukunft. Damit hängt auch der Titel des Romans zusammen:

Viele Menschenalter hindurch warf eine unsichtbare Faust Menschen aller Rassen in den willigen Schlund, wie trübes Metall in den läuternden Schmelztiegel.

In diesen Schmelztiegel wurden geworfen, nach der schicksalgehärteten Mischung aus Indianern, Portugiesen, Negersklaven: die Spanier, die Holländer, die Franzosen; die Syrer, die Juden, die Japaner; Generationen von Italienern und Deutschen; Ungarn und Polen. Jahre, Jahrzehnte, Jahrhunderte lang. Darbende und Prassende; Arbeiter und Aristokraten; Flüchtlinge und

Abenteurer; ein endloser Zug. Kriege und Krisen, Hunger und Revolten—jede Welle im Schicksal der Kontinente warf Scharen von Zufluchtheischenden an die gastliche Küste.

Alle diese Menschen band nichts als die Freiheit: die Freiheit, zu leben und Freiheit, zu sterben; Freiheit, zu hassen und Freiheit, zu lieben; die Freiheit, auf der roten Erde zu stehen und in den funkelnden Himmel zu bauen. Und Alle waren gleich unter diesem Himmel. (188)

Aus einem Briefwechsel mit der American Guild[13] geht hervor, daß Brill im April 1938 die genauen Bedingungen und die nötigen Formulare für das literarische Preisausschreiben dieser Organisation anforderte, an dem sich Blei, Otten und Schlüter auch beteiligten. Gleichzeitig fragte sie an, ob es Intersse an ihrem Marannen-Essay geben würde. Die Guild empfahl die Agentur Bartold Fles, woraufhin Brill dieser Agentur eine englische Übersetzung des Aufsatzes schickte, der jedoch keinen Verleger fand.[14] An dem Preisauschreiben nahm sie nicht teil, da der Roman, wie schon erwähnt, erst 1941 fertig wurde. Im Zusammenhang mit dem Roman ist im Brill-Nachlaß die Abschrift eines Briefes von Thomas Mann (dem sie das Manuskript geschickt hatte) vom 8. Juli 1941 zu finden, der ihre "Zaehigkeit und kuenstlerische Geduld" ehrte, ihr "Begabung" zusprach und der "viel Ruehrendes und Erregendes von der Tragoedie dieser Zeit" im Manuskript fand. Er empfahl ihr, dem Knopf-Verlag in New York eine englische Übersetzung zu schicken. Ob das je geschah, ist nicht ersichtlich. Laut Angaben der Tochter war etwa zur selben Zeit eine Veröffentlichung in portugiesischer Übersetzung in der Editora Brasiliense vorgesehen, doch unterband das die profaschistische Politik der damaligen brasilianischen Regierung unter dem Präsidenten Getúlio Vargas.

Darüber hinaus sind im Nachlaß Notizen zum Leben vom portugiesischen Komödiantendichter Antonio José Antonio da Silva (1705-1739) zu finden, "o Judeu" oder "der Jude" genannt, der als Nachkomme der Marannen und als Opfer der Inquisition Brills besonderes Interesse fand. Im Nachlaß gibt es auch eine unveröffentlichte Übersetzung von seinem einzigen Prosawerk *O Diabinho da Mão Furada* (1910?) als "Der Teufel mit der durchlöcherten Hand".

Die Tochter studierte zwei Jahre in den USA an der University of New Mexico und etablierte sich später als freie Photographin und Malerin in São Paulo. Brills zutiefst humanistische Einstellung zeigte sich darin, daß sie die Tochter ohne konfessionelle Bindung erzog, weil für sie alle Religionen zu Gott führen würden. Aus Erfahrung hatte sie auch Angst, wie die Tochter schreibt, vor der "Isolierung einzelner Gruppen, sodass sie mir auch später—in Brasilien—nicht die Mitgliedschaft in der deutsch-jüdischen Gemeinde gestattete." Alice Brill heiratete den polnischen Flüchtling Juljan Czapski, und die vier Enkelkinder machten der Großmutter noch viel Freude. Brill unternahm 1962 eine Reise zu Verwandtschaft in den USA und 1966 nach Hamburg und Mainz. Inzwischen war sie brasilianische Staatsbürgerin geworden. Sie starb am 27. Oktober 1969 und liegt auf dem jüdischen Friedhof von São Paulo begraben.

Wie noch bei Klaus Mann zu zeigen sein wird, sind Brills Monate auf Mallorca auf ähnliche Weise eher als Mosaikstein oder als Zwischenstation in der langen Exilzeit zu sehen. Doch war es für sie ein wichtiger Lebensabschnitt, der ihr zwar die Idylle der Insel bot, ihr dann aber die Tragödie der Juden vor Augen führte. Durch die Beschäftigung mit der Geschichte der Marannen wurde sie sich ihrer jüdischen Wurzeln stärker bewußt, wie auch der Kontinuität des jüdischen Leidens, was im "Schmelztiegel" prägnanten literarischen Ausdruck fand.

Anmerkungen

[1] Die folgenden biographischen Angaben beruhen zu einem großen Teil auf Ausführungen der Tochter Brills, Alice Brill Czapski, die dem Brill-Nachlaß im Deutschen Exilarchiv in Frankfurt beiliegen. Des weiteren beziehen sie sich auf Korrespondenz des Verfassers dieser Arbeit mit der Tochter. An einigen Stellen wird auch direkt aus diesen Angaben bzw. dieser Korrespondenz zitiert. Im Nachlaß findet man die Schreibweisen "Martha", "Marthe" und "Marte". Die erste wird hier verwendet, da im Nachlaß diese Schreibweise in Brills Handschrift am häufigsten zu finden ist.

[2] Alle Gedichtzitate beruhen auf originalen Abschriften, die sich im Brill-Nachlaß befinden.

[3] Alle Zitate aus dem Tagebuch beruhen auf dem Original, das sich im Brill-Nachlaß befindet.

[4] Zu Erich Brills Kunst vgl. Alice Brill, *Erich Brill, Pintor e Viajante* (1995).

[5] Zit. n. dem Zeitungsbeleg im Brill-Nachlaß, der mit keinen genaueren bibliographischen Angaben versehen ist.

[6] Brill, "Eine Stunde über dem Boulevard" 26. Eine Kopie dieses Almanachs befindet sich ebenfalls im Brill-Nachlaß.

[7] Genau dieselbe Formulierung finden wir in Brills noch zu besprechendem und im ihrem Nachlaß vorliegendem Romanmanuskript "Der Schmelztiegel", Typoskripts. 376.

[8] Brill, "Der Schmelztiegel", Brill-Nachlaß, Typoskripts. 36. Alle weiteren Zitate aus diesem Manuskript, das 377 Typoskriptseiten umfaßt, werden mit der Seitenangabe in Klammern versehen.

[9] Weil sie kein Schweinefleisch aßen, erhielten sie diesen Spottnamen, der auf das mallorquinische Wort "juya" zurückzuführen ist, das Speck bedeutet.

[10] Brill, "Die Maranen der Insel Mallorca", Brill-Nachlaß, Typoskripts. 30. Das weitere Zitat aus diesem Manuskript wird mit der Seitenangabe in Klammern versehen.

[11] Vgl. die Eintragungen vom 16.3. u. 8.6.39 u. 28.5. u. 16.9.40.

[12] Im Nachlaß vgl. den Briefwechsel in diesem Zusammenhang und die erwähnte Druckausgabe des Stückes beim Henschelverlag.

[13] Vgl. Kap. 4, Anmerkung 35.

[14] Vgl. die Brill-Akte der American Guild.

KAPITEL SIEBEN

Erich Arendt

Mallorca als "Inselgarten"

Der als Lyriker bekannt gewordene Erich Arendt wurde am 15. April 1903 als Sohn eines Schulhausmeisters in Neuruppin nahe Potsdam geboren. Nach einem Lehrerstudium arbeitete er als Zeichner in einer Theatermalerei, als Bankangestellter und als Journalist bei der *Märkischen Zeitung*. Ab 1926 übte er eine Lehrtätigkeit an der Rütlischule aus, einer politisch linksgerichteten Versuchsschule in Neukölln. Im selben Jahr erschienen in Herwarth Waldens *Der Sturm* erste expressionistische Gedichte Arendts, die in ihrer Sprachverknappung denen von August Stram ähnlich sind.[1] Ebenfalls 1926 wurde Arendt Mitglied der KPD, zwei Jahre später des "Bundes proletarisch-revolutionärer Schriftsteller". Zusammen mit Kurt Hahn gab er in dieser Zeit die linksradikale hektographierte Zeitschrift *Neukölln hungert* heraus.

Mit einer solchen Vorgeschichte politischen Engagements ist es nicht weiter verwunderlich, daß es für Arendt kein Auskommen im Dritten Reich gab, so daß er 1933 zusammen mit seiner Frau Katja zunächst in die italienische Schweiz emigrierte. Anfang 1934 ging es nach Spanien weiter, wo sie am 9. Januar in Barcelona ankamen und bald danach auf Empfehlung des Malers Arthur Segal[2] nach Mallorca weiterreisten. Über zwei wenig aufschlußreiche Postkarten der Frau Katja hinaus enthält der Nachlaß Arendts, der sich in der Berliner Akademie der Künste befindet, kaum weitere Dokumente zu den Jahren, die die Arendts auf Mallorca verbrachten. Deswegen müssen die folgenden Angaben zum Exil der Arendts auf Mallorca recht spärlich ausfallen.[3]

Einmal auf der Insel angelangt, lebten die Arendts an der Nördküste in dem Fischerdorf Pollença, wo sich der Lyriker seinen Lebensunterhalt z.T. als Lehrer für ausländische Kinder verdiente. Ebenfalls war er an der Vorbereitung zur Eröffnung eines vegetarischen Restaurants beteiligt, das durch die sozialdemokratische Emigrantin Else Perl, die sich in Barcelona niedergelassen hatte, finanziert werden sollte. Durch das Exilschicksal allzu hart geschlagen, beging sie aber Selbstmord, woran das geplante Unternehmen scheiterte. Ansonsten überlebten die Arendts durch gelegentliche Honorare und als Bedienstete eines antifaschistischen deutschen Barons, wobei Katja Arendt—eine ausgebildete Romanistin—als Köchin den Haushalt leitete.[4] Ein Gedicht des Dichters mit der Überschrift "Nacht auf Ibiza"[5] aus dem Jahr 1934 belegt einen Ausflug auf die balearische Nachbarinsel; irgendwann 1935 kam es auch zu einer Reise nach Nordafrika, aus der sich sechs Gedichte ergaben.[6] Wie die Thelens, Blei, die Ottens und Schlüter mußten auch die Arendts von der Insel fliehen, als es Juli 1936 zum Bürgerkrieg kam. Ihnen gelang die Flucht auf dem amerikanischen Kriegsschiff Oklahoma.

Wie Silvia Schlenstedt betont, lernte Arendt das Leben der mallorquinischen Bauern und Fischer kennen,[7] was vor allem durch das Gedicht "Erntelied auf Mallorca" bezeugt wird, das im zweiten Teil dieses Kapitels näher behandelt werden soll. An dieser Stelle lohnt es sich, auf zwei andere Gedichte einzugehen, die mit der Mallorca-Zeit zusammenhängen und die autobiographische Elemente enthalten.

"Der Inselgarten" ist bereits als Leitmotiv für diese Studie erwähnt worden. Im Jahr 1943 fertiggestellt und einer oder einem unbekannten "O.M.G" gewidmet, fängt das Gedicht die Bedeutung Mallorcas für Arendt ein. "Vor jenem Grauen" Deutschlands fand der Dichter auf Mallorca "Zuflucht".[8] Im zweiten Vers spricht dann Arendts lyrisches Ich:

"Die Insel ist der bangen Irrfahrt Ziel."—Ihm schien
als trät er ein ins Paradies, das er verloren
schon gab. Es strahlte um ihn weiß das Küstenlicht.
"Der alte Traum vom Glück wird mir hier neu geboren!"

Dieser "Traum vom Glück" ist fern von der schrecklichen Tatsache, "daß im Brand / der Henkeröfen Hekatomben Leiber brannten"—eine Wirklichkeit des Schreckens in Deutschland, die er auf der Insel zwar nicht vergessen, aber immerhin verdrängen konnte. Er fiel "in einen Bann", da "der Schönheit er verlorener Gefangener" geworden war, pflegte "still" seinen Garten und wartete auf "reife Tage". Die Weite des Himmels ließ ihn das streitsüchtige

Erich Arendt

Treiben der Menschen verachten und entrückte ihn ins weltumfassende Transzendentale:

> "Die Sterne nahen wie vor tausend Jahren mir.
> Und ihre Größe ist das Unvergängliche,
> in dem ich steh. Ich liebe meine Einsamkeit;
> aus ihr erbau ich meine Welt, die überschwengliche,
>
> die wie Musik in reine Sphären übergeht.
> Hier leb ich ganz für mich. Das Wachsen stiller Pflanzen
> ist Glücks genug. Der Menschen Ringen ist nicht wert,
> daß man sich müh. Ich fühl die Welt im Ganzen!"—

Doch wurde auch der paradiesische "Inselgarten" von der faschistischen Bedrohung zerstört, als die Phlangisten Mallorca überrollten:

> Und als der Tod mit Höllenpanzern auch zur Insel kam,
> um Raub, Gewalt und Todesherrschaft zu vollenden,
> und kein Entweichen gabs, da brannte hin der Traum
> vom eigenen Glück. Er mußte mit den Bäumen enden.
>
> Und wo sein Garten lag, war nur ein Aschenbeet.
> Wer wußte noch von ihm, der einsam drauf geträumt hat?
> So wie sein Garten war der Trug vom Glück verweht.
> Und keiner nennt den Mann, der seinen Kampf versäumt hat.

In der Tat sind Arendts Spuren auf Mallorca heute ziemlich verwischt.

Da "Der Inselgarten" etwa sieben Jahre nach der Mallorca-Zeit Arendts geschrieben wurde, stellt es ein Nachempfinden der mallorquinischen Idylle dar, die bis zum Anfang des Bürgerkriegs währte. Dagegen trägt das Sonett "An den Dichter" das Jahr 1936 und muß entweder noch auf Mallorca oder unmittelbar danach entstanden sein. Dennoch kann es als eine Art Antwort auf "den Mann, der seinen Kampf versämt hat", verstanden werden. Der erste Vers lautet:

> Nun ist es Zeit, die Feder fortzutun;
> der Mensch kämpft mit den letzten Waffen!
> Die Helden, die dein Herz im Trotz erschaffen,

sie fordern Rechenschaft von deinem Tun.[9]

"Iberiens Völker" sind nämlich im Bürgerkrieg "zum Freiheitskampf" gegen den Faschismus der Phlangisten bereit, "entschlossen, gegen die Gewalten / der Feinde unsres Lebens anzugehen". Jetzt muß der Dichter zeigen, "ob das, was du geschrieben, gilt!" Er selbst muß mitkämpfen.

Obwohl Arendts lyrisches Schaffen bis zu dem Zeitpunkt nicht die erwähnten "Helden" aufweist, verhielt er sich der lyrisch formulierten Maxime dieses Gedichts entsprechend: Über den italienischen Bordighera und Südfrankreich fand er den Weg nach Spanien bzw. Barcelona zurück. Während sich andere linke deutsche Schriftsteller wie Willi Bredel, Eduard Claudius oder Ludwig Renn in die internationalen Brigaden einreihten (vgl. a. Kap. Elf), arbeitete Arendt u.a. bei einem Pressedienst und lernte den katalonischen Dichter Joaquin Morera Falco kennen. Zusammen wirkten sie im Stab der spanischen 27. Division "Carlos Marx" mit und schrieben Geschichten und Erlebnisberichte von der Front.[10] Ein wesentlicher Teil ihrer Kulturarbeit in den Schützengräben bestand aus der Einrichtung einer fliegenden Bücherei.[11] Gedichte wie "Die Arena", "Barcelona, März 1938", "Das Beispiel" und andere thematisieren zwar den Bürgerkrieg aus linker Perspektive, wirken aber selten politisch plakativ.[12] Sie lassen die Opferbereitschaft, den Verteidigungswillen und den rücksichtslosen Kampfgeist des spanischen Volkes im Widerstand gegen die faschistische Bedrohung für sich sprechen.[13]

Nach dem Fall Madrids Anfang 1939 floh Arendt nach Paris, und als auch die französische Hauptstadt fiel, wurde er in ein Lager bei Bordeaux deportiert. Es gelang ihm aber, auch dem Lager zu entkommen. Er lebte illegal in Marseilles, bis 1941 das ersehnte Visum für Kolumbien endlich eintraf. Im September 1941 bestieg er zusammen mit seiner Frau ein Schiff nach Südamerika, doch wurden sie von Oktober 1941 bis März 1942 von den Engländern zuerst auf der holländischen Besitzung Curaçao, dann auf Trinidad interniert, bevor sie nach Bogotá weiterreisen durften. Dort blieben sie bis zum Sommer 1950. In Kolumbien war Arendt der einzige "prominente" deutsche Exilant.[14] Finanziell überlebte das Ehepaar durch Nachhilfeunterricht und eine kleine Pralinenproduktion. Das lyrische Schaffen während dieser Zeit, die surrealistische Züge gewann,[15] erschien erst 1956 in *Tolú. Gedichte aus Kolumbien.*

Im Jahre 1950 kehrten die Arendts aus dem Exil heim, und zwar nach Ostberlin. Zunächst veröffentlichte Arendt die im Exil entstandenen Gedichte,[16] wandte sich dann aber eher der Übersetzung solcher Dichter wie Rafael Alberti, Vicente Aleixandre, Nicolas Guillén, Miquel Hernández und Pablo Neruda zu. Er leistete auf diese Weise einen wesentlichen Beitrag, die Literatur Lateinamerikas im deutschen Sprachraum bekannt zu machen.[17] Später folgten weitere Gedichtbände wie *Gesang der sieben Inseln* (1957), *Flugoden* (1959), *Memento und Bild* (1977) oder *Zeitsaum* (1978). Dabei ließ sich Arendt keineswegs von der offiziellen Kulturpoltik der DDR vereinnahmen, die von ihren Dichtern optimistische Töne im Hinblick auf eine sozialistische Zukunftsentwicklung forderte.[18] Der Grundton von Arendts Lyrik blieb dagegen eher "geschichtslos", wenn nicht "geschichtspessimistisch".[19] Dabei beeinflußte er auf wesentliche Weise die jüngere Generation von DDR-Lyrikern wie Heinz Czechowski,[20] Sarah Kirsch oder Wulf Kirsten. Fritz Raddatz schätzt seinen Einfluß sogar höher ein als den Brechts.[21]

Eine evozierte Mittelmeerlandschaft aus Fels, Meer, Sonne, Himmel und Wind, die als Metapher für Seelenzustände dient und Grundfragen des menschlichen Daseins aufwirft, spielte eine herausragende Rolle in Arendts späterem poetischem Schaffen. Darauf übte sicher Mallorca einen Einfluß aus, und insofern wirkte das Exil dort noch lange nach, wie noch unten im Gedicht aus dem Zyklus "Grenznah" zu zeigen sein wird. Darüber hinaus unternahmen die Arendts Ende der 50er oder Anfang der 60er Jahre eine oder eventuell mehrere Mittelmeerreisen, die sich in zwei essayistisch begleiteten Bildbänden niederschlugen: *Inseln des Mittelmeeres. Von Sizilien bis Mallorca* (1961) und *Säule Kubus Gesicht. Bauen und Gestalten auf Mittelmeerinseln* (1966).[22] Dabei kam es trotz der Franco-Diktatur und Arendts linken Engagements in Spanien während des Bürgerkriegs zu einem Wiedersehen mit Mallorca. Abgesehen von den Abbildungen des zuerst erschienenen Bandes zur Landschaft Mallorcas, seinen Ortschaften und Menschen im Arbeitsalltag, die allein schon poetische Kraft tragen, fällt die dichterische Qualität des unbetitelten Essays auf. Dieselbe

Nordwestküste, die schon Kessler beeindruckte (vgl. Kap. Drei), begeisterte auch Arendt:

> In fast neunzig Kilometer Länge erstreckt sich, einen sicheren Schutwall gegen die Nordwinde bildend für Bäume und Gewächse, ein gewaltiger Bergzug über die ganze Nordwestflanke der Insel bis zu einer Höhe von 1445 Metern: dem Meer zu steilabfallende Buchten, meerdurchlöcherter Fels, dunkelgrüne abrupte, tiefe Senken voll flimmernder Hitze, Koniferenduft und Geglänz des Meeres, Felszungen, himmelstürmende, baumbestandene Terrassen und, vierhundert Meter über dem Meer, jene einmalige Straße, vom Südzipfel der Insel bis Soller. Von ihren Windungen aus wird das Schauen zu einem unaufhörlichen Fest immer neuer Schönheit und der Größe der Erde.[23]

Insofern die architektonischen und gestalterischen Formen auf Mallorca und Ibiza "die griechische Archaik" widerspiegeln, sah Arendt darin in *Säule Kubus Gesicht* "ein erstes Vermächtnis" für einen neuen "Menschheitsmythos" in der Kunst heute.[24] Diese poetischen und archaischen Lichtblicke wurden aber durch die touristische Entwicklung Mallorcas bereits in den 60er Jahren getrübt. Genau wie für die Thelens bei ihrem Wiedersehen mit der Insel in den 70er Jahren (vgl. Kap. Zwei) war Mallorca für die Arendts nicht mehr der "Inselgarten" der Exilzeit:

> Wo nur irgend ein Sandstrand aufleuchtet, das Meer eine Bademöglichkeit gibt, da ist auch dieses große, geometrisch aus dem Meer geschnittene Eiland mit seiner Hauptstadt Palma von Fremden überschwemmt. Wo wir vor fünfundzwanzig Jahren, bei einem ersten Kennenlernen der Insel, auf einsamen, staubigen Höhenwegen sie durchwanderte, wo während Stunden höchstens ein Maultiertreiber oder ein Pflügender die einzige Begegnung war inmitten von Bergwildnis und Pinienwaldung und wir uns, um aus einem Felslabyrinth zu finden, nach den "Hinterlassenschaften" der Maultiere richten mußten, da rollen heute auf asphaltierter Straße, *der* Straße der Insel, unaufhörlich Autos in rasender Fahrt an tausend Schönheiten vorbei, machen vielleicht einen Sekundenstop, wo es der Baedeker anrät, und zerschneiden die Stille der Landschaft mit ihrem Geheul. Oder man fährt andernorts lange Strecken durch Pinienwälder, Olivenhaine, plötzlich, mitten zwischen zwei Weizenfeldern, Kioske am Weg und Läden voll Reiseandenken, Ansichtskarten, Badesachen, hunderterlei Konserven, Schnäpse, Sonnenschirme, -hüte und -brillen, Bikinis, Shorts, als wäre man ins Zentrum einer Stadt geraten.[25]

Erich Arendt

Am 25. September 1984 starb Arendt in Ostberlin. Im zweiten Teil dieses Kapitels wird noch der weitere Einfluß Mallorcas auf seine Poesie beleuchtet.

Drei Gedichte—
von der Möglichkeit der Befreiung
bis zur Vergänglichkeit des menschlichen Daseins

Während die Gedichte "Der Inselgarten" und "An den Dichter" als autobiographische Quellen besser in den ersten Teil dieses Kapitels passen, sind "Ulysses weite Fahrt", "Erntelied auf Mallorca" und ein Gedicht aus dem Zyklus "Grenznah" weniger autobiographisch geprägt, lassen sich aber motivisch, atmosphärisch, durch zeitliche Verbindungen und die konkrete Benennung des Ortes auf die Inselzeit zurückführen.

In "Ulysses weite Fahrt", einem 1950 entstandenen Sonett, Arendts bevorzugte Poesieform, unternimmt der mythische Held seine von Homer in der *Odyssee* überlieferte zwanzigjährige Abenteuerreise, deren Höhepunkt die Besiegung Trojas war. Trotz der erlebten Grausamkeiten, Schmerzen und Zerstörungen steht im Vordergrund des Gedichts "sein Lächeln", eine Metapher für das schlaue Siegesbewußtsein der Heldenfigur.[26] Im zweiten Teil des Gedichts steigt nun das lyrische Ich "ins Fischerdorf der Balearen / [...] wo Priester segnen / den Schuß im Dunkeln, wo der Hände Mut verfällt". In der letzten Zeile lesen wir, daß er dort in den Menschen ebenfalls Ulysses' Siegessinn findet: "Ulysses Lächeln kann ich hier in jedem Menschen begegnen!" Die Verwicklung der Kirche in mörderische Geschäfte und, im Kontrast dazu, das Siegesbewußtsein der Mallorquiner beziehen sich zwar auf die konkreten Zusammenhänge des Spanischen Bürgerkriegs und dessen ideologischen Kampf, gewinnen jedoch, ins Mythische gehoben, einen zeitlosen Bezug als Kampf, der trotz aller Rückschläge zum Sieg führen wird.

In dem 1936 und somit früher geschriebenen "Erntelied auf Mallorca" nehmen die Auseinandersetzungen der Zeit eine etwas genauere Gestalt an, vermutlich, weil deren Erleben beim Niederschreiben des Gedichts noch nicht zeitlich entrückt war. In dem Gedicht hat der Bauer die Weizenernte eingebracht; singend führt er das Pferd beim Dreschen im Kreis herum:

> Im Kreis sich viele Stunden drehend, sang der Bauer
> inmitten seines Felds auf offnem Tennengrund.
> Weit drehte sich der Himmel mit, ein ewig blauer,
> und glänzte auf der Pferde Rücken, die im Rund
> der Tenne trabten, kaum gehalten von dem Zügelbund.²⁷

Der Himmel, die Mandelbäume und der Brunnen wandern am Blickfeld des Bauern vorbei und kommen wieder; scheinbar dreht sich die Welt um ihn, der in diesem Augenblick den Ertrag seiner harten Arbeit genießt.²⁸ Dabei ist er aber nicht allein:

> Von allen Nachbarfeldern fielen ein die Stimmen:
> die Insel stieg, ein irdischblühender Choral.
> Rings sangen Frag und Antwort sich die starken Stimmen
> aus guten Fernen zu. Ihr Echo lief ins Tal
> verkünden: Allen ist bereitet Wein und Abendmahl.²⁹

Gegen diese Kraft kommt die Kirche nicht an: "Und der Pfaffe drohte / von alter Kanzel, denn der Bauern Bänke blieben leer." Der Platz des Bauern ist auf dem Feld, dessen ertragreiche Ernte ihm das Gefühl gibt, im Besitz der Erde, des Meeres, des Kosmos und somit des eigenen Schicksals zu sein: "Groß lohte / der Sonnenabend über seinem Inselmeer. / Der Himmel sein, die Sonne sein, die rote! / Die Bauernhände gaben auch nicht mehr den Himmel her."

In ihren Ausführungen spricht Schlenstedt von "[p]olitische[r] Umwälzung und ideologische[r] Wandlung", die sich in diesem Gedicht zeigen würden.³⁰ In diesem Sinn kann die "rote" Sonne auch als sozialistisch-kommunistische Zukunftsverheißung gesehen werden. Doch zerstört es das Poetische des Gedichts, es auf diese Weise politisch und ideologisch festlegen zu wollen. Wenn Wolfgang Emmerich die "Perspektive der Befreiung" am Ende des Gedichts hervorhebt,³¹ so geht er einfühlsamer auf das gemalte Bild ein, das an den "Traum vom Glück" aus dem "Inselgarten" erinnert. Diese Betrachtungsweise bewahrt auch die Zeitlosigkeit der Thematik und stellt einen Bezug zu "Ulysses weite Fahrt" her.

Das Entstehungsjahr 1936 und der Mallorca-Kontext—vor allem die Hoffnung auf Befreiung von der reaktionären Kirchenmacht, die auch hinter dem Faschismus in den Farben von Francos Phalangisten stand—sind aber letzten Endes nicht aus dem Gedicht

Erich Arendt

wegzudenken. Impliziert wird dabei überhaupt die Befreiung von der faschistischen Bedrohung in Europa. Allerdings blieb diese Befreiung zunächst eine Perspektive, die eher Arendts Wunschdenken als der Wirklichkeit entsprach. Denn der Spanische Bürgerkrieg zeigte, daß sich die Bauern nicht nur auf Mallorca auf die Seite Francos schlugen, was schon in Ottens Roman *Torquemadas Schatten* zum Ausdruck (vgl. Kap. Fünf) kommt. Solche Erfahrungen mögen dazu beigetragen haben, daß Arendts spätere Lyrik den oben erwähnten geschichtspessimistischen Zug annahm oder, wie in dem Gedicht aus dem Zyklus "Grenznah", in ein allgemeinmenschliches Thema floh.

In diesem Gedicht weist die Erwähnung des Galgos, einer gelbhaarigen Hunde-Mischrasse auf den Balearen, auf den mallorquinischen Zusammenhang hin. In kurzen, scheinbar dahingestreuten Zeilen, die sich so von den anderen mallorquinischen Gedichten unterscheiden und eine spätere Entstehungszeit vermuten lassen, wird das Bild eines verlassenen Friedhofs evoziert: "Kalkweiß / das Mauerquadrat / der Toten".[32] Der Friedhof ist "zu eng / für des Dorfs Gebein", so daß "vorm Auferstehungskreuz / die fleischlos / winkelhin / geworfen." Den Galgo sieht nun das Ich des Gedichts "den Staubweg" kommen:

>   aschengelb, scheu
>   der um mich, fernher,
>   den Bogen schlug,
>
>   wie er,
>   mauerüberfliegend, den
>   Schulterknochen
>   sich holte
>   des Herrn...
>   weiterstreunend.

Draußen vor dem Tor der "Schädelstätte [...], / Huf gegen Huf, / grasen die Pferde." Trotz der Präsenz des Todes geht das Leben weiter. Das Gedicht mag von Mallorca inspiriert sein, spricht jedoch ein größeres Thema an, indem es ein prägnantes Bild der menschlichen Vergänglichkeit schafft. Es ist vielleicht ein Beispiel dafür, wie das Erlebnis des ungewohnten Südens intensiver, unmittelbarer und absoluter auf den Menschen aus dem Norden wirkt, auch geschichtsloser und deshalb ewiger, was ihn empfindsamer für das endliche Dasein des Menschen werden läßt.

Arendts Lyrik wurde stark von seinen Jahren in Spanien geprägt. Mallorca kam in den poetischen Umsetzungen seiner Erfahrungen die Bedeutung eines Ortes pardiesischer Sicherheit zu, der ihn den deutschen Terror der Zeit zwar nicht vergessen, doch weniger präsent erscheinen ließ, bis der Bürgerkrieg die Idylle zerstörte. Auf ähnliche Weise erlebten die Thelens, Blei, die Ottens und Schlüter die Insel. Arendt nahm dann am Spanischen Bürgerkrieg teil, eine Verpflichtung, die in "An den Dichter" thematisiert wird und deren Konsequenz sich aus dem erlebten Paradies ergab. Impliziert wird dabei nicht nur ein Kampf gegen den Faschismus in Spanien, sondern in ganz Europa. In den zuletzt behandelten Gedichten dienen auf Mallorca Gesehenes und Erfahrenes als Anlaß, poetische Bilder zu schaffen, die im "Erntelied auf Mallorca" zwar mit demselben ideologischen Kampf der Zeit zu tun haben, jedoch dort, wie auch in "Ulysses weite Fahrt", zeitlose Aspekte gewinnen—eine Zeitlosigkeit, die ebenfalls dem Thema der Vergänglichkeit im "Grenznah"-Gedicht innewohnt.

Anmerkungen

[1] Vgl. den Abdruck dieser Gedichte in Arendt, *Aus fünf Jahrzehnten* 9ff. Vgl. a. Emmerich 27.

[2] Vgl. Schlenstedt in Hermsdorf et al. 197. Zu Segal vgl. Kap. 4, Anmerkung 14.

[3] In anderen Nachlässen scheinen ebenfalls keine Briefe aus Arendts mallorquinischer Zeit erhalten zu sein. Die folgende Zusammenfassung beruht im wesentlichen auf Schlenstedts Ausführungen in Hermsdorf et al. 197-98. Sie hatte Gelegenheit, im Juli 1977 drei Gespräche mit den Arendts zu führen (vgl. 379). Vgl. a. Arendt, *Spanien-Akte Arendt* 150-51.

[4] In Kesslers Tagebucheintragungen vom 9.4. u. 11.5.34 lesen wir von seiner Wiederbegegnung mit dem Jugendfreund Watsch Herman, der seit 1931 in der Nähe von Pollença wohnte. Dieser könnte Arendts Arbeitgeber gewesen sein, obwohl das eher unwahrscheinlich ist, da Kessler von dem sehr einfachen Bauernhaus Hermans sprach. Vgl. Kessler, Tagebuch-Transkriptionen.

[5] Vgl. den Abdruck des Gedichts in Arendt, *Trug doch die Nacht den Albatros* 10-11.

[6] Vgl. den Abdruck der Gedichte in Arendt, *Aus fünf Jahrzehnten* 100-06. Eine Analyse dieser Gedichte bietet Engelhardt.

[7] Vgl. Schlenstedt in Hermsdorf et al. 198.

[8] Alle Zitate nach dem Abdruck des Gedichts in Arendt, *Trug doch die Nacht den Albatros* 60-61.
[9] Alle Zitate nach dem Abdruck des Gedichts in Arendt, *Bergwindballade* 15.
[10] Vgl. Arendt, *Spanien-Akte Arendt*.
[11] Vgl. Schlenstedt in Hermsdorf et al. 233.
[12] Vgl. Arendt, *Bergwindballade* oder *Aus fünf Jahrzehnten* 37ff.
[13] Vgl. Emmerich 29, Schlenstedt in Hermsdorf et al. 352 u. Czechowski 441.
[14] Walter 377.
[15] Vgl. Raddatz.
[16] Vgl. die bereits erwähnten Gedichtbände *Trug doch die Nacht den Albatros*, *Bergwindballade* und *Tolú. Gedichte aus Kolumbien*.
[17] Vgl. "Lyriker Erich Arendt".
[18] Arendt gehörte auch am 17. November 1976 zu den zwölf Erstunterzeichnern eines offenen Briefes gegen die Ausbürgerung des Lyrikers Wolf Biermann.
[19] Raddatz.
[20] Vgl. Czechowski.
[21] Vgl. Raddatz. Allgemein zu Arendts lyrischem Schaffen und Wirken vgl. die Beiträge im Heft 82/83 der Reihe *text+ kritik* ('84), das dem Lyriker gewidmet ist.
[22] Diese Bildbände erschienen auch auf englisch als *Islands of the Mediterranean. From Sicily to Majorca* (1961) u. *Art and Architecture on the Mediterranean* (1966).
[23] Erich u. Katja Hayek Arendt, *Inseln des Mittelmeeres* 39.
[24] Arendt, *Säule Kubus Gesicht* 37.
[25] Erich u. Katja Hayek Arendt, *Inseln des Mittelmeeres* 38.
[26] Alle Zitate nach dem Abdruck des Gedichts in Arendt, *Trug doch die Nacht den Albatros* 9.
[27] Alle Zitate nach dem Abdruck des Gedichts in Arendt, *Bergwindballade* 12.
[28] Vgl. Schlenstedt in Hermsdorf et al. 351.
[29] In Arendts Essay zum erwähnten Bildband *Inseln des Mittelmeeres* findet sich dieses Bild in Prosaform wieder: "Nur auf reicherem Grund, wie um La Puebla, wo das Jahr auf gleicher Erde drei gute Ernten schenkt, treibt der Motor die Noria (das Schöpfrad) oder der Wind vom Meer die langen Reihen wasserpumpender Riesenmühlen. Wie zu alter Zeit drischt unter dem Feuer des Himmels der Bauer auf offener Tenne. Ein oder zwei Pferde traben im Rund, hinter sich die kreiselnde Kornwalze schleppend und an langer Leine gehalten von der Hand des Bauern, der im Zentrum der Tenne steht, mit den Pferden sich dreht und weithin über die Felder singt, irgendeine uralte, maurisch tönende Weise. Von fern antwortet ihm mit einem andern Lied ein Bauer, der unter seinen Feigenbäumen schwarz von der Sonne gebrannte Saubohnen drischt" (40).
[30] Schlenstedt in Hermsdorf et al. 351
[31] Emmerich 30.

[32] Alle Zitate nach dem Abdruck des Gedichts aus dem "Grenznah"-Zyklus in Arendt, *Zeitsaum* 80-81.

KAPITEL ACHT

Klaus Mann

Ein Mosaiksteinchen im Muster der langen Exilzeit

Klaus Mann, am 18. November 1909 als ältester Sohn von Thomas und Katia Mann geboren, begann, früh zu schreiben. Im Jahr 1926 erschien seine *Kindernovelle*, 1929 *Alexander. Roman einer Utopie* und 1932 schon eine Autobiographie unter dem Titel *Kind dieser Zeit*. Als aktiver Antifaschist floh Mann bereits am 13. März 1933 in ein rastloses Exil, das ihn zunächst nach Paris führte, dann aber auch an andere Orte, vor allem Amsterdam, wo er in der Zeit bis 1935 beim Exilverlag Querido die Exilzeitschrift *Die Sammlung* herausgab. Es entstanden zwei weitere Romane: *Flucht in den Norden* (1934) und *Symphonie Pathétique* (1935). Im Mai 1935 erlebte Mann zum erstenmal Spanien, als er als Delegierter des exilierten deutschen PEN-Clubs am XIII. Internationalen PEN-Kongreß in Barcelona teilnahm.[1]

Von den deutschsprachigen Schriftstellern, die einen Teil ihrer Exilzeit auf Mallorca verbrachten, war Manns Aufenthalt dort bei weitem am kürzesten. Er verbrachte nur zwei Wochen auf der Insel zwischen dem 1. und 14. Juni 1936. Demnach geht es zu weit, von einem eigentlichen Exil auf der Insel zu sprechen, zumal es sich mehr um eine in Südfrankreich beginnende Urlaubsreise handelte, und zwar zusammen mit seiner Schwester Erika und den Freunden Annemarie Schwarzenbach ("Miro" genannt) und Fritz Landshoff. Die Schwester hatte nach dreieinhalb Jahren schwerster Arbeit für die "Pfeffermühle", ein Kabarett, das in den noch freien europäischen Städten gegen Hitler auftrat,[2] einen Urlaub sehr nötig. Insgesamt kann man den Mallorca-Aufenthalt Manns als Mosaiksteinchen im Muster der langen Exilzeit werten.[3]

Einzelheiten zu den zwei mallorquinischen Wochen erfahren wir vor allem aus vier Eintragungen in Manns *Tagebüchern* und aus zwei Briefen. So wissen wir, daß die Überfahrt von Barcelona wenig angenehm war, doch fanden er und seine Reisebegleiter eine bequeme Unterkunft im Hotel Camp de Mar im Ort dieses Namens in der Nähe von Andraitx an der Südwestspitze der Insel. In einem Brief vom 2. Juni an den berühmten Vater lesen wir:

> Mit der Routine alter Globetrotter haben wir auch gleich das Hotel herausgefunden, welches am schönsten liegt: an einer dekorativ gerahmten Bucht, die aber doch den Blick auf das offene Meer freigibt. Das Hotel ist sehr fein geführt. Publikum fast rein englisch, Nazis nicht in Sicht. So leben wir ganz still und gut [...][4]

Man genoß die landschaftliche Schönheit der Insel, badete im Meer und unternahm am Strand ausgedehnte Spaziergänge. Die Insel wurde den Eltern sogar als Reiseziel empfohlen: "Es ist wirklich sehr hübsch hier, und es wäre auch für euch einmal eine Reise."[5]

Ansonsten berichtete Mann in den Tagebucheintragungen von Begegnungen mit anderen Inselexilanten, so von seinem Wiedersehen mit Herbert Schlüter, dem Jugendfreund, der bereits im April 1933 auf die Insel gekommen war, aber das Jahr 1934 wie-der in Berlin verbrachte, bevor er im Januar 1935 endgültig nach Mallorca emigrierte und sich in Cala Ratjada niederließ (vgl. Kap. Neun). Ebenfalls unterhielt er sich mit dem aus Bayern ausgewanderten Friedrich Franz Graf Treuberg, wobei sie auf eine Zeit nach Hitler zu sprechen kamen: "Seine merkwürdig leidenschaftliche anti-Hitler-Gesinnung; seine etwas phantastischen Kombinationen über das IV. Reich (Donau-Monarchie u.s.w.)—".[6] Dagegen verteidigte Mann die Kommunisten. Des weiteren erledigte er Korrespondenz, las (z.B. die Romane *Der arme Verschwender* und *La Vie de Jesus* [beide 1936] von Ernst Weiß und François Mauriac), tippte das sogenannte "Barbara"-Kapitel aus dem 1936 erschienenen Roman *Mephisto* ab und las an einem Abend das Kapitel "Der Pakt mit dem Teufel" aus demselben Manuskript vor. Manns homosexuelle Neigungen lassen sich auch beobachten. Den jungen Sohn des Hotelbesitzers fand er "sehr hübsch": "Schaue ihn gern an; bin aber sexuell ziemlich apathisch, wie immer in diesem verdammten Zustand der 'Entwöhnung'" (56). Mann litt nämlich an der "Abstinenz" (55) eines seiner wiederholten Versuche, sich von seiner Drogenabhängigkeit zu befreien.

Ganz abgesehen von Manns Drogenabhängigkeit konnte die mallorquinische Idylle auch nicht über die sonstige Realität des Exildaseins hinwegtäuschen. Auf Mallorca arbeitete er an einem Aufsatz zu Bruno Frank, einem schriftstellerischen Freund des Vaters, der, 1887 in Stuttgart geboren, ins österreichische Exil nach Salzburg gegangen war, später aber wie Thomas Mann in Kalifornien landete, wo er 1945 in Beverly Hills starb. Im Zusammenhang mit dem Aufsatz und zu Franks neunundvierzigstem Geburtstag schrieb Mann am 12. Juni gegen Ende des Mallorca-Aufenthalts einen langen Brief an den Autor, in dem er sich daran erinnerte, wie sie Franks vierzigsten Geburtstag in München gefeiert hatten. Dabei kam er auf die veränderten Zeiten zu sprechen, die zum Exil geführt hatten:

> Damals sind wir alle noch relativ sorglos gewesen. Man hatte vielleicht schon Ahnungen, aber die meldeten sich doch nur zuweilen, ohne wirkliche Vehemenz, und übrigens war man eher geneigt, sie als unbegründete Grillen zu verscheuchen. Ein paar Jahre später, und aus den Ahnungen waren die ernsten Sorgen geworden, die nicht mehr als Grillen abzulehnen waren, die sich auf Realitäten bezogen und unser Leben beunruhigten, verwirrten, trübten. Freilich, keine Sorge war tief und heftig genug, wie sich bald herausstellen sollte, und was schließlich in unserem Lande schauerliches Ereignis wurde und uns vertrieb, ließ unsere finstern Befürchtungen harmlos scheinen...[7]

Wie sich der Exilzustand auf Mann ganz persönlich auswirkte, ergibt sich aus einer der Tagebucheintragungen: "Ich werde trotzdem, sogar in den besten Stunden, ein fast physisches Gefühl von SCHMERZ im Herzen nicht los: Heimweh nach der Vergangenheit; Entsetzen vor der Zukunft; unsagbare Sehnsucht nach dem Frieden, dem Nichts, der Auflösung" (55). Hier deutet sich Manns tragisches Ende an.

Davor lag aber noch der lange Aufenthalt in den USA, wo er 1942 in die US-Army einberufen und 1943 eingebürgert wurde. Bevor er im Jahre 1945 seine Entlassung aus der Armee erhielt, nahm er am alliierten Feldzug in Italien im Dienst der "Psychological Warfare Branch" teil. Der weitere Weg führte ihn dann nach Rom, Amsterdam, New York, Kalifornien und schließlich Cannes, wo er am 21. Mai 1949 anhand einer Überdosis Schlaftabletten Selbstmord beging. Schlüter schrieb einen Nachruf auf den Freund, der in der von ihm geleiteten Nachkriegszeitschrift *Literarische Revue* erschien:

Die deutsche Literatur hat mit ihm verloren, was sie in ihrer Geschichte nur selten gezeitigt und noch seltener zu schätzen gewußt hat: einen deutschen Schriftsteller, der ein geborener Europäer war. Deshalb mußte er in einer Zeit, in der Europa vom deutschen Nationalismus okkupiert war, Amerikaner werden. Aber er starb in dem Land, das er liebte und das ihm wie kein anderes Europa bedeutete: in Frankreich.[8]

Mann selbst bezeichnete seinen Insel-Aufenthalt in der Autobiographie *Der Wendepunkt* lediglich als "ein paar Sommerwochen auf der Insel Mallorca"[9] und ging dort auch nicht näher darauf ein. Dennoch schlugen sich die zwei Wochen in seinem Emigrantenroman *Der Vulkan* nieder.

Mallorca in Manns *Der Vulkan*— eine kurze Episode als Zeugnis im Kampf gegen den Faschismus

Trotz der vielen Schwierigkeiten, die das Exil mit sich brachte, war es für Mann literarisch produktiv.[10] Man denke nur an den oben erwähnten Roman *Mephisto* oder die ebenfalls angeführte Autobiographie *Der Wendepunkt* (1952), die bereits 1942 auf englisch als *The Turning Point* erschien. Spielen seine Mallorca-Erlebnisse dort kaum eine Rolle,[11] so aber doch in dem Roman *Der Vulkan* (1939), der bis in das Jahr 1938 die Situation der Emigranten in Westeuropa und in den USA anhand eines bunten Figurenarsenals darstellt. Der Kürze des Inselaufenthalts entspricht auch dessen Mallorca-Episode, die im zweiten und dritten Kapitel des zweiten Teiles lediglich etwa zehn Seiten umfaßt.

Es ist ein Roman, der einem *roman á clef* gleicht, und im Sinn der Verschlüsselung diente Manns Schwester Erika höchstwahrscheinlich als Vorbild für die Schauspielerin Marion, eine der antifaschistischen Hauptfiguren.[12] Ihr Weggang aus dem nationalsozialistischen Deutschland war eine Selbstverständlichkeit: "Es hätte der Überlegung gar nicht bedurft, daß nun in Deutschland ihre Freiheit, vielleicht sogar ihr Leben gefährdet waren: der Ekel, der Haß, der Abscheu trieben sie fort."[13] Als Rezitatorin tritt sie nun mit einem Programm auf—"Verse und Prosa von klassischen sowohl als auch von modernen Autoren" (133)"—und wird als "antifaschistische Jungfrau von Orléans am Vortragspult" (176) gefeiert. Die Tournee durch westeuropäische Städte ist allerdings anstrengend, und so nimmt Marion im Frühling 1936 gern die

Einladung des exilierten jüdischen Bankiers Siegfried Bernheim an, einen Urlaub in dessen Villa auf Mallorca zu verbringen, wo sich "[e]ine kleine Gruppe von Künstlern—Schriftstellern oder Malern—[...] um das Mallorcanische Idyll" (170) des Bankiers zu bilden beginnt. Bernheim übernimmt Marions Reisespesen, und sie soll dafür bei einigen seiner Gesellschaftsabende rezitieren. Sie verlebt zunächst einmal "gute Tage" auf der Insel: "Der blaue Himmel und die blauen Fluten leuchteten um die Wette. Wunderbar waren die faulen Vormittage am Strand, die langen Spaziergänge am Nachmittag durch das hügelige Land" (199). In den Worten Bernheims ist Mallorca "die Insel der Seligen" (200).

Bei einem der Gesellschaftsabende kommt es allerdings zu einer Begegnung mit "de[m] berühmte[n] englische[n] Schriftsteller [...], der seine Villa droben in den Bergen hatte" (200). Er tritt ohne Namen auf, doch ist in dieser Figur Robert Graves zu vermuten, der sich bereits seit 1929 in Deià an der Westküste der Insel wohnte. Das Gespräch zwischen den beiden ist paradigmatisch für zwei verschiedene Einstellungen zur Bedrohung des Faschismus. Seine Haltung ist von einer "Liebe zum Frieden" (202) geprägt[14]; im Roman tritt er mit folgenden Worten auf:

> Alles Üble kommt aus der Gewalt. Sie steht immer am Anfang des Schlimmen. Man kann die Gewalt durch Gewalt besiegen, aber nicht aus der Welt schaffen. Der verhängnisvolle Irrtum ist, zu meinen, daß der Zweck die Mittel heilige. Das ist falsch. Mit schlechten Mitteln ist kein großes Ziel zu erreichen; die Kommunisten haben dies nicht verstanden, daher ihr fürchterliches Versagen. Der Friede, die Gerechtigkeit können nicht durch Krieg gewonnen werden" (202).

Für ihn haben "Gummiknüppel [...] keine Gewalt über das menschliche Herz" (204): "Die Liebe ist stärker als der Haß. Der Haß nutzt sich ab, erlahmt, läßt die im Stich, die mit ihm zu siegen meinten. Die Liebe aber ist unüberwindlich" (205). Träumerisch spricht er vor sich hin:

> Wenn nur ein Teil der Welt—der reifere, bessere Teil—sich zum Verzicht auf die Gewalt entschlösse, folgten die anderen nach. Schließlich fände man zueinander. Alle Menschen wären eine Familie, die Staaten wären nicht mehr voneinander abgegrenzt, die Verteilung der Länder hätte keine Wichtigkeit mehr. Das schöne Ziel wäre erreicht [...]" (204)

So würde sich "ein neues, starkes sittliches Bewußtsein, eine echte Friedensliebe und Nächstenliebe" (204) durchsetzen. "Versöhnung" (201) ist eines seiner Grundprinzipien, weshalb ihn der kämpferische Ton von Marions Rezitationsabend stört, "als wollten Sie zur Schlacht rufen" (201).

Es ist nicht weiter verwunderlich, daß Marion die Haltung des Schriftstellers angreift:

> "Versöhnung?" Marion wiederholte es trotzig. "Es gibt Menschen und Prinzipien, mit denen sie nicht in Frage kommt. Wir sind lange genug versöhnlich gewesen—zu lange, wie mir jetzt scheint. Vor einem Gangster, der die Handgranate und den Revolver schwingt, macht man sich lächerlich, wenn man flüstert: Ich bin Pazifist." (201)

Sie fügt noch hinzu: "Es gibt Situationen, in denen die Angst vorm Kampf blamabel und verhängnisvoll wird" (201-02). Schlimm wäre für sie eine Welt, "in der die Faschisten diktieren. Und dazu kommt es, wenn die Demokratien den Willen zum Widerstand nicht mehr haben" (203). Für sie sind viele Deutsche "verblendet", und sie sieht die Aufgabe der Exilanten darin, "sie zu erziehen" (203). In den Augen des Schriftstellers sind die beiden Standpunkte aber nur scheinbar von gegensätzlicher Natur: "Wir streiten über die Mittel; nicht über das Ziel. Sicher nicht über das Ziel" (204).

Marion hält es nicht lange in der Idylle Mallorcas aus und reist nach wenigen Tagen wieder nach Frankreich ab, obwohl ihr Gastgeber sie davon abhalten will. Die Insel biete Sicherheit: "Die Menschen hier haben ein gutes Herz. Warum sollten sie blutrünstig sein? Sie haben genug zu essen, und diesen Himmel und dieses Meer! Vielleicht kommt es zu Unruhen in Barcelona. Auf Mallorca ist man wie in Gottes Schoß!" (205). Hier wird der Spanische Bürgerkrieg angedeutet, der die Insel dann doch nicht verschont und auf den Mann einige Seiten nach Marions Abreise konkret zu sprechen kommt. Zuerst entwirft er wieder ein Bild der Idylle:

> Mallorca—höchst liebliches Eiland, mild beglänzt und beschienen von einer gnädigen Sonne; reich gesegnet mit Palmen, Zypressen und allerlei Blütengebüsch; [...] friedlichste Insel, sorgenloses kleines Paradies, weit entfernt von Lärm und Gefahren der Welt; angenehm isoliert, doch nicht abgelegen. (213)

Doch ist es eine Idylle, die sich als trügerisch erweist und die Mann metaphorisch zerstört: "Aber hat es nicht eben ein dunkel drohendes Geräusch gegeben? Sind nicht finstere Wolken über diesen Himmel gezogen, dessen Bläue sonst vorbildlich?" (213-14). Die Schrecken des Bürgerkriegs erfassen die Insel:

> Die Kerker füllen sich; um Platz für neue Opfer zu schaffen—oder einfach, weil man es gern knallen hört—erschießt man grundlos Verhaftete. Manchmal nimmt man sich nicht die Mühe, die Unglücklichen erst im Gefängnis abzuliefern: man holt sie nachts aus den Betten, fordert sie, grimmig lächelnd, zu einer "Spazierfahrt" auf; ruft ihnen dann munter zu: "Jetzt laufe!—Jetzt spring aber!"—denn man hat Humor—und dann kracht der Schuß. Am Morgen liegt die Leiche im Gras, am Waldessaum, oder auch mitten in der Stadt, es kommt nicht darauf an—in einer kleinen Blutlache, mit dem Gesicht auf dem Pflaster. Der Bischof von Palma findet dies alles christlich, segnet die Mörder und betet öffentlich für ihr Seelenheil. Frauen werden vergewaltigt, Kinder mißhandelt, Männer zerfetzt. Das Meer, das unsere friedliche Insel vom Festland trennt, scheint blutig verfärbt. (214)

Dabei unterstützen italienische und deutsche Faschisten die spanischen Phalangisten auf der Insel:

> die schwarzen Listen, welche die deutschen Behörden an die faschistisch-spanischen weiterleiteten, schienen umfassend zu sein; man arbeitete glänzend zusammen, die Regie klappte, alles ging wie am Schnürchen; die Apokalypse war prima organisiert, die Orgie der Sadisten trefflich vorbereitet, in Rom und Berlin hatte man wohl, vor Beginn des Schlachtens, jedes Detail des Programms mit Sorgfalt besprochen [...] (215)[15]

Der englische Schriftsteller und Bernheim, der Marion zum Bleiben auf der Insel bewegen wollte, müssen fliehen—"mit der Idylle ist Schluß!" (214). Dies betrifft auch Bernheims Malerfreund Professor Samuel, mit dem sich phalangistische Jugendliche einen grausamen Scherz erlauben: Er wird als "alter Bolschewik!" und "Judensau!" (215) beschimpft, an die Wand gestellt und zum Schein exekutiert.

Das sind Zustandsschilderungen, die im wesentlichen mit denen von Thelen und Otten in ihren Romanen übereinstimmen (vgl. Kap. Zwei u. Fünf). Im Gegensatz zu ihnen erlebte Mann den Bürgerkrieg auf der Insel aber nicht unmittelbar mit, da er Anfang Juni 1936 dort war und der Krieg erst Mitte Juli losschlug. Sein

Wissen vom Bürgerkrieg auf Mallorca muß später aus zweiter Hand gekommen sein. Eventuell ergaben sich diesbezüglich Gespräche, als sich der Autor im Juni/Juli 1938 zusammen mit seiner Schwester in Madrid, Valencia und Barcelona aufhielt und als Reporter für verschiedene Blätter über den Bürgerkrieg berichtete.[16] Jedenfalls waren sie vom Kampf des spanischen Volkes auf der Seite der Republik begeistert:

> zum erstenmal seit dem Tage unserer Emigration haben wir gefühlt, daß wir siegen können. Dies Erlebnis, das spanische Volk im Kampf zu sehen gegen die Feinde seiner Freiheit, die die unseren sind—dies Erlebnis ist unaustilgbar und es ist das schönste, was uns in der Verbannung begegnet ist.[17]

Der Kampf in Spanien wird hier in den größeren Kontext des allgemeinen Kampfes gegen den Faschismus gestellt, eine Perspektive, die auch im *Vulkan* eine Rolle spielt, wie das in Ottens *Torquemadas Schatten* (vgl. Kap. Fünf) schon der Fall ist. In Spanien sollte sich der Antifaschismus beweisen.[18] In Manns Roman drückt sich das in einem Pariser Bistro-Gespräch aus, wenn einer sagt: "Wir haben über Spanien geredet. [...] Aber das hat auch mit Deutschland zu tun" (253). Später im Roman fügt ein französischer Romancier hinzu: "Was ist Spanien? Nur die Generalprobe!" (289). So weiß Hans Schütte, eine der weiteren Figuren im *Vulkan*, "wohin man gehört!": "Es gibt irgendwo was zu tun—etwas Großes. Das lohnt sich, da mache ich mit. In jenem Lande—wo ich noch nie gewesen bin und dessen Sprache ich nicht verstehe—sind die Leute nämlich auf eine glänzende Idee gekommen: auf die Idee, sich zu wehren" (216). Bei Marions Freund Marcel Poiret finden wir eine ähnliche Einstellung: "Ich gehe nach Spanien. Ich melde mich zur Internationalen Brigade" (216). Andere Freunde wollen noch nachreisen. Mann als allwissender Erzähler des Romans faßt die Situation in Spanien noch prägnanter zusammen, wobei seine linken Neigungen deutlich werden: "Es lebt die Internationale der Freiheit!" (216). Die pazifistische Haltung des englischen Schriftstellers wird auf unmißverständliche Weise in Abrede gestellt, ohne jedoch die Gefahren eines militanten Kurses zu verkennen. Im Zusammenhang mit dem antifaschistischen Kampf in Spanien träumt Marion von einem Vulkan, der Titelmetapher des Romans: "Rauchmassen, lodernder Brand, und die

Felsbrocken, die tödlich treffen. Wehe—was ist uns bestimmt?" (217). Als Verfechter des Antifaschismus der Einheits- oder Volksfront lag es Mann wahrscheinlich ganz besonders am Herzen, diese von vielen Exilschriftstellern unterstützte Bewegung im *Vulkan* zu thematisieren, die über Parteien hinweg alle vereinen wollte, "die entschlossen sind, ihre Kraft für Freiheit und Wohlstand des deutschen Volkes einzusetzen."[19] In diesem Zusammenhang wurde Mallorca Manns Blickwinkel; um diesen Antifaschismus geht es in der Mallorca-Episode, die sich aber, wie schon erwähnt, auf nur wenige Seiten erstreckt und lediglich eine der vielen im Roman bildet, die ein allgemeines Bild der Exilsituation abgeben sollten. Für Alexander Stephan ist es aber ein

> hoffnungslose[s] Unterfangen, sämtliche Aspekte des Exils behandeln zu wollen: die Lebensverhältnisse in den verschiedenen Asylländern, die Einheitsfrontdiskussion, die jüdische Wirtschaftsemigration und die Schuldfrage des deutschen Volkes, den Gegensatz Kunst-Macht und die psychologische Entwurzelung der Vertriebenen.[20]

Der Antifaschismus wäre sicher schon Thema genug für den Roman gewesen.

Am Romanende flieht Mann, so Stephan weiter, in eine "bewährte metaphysische Überhöhung der chaotischen Geschichte", um die Handlung zu entwirren.[21] In seiner Rezension des Romans sprach Thelen von den "mystischen Bespiegelungen", in denen sich der Autor verliert und "die einem geborenen Mystiker besser liegen würden als dem flotten Kosmopoliten Klaus Mann."[22] Er läßt nämlich ein "Engel der Heimatlosen" (395), der an anderer Stelle als "Engel der Entwurzelungs-Neurose" (397) beschrieben wird, die verschiedenen Protagonisten des Romans Revue passieren, wobei ihn die Figur Kikjou begleitet. Dieser will eine "Chronik" (399) schreiben, die das Schicksal der Vertriebenen festhält; *Der Vulkan* soll wohl diese Chronik darstellen. Zu betonen bleibt, daß der Roman keine "konkrete Perspektive" dem Faschismus gegenüber anbietet,[23] was vielleicht auch gar nicht möglich war, wie es Thelen zum Ausdruck brachte:

> Ziemlich deutlich zeigt sich in diesem Buch, wie, vom politischen Standpunkt aus gesehen, zersplittert diese Emigration ist, und daß aus ihr

wohl kaum eine Gegenmacht geboren werden kann. Sie hat keinen politischen Elan, und sie kann ihn auch nicht haben, solange die Träger des geistigen Widerstandes sich im Kampf um ihr tägliches Brot abrackern müssen.[24]

Anmerkungen

[1] Vgl. Mann, *Der Wendepunkt* 340.
[2] Vgl. Lühe 112-13.
[3] Selbst wenn Manns Mallorca-Wochen so gesehen werden, sollte man sie nicht einfach übergehen, was in zwei jüngst erschienenen Studien zu Mann der Fall ist, nämlich Nicole Schaenzler, *Klaus Mann. Eine Biographie* und Uwe Naumann (Hg.), *"Ruhe gibt es nicht, bis zum Schluß." Klaus Mann (1906-1949). Bilder und Dokumente* (beide 1999).
[4] Mann, "An Thomas Mann" 260.
[5] Mann, "An Thomas Mann" 260.
[6] Vgl. Mann, *Tagebücher. 1936 bis 1937* 55. Alle Zitate aus diesem Text werden mit der Seitenangabe in Klammern versehen.
[7] Mann, "An Bruno Frank" 261-62.
[8] Schlüter, "Klaus Mann" 322.
[9] Mann, *Der Wendepunkt* 335.
[10] Vgl. Gregor-Dellin.
[11] Vgl. oben Anmerkung 9.
[12] Vgl. Stephan 171.
[13] Mann, *Der Vulkan* 19. Alle weiteren Zitate aus diesem Text werden mit der Seitenangabe in Klammern versehen.
[14] Das trifft insofern auf Graves zu, als er in seiner frühen Autobiographie *Goodbye to All That* (1929) die furchtbaren Seiten der modernen Kriegsführung darstellte, wie er sie im Ersten Weltkrieg erlebt hatte.
[15] Zur Präsenz deutscher und italienischer Faschisten auf Mallorca vgl. Kap. 1, Anmerkung 13.
[16] Vgl. Mann, *Der Wendepunkt* 408-10 u. Albert.
[17] Erika u. Klaus Mann 43. Vgl. a. Mann, *Das Wunder von Madrid* 395ff.
[18] Vgl. Kantorowicz 180-81. Vgl. a. Löwenstein, *A Catholic in Republican Spain* 109.
[19] So der Aufruf "Für die deutsche Volksfront!", die u.a. von Johannes R. Becher, Hermann Bloch, Lion Feuchtwanger, Oskar Maria Graf, Hermann Kersten, Egon Erwin Kisch, Budo Uhse, Arnold Zweig und Heinrich und Klaus Mann unterschrieben wurde und am 14.1.37 in *Die Neue Weltbühne* erschien.
[20] Stephan 171. Zu seinem Versuch, den Stoff zu bewältigen, schrieb Mann selbst: "Ich sitze in einem New Yorker Hotelzimmer und bemühe mich, das wirre, reiche, trübe Exil-Erlebnis in epische Form zu bringen. Erinnertes und Geahntes, Traum und Gedanke, Einsicht und Gefühl, der Todestrieb, die Wollust und der Kampf

Klaus Mann

(Kampf, physische Gewalt, Mord und Opfer als paradox-desperate Konsequenz moralischer Entscheidung), Musik und Dialektik, die Entwurzelungsneurose, das Heimweih [sic!] als Geißel und Stimulans, befreundete Gesichter und geliebte Stimmen, Landschaften meines Lebens (Paris, Prag, Zürich, Amsterdam, das Engadin, New York, die Insel Mallorca, Wien, die Cote d'Azure), die Fratze der Infamie, die Glorie des Erbarmens (warum kein Engel, da es Teufel gibt?), viele Formen der Flucht, des *Escapism* (tödlicher Balsam des Opiats! Ekstase und Qual der Sucht!), viele Formen des Heroismus (Spanien! Und wußte man nicht auch von Beispielen des Heldentums im Dritten Reich?), Begegnungen, Abschiede, Ängste, Einsamkeit, Umarmung und Empfängnis, die Geburt eines Kindes, und wieder Kampf, und wieder Abschied, wieder Einsamkeit, das Pathos des 'Umsonst', der Entschluß zum 'Trotzdem': all dies galt es erzählerisch zu arrangieren, hineinzuweben in den wortreichen Teppich. Nicht fehlen durfte dem Ganzen die düsterfahle Farbe der Gefahr, schwefliger Reflex nahender Feuerbrände, phosphoreszierende Aura des Verhängnisses" (*Der Wendepunkt* 400).

[21] Stephan 172.
[22] Thelen, *Die Literatur in der Fremde* 226.
[23] Stephan 172.
[24] Thelen, *Die Literatur in der Fremde* 227.

KAPITEL NEUN

Herbert Schlüter

Der Anfang vom Ende einer Schriftstellerkarriere

In einem auf Mallorca verfaßten Brief Klaus Manns vom 2. Juni 1936 an seinen berühmten Vater lesen wir:

> Für zwei Tage hatten wir auch meinen alten Freund Herbert Schlüter hier, ein ganz artiges und drolliges Überbleibsel aus vergangenen Berliner Tagen—Du erinnerst Dich vielleicht, wie er einmal mit Wolfgang Hellmert in der Poschinger [die Straße, in der sich T. Manns Villa in München befand] erschien und daß er recht hübsche Novellen in der Neuen Rundschau und bei Fischer hatte. Er lebt jetzt schon seit fast zwei Jahren auf Mallorca. Überall, wohin man kommt, ist jemand, und sei es auch nur im Grabe. Das ist die Diaspora.[1]

Diese Wiederbegegnung mit dem Freund widerspiegelt sich auch in Manns Tagebucheintragung vom 1. Juni: "Schlüter zu Besuch (ist über Nacht hiergeblieben.) Er gefällt mir recht gut, fühle mich ganz befreundet mit ihm."[2] Aus der Tagebucheintragung wissen wir noch weiter, daß Mann am selben Abend in Anwesenheit Schlüters aus seinem "Mephisto"-Manuskript vorlas. Wer ist nun Herbert Schlüter?

Am 16. Mai 1906 als das jüngste von drei Kindern eines Fabrikanten und Kaufmanns in Berlin geboren, ist Schlüter abgesehen von Mann der jüngste der hier behandelten Schriftsteller und auch der einzige, der noch lebt.[3] Er verließ bereits nach Erlangung der Obersekundareife das Gymnasium aus finanziellen Gründen, die mit der Inflationszeit der Weimarer Republik zusammenhingen.[4] 1924 schloß er eine Lehre als Bankkaufmann ab, übte aber den Beruf nie aus, da er zu schreiben begann. Ein Vertrag mit dem S. Fischer-Verlag führte ihn nach Paris, wo er ein Buch über die Stadt verfassen sollte. Das Buch kam nicht zustande, doch lernte er dort Mann kennen, eine Freundschaft, die bis zu dessen Selbstmord im Jahre 1949 währte.[5]

Herbert Schlüter

Als Schlüter nur einundzwanzig Jahre alt war, erschien sein erstes Buch *Das späte Fest* (1927) mit drei Novellen,[6] und bis 1933 folgten weitere kurze Novellen, Reiseskizzen (vor allem zu Italien, das er 1928 bereiste), Aufsätze und Rezensionen in einer Reihe von Zeitungen und Zeitschriften wie dem *Berliner Tageblatt,* der *Vossischen Zeitung* und der von Mann oben erwähnten *Neuen Rundschau.* Im Jahr 1932 kam ein zweites Buch hinzu, der Roman *Die Rückkehr der verlorenen Tochter.* Schlüter erwies sich als "Meister des psychologisierenden Erzählens"[7]; seine wehmütigen Gestalten sind oft junge Menschen, die nicht wissen, was sie mit ihrem Leben in den Wirren der Weimarer Republik anfangen sollen. Bei den Männerfiguren sind wiederholt homoerotische Untertöne zu hören. Insgesamt erinnert Schlüters Werk an die Melancholie Theodor Storms, Thomas Manns bürgerliche Milieuschilderungen und Arthur Schnitzlers seelisch reich differenzierte Figurenzeichnung.

Schlüter sah sich weder politisch noch rassisch verfolgt, doch als Linkswähler, Pazifist und Antifaschist hielt er es nach Hitlers Machtergreifung in Deutschland nicht mehr aus, z.T. aus Solidarität mit seinen verfolgten jüdischen Freunden und Kollegen. Im April 1933 gelangte er zusammen mit den Freunden Fränze Herzfeld und Hellmuth Grunau über Paris, Madrid und Barcelona nach Mallorca. Ganz abgesehen von den landschaftlichen Reizen ließen das billige Wohnen auf der Insel, der Aufenthalt von anderen deutschen Emigranten dort und die Linksregierung Spaniens zu dieser Zeit Mallorca als attraktiven Exilort erscheinen.

Gegen Ende des Jahres kehrte Schlüter jedoch aus finanzieller Not nach Berlin zurück, wo er das Jahr 34 verbrachte und die Ablehnung eines Romanmanuskripts durch den S. Fischer-Verlag hinnehmen mußte, das dann erst 1947 unter dem Titel *Nach fünf Jahren* erschien. Wie Schlüter im Gespräch mit dem Verfasser dieser Arbeit erzählte, wollte der Verlag den Roman "aus atmosphärischen Gründen" nicht veröffentlichen, weil er mit seinem psychologisierenden Erzählstil nicht in die Zeit gepaßt hätte.[8] Die Nationalsozialisten verboten sein literarisches Schaffen zwar nie offiziell, doch zählten sie es sicher zur bürgerlichen Dekadenz. Insgesamt war es ein Jahr, das Schlüter in Angst verlebte. Allein schon die Freundschaft mit Klaus Mann, dessen Homosexualität bekannt war und der sich zu diesem Zeitpunkt bereits im Exil befand und *Die Sammlung* in Amsterdam herausgab, war nicht ungefährlich. Schlüter hielt sich größtenteils bei seiner Mutter versteckt. Darüber hinaus war es ein Jahr, in dem er von der Eröffnung der ersten Konzentrationslager erfuhr und die immer stärker werdende Diskriminierung der Juden mitansehen mußte.

So beschloß er, Deutschland ein zweitesmal zu verlassen, diesmal endgültig, und kehrte im Januar 1935 nach Mallorca zurück. Seine Gegnerschaft zur nationalsozialistischen Herrschaft formulierte er 1938 in einem Brief an den Prinzen Hubertus von Löwenstein:

> mein Protest gegen das aktuelle deutsche Regime rührt von einem tiefen Abscheu, der weit mehr moralischer als politischer Natur ist. Ich finde das Regime vor allem deswegen bekämpfenswert, weil es auf Vernichtung der Menschenwürde aus ist: Sie sehen, es ist der Protest des Humanisten, des Demokraten.[9]

In einem Brief aus dem Jahr 1963 an den Germanisten Klaus Täubert kleidete er diese Haltung in eine bündig formulierte Frage: "Wie konnte man freiwillig noch in Deutschland bleiben, wenn man sah, was geschah?"[10]

Wir wissen, daß sich Schlüter wie schon 1933 in Cala Ratjada niederließ; seine Bekannten und Freunde dort waren Blei und die Maler Rudolf Levy und Heinrich Maria Davringhausen.[11] Levy, den Schlüter bereits aus Berlin kannte, wurde für ihn zu einer Art Vaterfigur. In einem Brief vom 29. Januar 1935 an Mann kurz nach seiner Wiederkehr nach Mallorca schilderte Schlüter seine Wohnumstände und die allgemeine Situation in Cala Ratjada, eine Beschreibung, die an Bleis Romanfragment "Lydwina" erinnert (vgl. Kap. Vier):

> —Ich lebe hier sozusagen verheiratet mit einer Frau—Du kennst sie nicht—wir haben ein hübsches Haus, stilvoll aber mit Heizschwierigkeiten, wie derlei Häuser sind. Es gibt sympathische und furchtbar versoffene Engländer hier, sehr viel parties. Niemand arbeitet. Alldas nach Deutschland ist so unwahrscheinlich. [...] Die Deutschen mit Ausnahemn sind hier nicht so entzückend wie die anderen Nationen. Voll von Klatsch und Intrigen.[12]

Insgesamt scheint es aber Schlüter während des Inselexils nicht immer gut gegangen zu sein. Schon am 17. Juli 1933 schrieb er an Mann von einer schweren Grippe, und daß er "halb tot" sei (K. Mann-Nachlaß). In einem Brief an den befreundeten Journalisten Hellmut Draws-Tychsen vom 9. März 1936 erwähnte er dann "schreckliche Geldsorgen und gesundheitliche dazu". Darüber hinaus machte ihm in diesem März das Wetter zu schaffen: "Das Wetter war letzthin sehr feucht und kühl, mein Zimmer nass und ohne Ofen, so dass Rudolf L[evy], der Maler, mich in seinem wohlgeheizten Haus aufnahm, bis meine Erkältung vergehe." "Ich kriege aber wenig Post hier" deutet Einsamkeit an, doch "Nahrungssorgen" hatte er jedenfalls nicht, und die landschaftliche Schönheit war ihm ein Trost: "Die Landschaft aber, bei schönem Wetter, ist paradiesisch schön und einfach. Sie tröstet über vieles, was weniger ewig ist."[13] Trotz der Einsamkeit gab es für Schlüter wenigstens einen begrenzten gesellschaftlichen Umgang mit den anderen deutschen Emigranten in Cala Ratjada. Ein mallorquinisches Fischer-Café, eine amerikanische und auch eine deutsche Bar dienten als "Fixpunkte", wie er im Gespräch erzählte, wo man sich sah, die Post empfing und die Zeitung las. Zusammen mit Levy wurde Schlüter auch oft zu den gastfreundlichen Davringhausens eingeladen, bei denen man gern Musik hörte.

Was Schlüters dichterisches Schaffen in dieser Zeit betrifft, sprach er im bereits zitierten Brief an Draws-Tychsen von einer Schaffenskrise, wenn er sie auch ironisch sah: "Übrigens hat er [Levy] ein sehr schönes Portrait von mir gemacht. Es ist eine hübsche Vorstellung, wenn auch selbst kaum noch 'Kunst' zu machen so doch zum Anlass von Kunst zu werden."[14] Die Schaffenskrise ist aber auch nicht zu unterschätzen, da Schlüter sie nie völlig überwand, wie hier noch deutlich wird. Auf Bleis Veranlassung veröffentlichte er noch eine kurze, in einem Dorf nahe Valencia spielende Erzählung "Cullera" in Ernst Schönwieses *silberboot*.[15] Sie hängt vermutlich mit einer Reise durch Spanien Ende 1933 unmittelbar nach dem ersten Mallorca-Aufenthalt zusammen und schildert, auch hier psychologisierend, die Besessenheit einer Liebe mit tödlichem Ausgang.

Zu erwähnen sind auch zwei Gedichte, die im Laufe des Jahres 1935 in Manns *Sammlung* in Amsterdam erschienen. "An einen Toten" war eventuell an den gemeinsamen Jugendfreund Wolfgang Hellmert (1906 geb.) adressiert, ein Lyriker und Erzähler, der sich 1934 anhand einer Überdosis Morphiums in Paris das Leben nahm.[16] "Das ungeheure Unrecht" seines durch die harten Zeiten bedingten Todes "sei gerächt", was mit Hoffnung für die Zukunft, also auch für Deutschland verbunden wird:

> Wer weiss, ob eine neue Flut
> Nicht bald das Antlitz dieser Erde wäscht,
> [...]
> Dann aber wird es einen Frühling geben
> So wie man Frühlinge noch nie gekannt—[17]

Mit der Metapher des Sturms, der eine ersehnte Erneuerung bringt, erinnern diese Zeilen an eine inhaltliche Gestik des Expressionismus.

Ist dieses Gedicht noch hoffnungsvoll, sprechen dagegen "Die entzauberten Seefahrer" von einem Desillusionierungsprozeß. Einer romantisierten Welt der Matrosen, zur "Wunder-Reise" ausgezogen, wird der Zauber entzogen; es bleibt das Gefühl des Betrugs:

> Und ihr denkt nur an den nächsten Hafen,
> Ob er euch das grosse Wunder bringt.
>
> Ach, er hat es nicht gebracht.
> Wars auch schön, das Wunder war es nicht.
> Und ihr wartet, und die Nacht
> Hat nicht mehr so grosse Sterne.
> Und das Meer ist nicht mehr gross.
> Und die Ferne ist nicht mehr so ferne...
> Alles bricht
> Und wird klein und zauberlos.[18]

Wenn auch diese beiden Gedichte nicht unmittelbar mit Mallorca zusammenhängen, sprechen sie doch von Exilerfahrungen.

Über die erwähnten Texte hinaus hatte Schlüter verschiedene literarische Projekte. Von einem berichtete er seinem Freund Mann am 17. Juli 1933:

> Über Emigration könnte ich nicht schreiben. Aber eine anti-hitlerische Novelle habe ich schon lange in der Vorstellung. Ich will sie versuchen. Sollte sie gelingen, müßte ich sie aber unter Pseudonym erscheinen lassen. [...] ich habe noch Angehörige in Deutschland. (K. Mann-Nachlaß)

Herbert Schlüter

In einem Brief vom 29. Januar 1935 nach der Rückkehr nach Mallorca schrieb er dann: "Vielleicht schreibe ich einmal über die seelische Verfassung der Intellektuellen, die geblieben sind, <u>ohne</u> sich gleichgeschaltet zu haben. Sie sind ohnmächtiger und 'emigrierter' als die Emigranten, aber fast immer sehr anständig" (K. Mann-Nachlaß). Aus diesen literarischen Vorhaben ist anscheinend nichts geworden. Auf alle Fälle begann er aber einen unveröffentlichten Mallorca-Roman mit dem Titel "Vor dem Krieg", und zwar nach dem Wiedersehen mit Mann im Juni 1936, wie aus einem Brief Schlüters an ihn vom 22. August 1936 hervorgeht (vgl. K. Mann-Nachlaß). Unten wird noch näher darauf eingegangen.

Nachdem Francos Phalangisten Mallorca bereits im Juli 1936 schnell in die Hand bekommen hatten, verließ auch Schlüter Ende August die Insel. Im Gegensatz zu den Thelens, die erschossen werden sollten, oder Otten, der kurzzeitig verhaftet wurde, sah sich Schlüter nicht derselben akuten Lebensgefahr ausgesetzt. Wie er im Gespräch erzählte, erlebte er kaum Phalangisten und hörte nur von einem Toten, doch wollte er nicht in einem faschistisch regierten Land leben, wo es ihm auf Dauer kaum gut gegangen wäre. In Genua angekommen, beschrieb er Mann in einem langen Brief vom 22. August 1936 seine verzweifelte Lage und die weiteren Faktoren, die ihn zur Abfahrt bewegt hatten und mehr Lebensgefahr durchblicken lassen, als Schlüter im Gespräch zugab:

> ich schreibe Dir, heute, am schwärzesten Tag meines Lebens. Ach, wo magst Du wohl sein? Wo sind die Tage von Camp de Mar [dem Ort, wo sie sich im Juni gesehen hatten]!
> Donnerstag früh nahm ich eindlich ein Frachtschiff und kam heute mittag hier an. <u>Allein</u>, ohne jedes Geld ausser einem Pariser Scheck (einem winzigen) der vor Donnerstag nicht realisabel ist.—Kanonendonner und Bombenflugzeuge und die wochenlange Abschirmung von Post und Geld zwangen mich, mein mallorquiner Paradies zu verlassen. Ich fahr so schweren Herzens, Rudolf [Levy] blieb noch, <u>vielleicht</u> kommt er nach. Hellmut Grunau will lieber sterben als auf eine aus Deutschland bewilligte Geldsendung verzichten, die er nach Beendigung des Bürgerkriegs in 4 oder 8 oder 12 Wochen ausgezahlt zu bekommen erwartet.
> Ich wäre trotz täglicher Lebensgefahr nicht weggegangen, wäre nicht die finanzielle Situation so furchtbar geworden, da fast niemand mehr Geld hatte, auch die Mallorquiner nicht und sie keinen Credit mehr geben konnten. Ich

muss sagen, dass Rudolf mich geradezu zwang, fortzufahren. Er hielt es für mich für besser. Aber es war ein Irrtum, wie ich sehe. Um ein Haar entging ich [in Genua] dem kollektiven Abtransport nach der "Heimat", ein Sonderzug, der schon am Hafen stand. Wieviel List war nötig, und dabei bin ich schwach zum sterben [sic!]! Sitze in einer trostlosen Pension, aber Du musst mir, bitte, Poste Restante schreiben. Du weisst, dass seit etwas 8 Wochen (oder sind es nur 6) keine Post von Mallorca abging noch ankam. Es ist noch immer in der Hand der Rebellen, die überraschend ähnlich ihren Geistesbrüdern im Norden sind. Man geht jetzt sehr rigoros gegen sie vor, leider verteidigen sie sich entschlossen. Die Bevölkerung ist völlig faschistisch, sehr begeistert trotz der Gefahr, in der sie nun lebt.

Man verbrachte viel Zeit in "Refugien" vor Bombenangriffen, die selten kamen, aber stündlich möglich waren, weil die Flugzeuge immer über Cala Ratjada flogen und ab und zu doch eine Bombe in den Wald warfen, der dann tagelang brannte.

—Für mich ist eine kleine und doch so wichtige Lebensbasis zerstört. Auf die Ruhe von fast 2 Jahren folgt nun was? (K. Mann-Nachlaß)

Von Genua führte Schlüters Weg nach Fiume und weiter nach Dubrovnik, eine Zeit, in der es ihm weiterhin "miserabel" ging.[19] In den Briefen an Mann aus dieser Zeit ist immer wieder von Geldsorgen die Rede, die sich nie völlig beseitigen ließen, wenn Schlüter auch gelegentlich von Freunden und Bekannten Geldsendungen erhielt, u.a. auch wie Blei eine bescheidene Unterstützung der American Guild.[20] Zeitweilig war seine Lage so prekär, daß er anscheinend an Selbstmord dachte.[21] Besserung kam durch die finanzielle Hilfe des amerikanischen Beat-Generation-Schriftstellers William Burroughs (1914 geb.), mit dem er vier Wochen lang Montenegro, Albanien und Korfu bereiste.

Trotz seiner schwierigen Situation arbeitete Schlüter an dem Mallorca-Roman weiter. In einem weiteren Brief an Mann vom 11. Februar 1937 schrieb er, er sitze gerade am achten von insgesamt zwölf Kapiteln, und schilderte die beabsichtigte Tendenz des Romans:

> Dies Buch ist für mich ganz neuartig, denn es liegt vergleichsweise und annähernd ein bisschen auf Deiner und Heinrich Manns Linie (der Linie Deiner letzten Romane), es ist vor allem politisch ganz eindeutig, ein Bekenntnis zur Linken, zur Volksfront als den heute eigentlich bewahrenden Kräften der europäischen Civilisation. Es enthält entschiedene Angriffe auf das Nazi-Reich und auch auf die Auslandsgruppen dieser Partei.

Herbert Schlüter

> Ich bin glücklich, endlich eine artistische Möglichkeit gefunden zu haben, die private und stimmungshafte Überzeugung nun formulieren zu können. (K. Mann-Nachlaß)

Im März 1937 war der Roman bis zum vorletzten Kapitel gediehen und ist "möglicherweise mein bestes, eigentlich mein erstes Buch", wie er dem Freund am 11. desselben Monats schrieb (K. Mann-Nachlaß). Wie Blei mit seinem "Trojanischen Pferd" (vgl. Kap. Vier) und Otten mit seiner "Reise nach Deutschland" (vgl. Kap. Fünf) beteiligte sich auch Schlüter mit seinem Romanmanuskript 1938 am Wettbewerb der American Guild und schickte eine Kopie davon an den Left-Bank-Book-Club in London, wohl auch in der Hoffnung auf Publikation.[22] Blieben diese Bemühungen auch erfolglos, gab er die Hoffnung doch nicht auf. Allert de Lange in Amsterdam ließ ihn wissen, sein Exilverlag würde den Roman verlegen, wenn Schlüter die Druckkosten decken könnte. In diesem Zusammenhang wandte sich der Autor an die American Guild und Löwenstein, doch mußte dieser ihm eine abschlägige Antwort erteilen, da die finanziellen Mittel der Organisation nicht ausreichen würden.[23] Schlüter hoffte sogar auf eine Übersetzung des Romans ins Englische, um angesichts des drohenden Krieges einer eventuellen Emigration in die USA den Weg zu ebnen.[24] In diesem Zusammenhang hatte er Mann am 11. März 1937 geschrieben: "Als wir uns vor beinahe einem Jahr in Camp de Mar unterhielten, erschien die Idee, Europa verlassen zu sollen, mir noch ziemlich grässlich. Und heute wäre ich glücklich darüber.—Und was wird aus meinem geliebten Spanien werden?" (K. Mann-Nachlaß). Zur Auswanderung in die USA kam es aber nicht.

Stattdessen verbrachte er die drei Jahre von Juni 1938 bis Mai 1941 auf der italienischen Insel Ischia im Golf von Neapal, und zwar im Kreis der in der Nähe lebenden Maler Karl Sohn-Rethel, Eduard Bargheer, Kurt Cramer, Werner Gilles und wieder Levy, den es nach einem Amerika-Aufenthalt ebenfalls in diese Gegend verschlug.[25] Auch auf Ischia plagten ihn finanzielle Schwierigkeiten, die er in seinen Briefen an die American Guild wiederholt in der Hoffnung auf weitere finanzielle Unterstützung ansprach. Am 29. Oktober 1938 schrieb er beispielsweise an Löwenstein, "daß das zeitweilige Aufhören dieser Hilfe mich in ein absolutes Elend gestürzt hat."[26] Ein weiterer Versuch auszuwandern, diesmal nach

Brasilien, scheiterte ebenfalls.²⁷ Während ihm auf Mallorca die Landschaft über manches hinweggetröstet hatte, vermochte Ischia das nicht mehr im selben Maße. In einem Brief an Mann vom 4. Mai 1939 meinte er:

> Aber gerade die grosse Schönheit und der Glanz dieser Landschaft machen mich, noch während ich sie dankbar empfinde, oft sehr bange. Ach, dieses Leben in ewiger Erwartung der endgültigen Katastrophe. [...] und die ganz ungenügende Austrüstung, ihr zu begegnen oder zu entfliehen. (K. Mann-Nachlaß)

In einem weiteren Brief an den Freund vom 15. April 1940 war er "so verzweifelt wie noch nie" (K. Mann-Nachlaß). Dennoch begann er einen weiteren unveröffentlichten Roman, und zwar "zeitgenössichen Inhalts, der in Dalmatien spielt, dessen Titel noch nicht feststeht."²⁸

Nachdem er bis 1941 sein Exil "sozusagen touristisch getarnt" hatte,²⁹ meldete er sich in Florenz beim deutschen Konsul und seinem Freund Gerhard Wolf, von dem er keine Repressalien zu befürchten hatte.³⁰ Daraufhin wurde er als Luftwaffendolmetscher nach Sizilien einberufen. Seine Manuskripte, u.a. die Dalmatien- und Mallorca-Romane, brachte er bei Levy unter, doch gingen sie verloren, als dieser 1944 als Jude von der Gestapo verhaftet wurde und den Weg ins Konzentrationslager nicht überlebte. In einem Brief vom 8. Januar 1948 an Draws Tychsen sprach Schlüter von der Bedeutung Levys in seinem Leben, dem er "in menschlicher Hinsicht so viel verdanke, praktisch aber das Überstehen all meiner Emigrationsjahre [...]."³¹

Als sich die deutschen Truppen im Spätsommer 1943 aus Italien zurückziehen mußten, brachte ein Malariaanfall Schlüter in ein bairisches Lazarett. Nach der Genesung führte ihn seine weitere Dolmetschertätigkeit nach Belgien und dann nach Deutschland zurück, wo er die Zerstörung Dresdens überlebte und am 2. Mai 1945 in Mecklenburg in amerikanische Gefangenschaft geriet. Seine Dolmetscherfähigkeiten ließ er während des Jahres 1946 den Engländern als Angehöriger eines der RAF zugeteilten deutschen "Arbeits-Korps" zugute kommen. In einem Brief an Mann vom 23. September 1946 wissen wir, daß sich Schlüters "ganze Sehnsucht" zu dieser Zeit darauf richtete, "Deutschland wieder verlassen zu können"; er würde sich dort "nie wieder heimisch fühlen."³² Doch auch diesmal scheiterten seine Bemühungen. 1947 wurde er aus der Gefangenschaft entlassen; im selben Jahr erschien dann sein 1934 vom Fischer-Verlag abgelehnter Roman *Nach fünf Jahren* im Willi Weismann-Verlag. Auch hier zeigte Schlüter seine Vertrautheit mit der menschlichen Psyche: Verschiedene Liebesbeziehungen werden anhand einer kleinen Gruppe von Protagonisten dargestellt bzw. durchgespielt.

Bereits am 29. November 1946 hatte Schlüter einen Brief von Mann erhalten, in dem der Freund auf das Mallorca-Manuskript zu sprechen kam: "In Californien habe ich ein altes Manuskript von Dir gefunden—ein kleiner Roman, der in Mallorca spielt, Rudolf [Levy] kommt auch darin vor."[33] Nach dem Guild-Wettbewerb hatte Schlüter es Mann zur Aufbewahrung schicken lassen; dieser sandte es ihm nun im Mai 1948 nach Deutschland zurück.[34] Im Briefwechsel mit dem Verleger Willi Weismann ist dann am 1. Juli 1948 zu lesen: "An dem Mallorca-Roman nahm ich kleinere Korrekturen vor. Solltest Du grad Zeit und Lust haben, könnte ich ihn Dir schicken."[35] Das geschah anscheinend nie, und der Autor vernichtete ohnehin das Manuskript. Nach anfänglicher Zuversicht hegte er nun Zweifel an seinem Roman, die er Mann gegenüber schon am 11. Februar 1937 zum Ausdruck gebracht hatte: "Ich bin oft sehr besorgt darum, ob er auch wirklich gut wird, ob die politischen und die unpolitischen Partien gut zusammengehen, ob, was mich interessiert, auch dem Leser interessant ist. And so on" (K. Mann-Nachlaß). Die Zweifel bestätigten sich in einem sehr kritischen Gutachten des Manuskripts für den Wettbewerb der American Guild, in dem Richard Bermann auf die mißlungene Verflechtung von Literatur und Politik hinwies:

> Dieser offenbar autobiographische Roman enthaelt eine grosse Menge von zum Teil gut gesehenen Figuren, deren Vielheit der Autor aber nicht zu baendigen und zu lenken versteht; es ist, als ob ein Marionettenspieler seine Puppen immer wieder weghaengte. Das Mallorca der Einwohner ist hoechst aeusserlich unter dem gesichtswinkel [sic!] der Fremden geschildert, so dass die politischen Konflikte nicht plastisch herausgearbeitet sind. In der ersten Haelfte ist der kleine Roman eine Chronique Scandaleuse, in der zweiten eine Sammlung von Zeitungsausschnitten. Jedenfalls erfahrener, guter Autor hat sich hier ziemlich kraftlos gezeigt.[36]

Wie Schlüter im Gespräch sagte, empfand er, der lieber menschliche Seelenzustände gestaltete, die politischen Seiten des Romans letzten Endes als nicht "meine Sprache".

Da es kein Manuskript mehr gibt, ist es auch nicht möglich, die Bedeutung dieses Textes oder seinen Blickwinkel von Mallorca auf die politischen Zustände der Zeit einzuschätzen. Klar ist aber, daß Schlüter mit diesem Wurf der lange Atem für Romane ausging. Der Dalmatienroman blieb unvollendet, und nach dem Krieg veröffentlichte er immer weniger erzählerische Prosa, ab Mitte der 50er Jahre überhaupt keine mehr.[37] Mit der Exilzeit fehlte ihm sichtlich die unmittelbare Reibung am Berlin der turbulenten Weimarjahre.

In der Nachkriegszeit nahm Schlüter literarturkritische Aufgaben wahr. So fungierte er als Redakteur einer in München erscheinenden Literaturzeitschrift, die den Titel *Literarische Revue* trug und "unter dem Zeichen von Humanismus und Demokratie [...] verschüttete demokratische Traditionsstränge wieder ausgraben und für die Gegenwart nutzbringend fortentwickeln" wollte.[38] In dieser Zeitschrift druckte Schlüter Beiträge von solchen deutschen Autoren wie Heinrich Böll, Bertolt Brecht, Hermann Broch, Elias Canetti, Katerina Langen oder Anna Seghers, aber auch von ausländischen Schriftstellern wie Louis Aragon, Graham Greene, Henry Miller, Sara Teasdale oder Paul Valery. In der letzten Nummer im Jahr 1949 erschien auch Schlüters Nachruf auf Klaus Mann.[39]

Im Jahr 1948 heiratete Schlüter Helene ("Lene") Dähnen und lebte ab etwa 1950 von Rezensionen für den Bayerischen Rundfunk und die *Neuen Deutschen Hefte*. Ebenfalls war er als Außenlektor bei Desch, später bei Bertelsmann tätig. Im Jahre 1956 erschien *Signor Anselmo* mit drei Erzählungen aus der Emigrationszeit[40]; 1986 folgte noch ein Band Erzählungen mit dem Titel *Ein Gartenfest*, der einige von seinen kurzen Prosatexten bis in die 50er Jahre hinein vereint. Immer mehr widmete er sich aber dem Übersetzen; im Laufe der Jahre übertrug er über einhundert Werke aus dem Englischen, Französischen und Italienischen ins Deutsche, u.a. von Giorgio Bassani, Guido Piovene, Aldous Huxley, William Golding, Herbert Read und Romain Gary. Im Juli 2000 erhielt er für seine verdienstvolle Übersetzertätigkeit den zum erstenmal

Herbert Schlüter

verliehenen Übersetzerpreis der Stadt München.[41] Er lebt noch heute zusammen mit seiner Frau in der bairischen Hauptstadt.

Anmerkungen

[1] Mann, "An Thomas Mann" 260-61. Wie im Folgenden noch ersichtlich wird, irrte sich Mann insofern, als Schlüter zu diesem Zeitpunkt nach einer einjährigen Unterbrechung erst seit anderthalb Jahren wieder auf Mallorca war.

[2] Mann, *Tagebücher 1936 bis 1937* 55.

[3] Im März 2000 konnte der Verfasser dieser Arbeit ein längeres Gespräch mit ihm in München führen. Obwohl die Mallorca-Ereignisse für ihn mehr als sechzig Jahre zurückliegen und er sich an manches nicht mehr erinnern kann, ist dennoch vieles von diesem Gespräch in dieses Kapitel eingeflossen.

[4] Die folgenden biographischen Ausführungen beruhen hauptsächlich auf zwei Quellen: Kai Schlüter 1314-18 u. Draws-Tychsen. Kai Schlüter ist nicht mit Herbert Schlüter verwandt.

[5] In diesem Zusammenhang vgl. die *Tagebücher* Manns, in denen Schlüter wiederholt auftaucht. Ab 1926 kam es immer wieder zu Begegnungen, und die beiden Autoren korrespondierten ausführlich. Mann schrieb einen letzten Brief an Schlüter am 19. Mai 1949, zwei Tage vor seinem Selbstmord. Vgl. diesen Brief in Mann, *Briefe und Antworten. Bd. II* 312-13.

[6] "Das Jahr 1923" ist eine dieser drei Novellen. Vgl. Manns Erwähnung davon in seiner 1932 erstmalig erschienenen Autobiographie *Kind dieser Zeit* (München: Nymphenburger Verlagshandlung, 1965) 210-11.

[7] Kai Schlüter 1315.

[8] Vgl. oben Anmerkung 3.

[9] Schlüter an Löwenstein, 17.2.38, Schlüter-Akte der American Guild.

[10] Zit. n. Kroll/Täubert 226.

[11] Vgl. Kap. 4, Anmerkungen 12 und 13.

[12] Schlüter an Mann, 29.1.35, Klaus Mann-Nachlaß. Die weiteren Zitate aus diesem Briefwechsel werden mit "K. Mann-Nachlaß" in Klammern versehen.

[13] Alle Zitate nach Schlüter an Draws-Tychsen, 9.3.36.

[14] Ibid.

[15] Vgl. Blei an Schönwiese, 17.8.35, Schönwiese-Nachlaß. Im *silberboot* vgl. 4 ('36): 155-64.

[16] Beim Wiedersehen mit Schlüter auf Mallorca schrieb Mann in der zitierten Tagebucheintragung: "Lange über Wolfgang und die Umstände seines Todes mit ihm gesprochen" (*Tagebücher 1936 bis 1937* 55).

[17] H[erbert] S[chlüter], "An einen Toten" 100.

[18] Herbert Schlüter, "Die entzauberten Seefahrer" 488.

[19] Mann, *Tagebücher 1936-1937* 121.

[20] Vgl. Schlüters sämtliche Briefe aus dieser Zeit an Mann (K. Mann-Nachlaß). Vgl. a. einen Brief der American Guild an Schlüter, 23.4.38, Schlüter-Akte der Ameri-can Guild.

[21] Vgl. einen Brief Erika Manns vom Mai 1938 an die American Guild, Schlüter-Akte der American Guild.

[22] Vgl. Kap. 4, Anmerkung 38. Vgl. Schlüter an Mann, 22.8.38, K. Mann-Nachlaß.

[23] Vgl. die Briefe vom 16.6., 1.7. u. 9.7.38, Schlüter-Akte der American Guild.

[24] Vgl. Schlüter an Löwenstein, 4.4.38, ibid.

[25] Vgl. Schlüter an Mann, 2.9.36, in dem er von Levys letzten Tagen auf Mallorca berichtete: "Er schrieb aus Marseille wie furchtbar die letzten Tage in Mallorca waren. Er stand mit Grunau und einer ganzen jüdischen Familie an der Wand, während die Faschisten die Gewehre auf sie richteten und andere das Haus durchsuchten" (K. Mann-Nachlaß).

[26] Schlüter an Löwenstein, 29.10.38, Schlüter-Akte der American Guild.

[27] Vgl. Schlüter an Mann, 14.10.40, K. Mann-Nachlaß.

[28] Schlüter, Bericht an die American Guild, Schlüter-Akte der American Guild. Dieser Text wuchs anscheinend nie über seine ersten zwei Kapitel hinaus. Eine Kopie dieser Kapitel ist in ibid. zu finden.

[29] So eine der Novellenfiguren in Schlüters *Signor Anselmo* 60, die autobiographisch gefärbt ist. Überhaupt sind die Erzählungen in diesem Band, die in der Emigrationszeit spielen, autobiographisch angelegt.

[30] Zum Wirken dieses Konsuls vgl. David Tutaevs *Der Konsul von Florenz. Die Rettung einer Stadt* (1967).

[31] Schlüter an Draws-Tychsen, 8.1.48.

[32] Zit. n. Kroll/Täubert 270.

[33] Mann, *Briefe und Antworten. Bd. II* 252.

[34] Vgl. Kroll/Täubert 404. Vgl. Mann, *Tagebücher 1944 bis 1949* 165.

[35] Schlüter an Weismann, Weismann-Nachlaß.

[36] Dieses Gutachten befindet sich in der Schlüter-Akte der American Guild.

[37] Die Erzählung "Erstes Abenteuer" erschien 1956 zusammen mit der Titelgeschichte und einer anderen Erzählung in *Signor Anselmo*. Die Erzählung wurde dann noch einmal 1986 in Schlüters Erzählband *Ein Gartenfest* mit dem Entstehungsdatum 1957 aufgenommen. Auf alle Fälle scheint diese Erzählung die letzte zu sein, die Schlüter schrieb und auch veröffentlichte.

[38] Kai Schlüter 1273-74. Vgl. überhaupt seine Studie zu dieser Zeitschrift. Kai Schlüter ist nicht mit Herbert Schlüter verwandt.

[39] Vgl. Schlüter, "Klaus Mann" 321-22. Vgl. a. Kap. 8, Anmerkung 8.

[40] Die Titelgeschichte und die beiden anderen Erzählungen, "Erstes Abenteuer" und "Der Deserteur", erschienen 1960 noch einmal gesammelt unter dem Titel *Nacht über Italien*.

[41] Vgl. Goebel.

KAPITEL ZEHN

Eine deutsche Schriftstellerkolonie auf Mallorca?

In der anfangs zitierten "Prolegomena zu einer Typologie der Exilliteratur" schreibt Guy Stern von deren geographischen Zentren wie etwa Paris, London oder Los Angeles und von den "Interessengemeinschaften und Gelegenheiten zum Gedankenaustausch", die sich dort gebildet hätten.[1] Die Frage stellt sich, inwiefern Mallorca, unter Berücksichtigung der Schriftsteller, denen diese Studie gilt, ein Zentrum in einem solchen Sinn darstellte. Gab es sogar etwas wie eine deutsche Schriftstellerkolonie auf der Insel?

Bei Klaus Mann läßt sich mit Sicherheit sagen, daß er während seines zweiwöchigen Insel-Aufenthalts den anderen Exilschriftstellern dort nicht begegnete, abgesehen von Schlüter, der von Cala Ratjada aus die Insel überquerte, um den Jugendfreund aus Berliner und Pariser Tagen in Andraitx wiederzusehen. So sehr die Kontaktaufnahme mit Blei und Otten naheliegend gewesen wäre, da sie alle antifaschistische Gesinnungsgenossen waren und Schlüter wenigstens von Blei, den er in Cala Ratjada kannte, erzählt haben mag, ist in Manns Tagebucheintragungen keine Rede von ihnen. Er hätte die anderen Exilautoren auf Mallorca besuchen können, doch, insofern er von ihnen wußte, scheint ihm das nicht wichtig genug gewesen zu sein. Vielleicht reichten die zwei mallorquinischen Wochen auch nicht zu einem Besuch aus.

In der *Insel des zweiten Gesichts* erwähnt Thelen Mann einmal nebenher. Er hatte ein Essay des Benediktiners Padre Feijó ins Deutsche übersetzt und hoffte, es in Manns beim Querido-Verlag in Amsterdam erscheinender Emigrantenzeitschrift *Die Sammlung* unterzubringen. Diese kannte er wahrscheinlich durch seine eigene Arbeit als Rezensent der bei Querido verlegten Bücher.[2] Das Essay zum "Unfug der Nationalitäten" hätte Mann, meint Thelen, "mit Kußhand" nehmen müssen, doch lehnte er es ab.[3] Eventuell führte das zu einer Mißstimmung auf der Seite Thelens, die für ihn den Kontakt zu Mann erschwerte, insofern er überhaupt von Manns kurzem Aufenthalt auf der Insel wußte.

Thelen stand vor allem mit Kessler in Verbindung, für den er als Sekretär arbeitete.⁴ Die Beziehung scheint aber ziemlich einseitig gewesen zu sein. In seinem Insel-Roman schrieb Thelen wiederholt von seinen Begegnungen mit Kessler, und in Äußerungen nach der Mallorca-Zeit hob er weiterhin eine gewisse Enge der Beziehung hervor. Als es 1952 um Kesslers Nachlaß ging, meinte Thelen in einem Brief an Dora von Bodenhausen, er habe einen guten Zugang zu Kesslers Schwester: "Sie hat es damals sehr zu schätzen gewußt, daß wir (meine Frau und ich) uns des schon leidenden Bruders ein wenig angenommen haben, auf Mallorca."⁵ In einem Brief an einen gewissen Schmoller fügte er hinsichtlich seiner Arbeit als Kesslers Sekretär hinzu:

> Da sich Graf K. nicht mehr an einen anderen Scriba glaubte gewöhnen zu können, [...], bat er mich, weiterhin [nach Kesslers Verlassen der Insel] in seinem Dienst zu bleiben. Ich hatte Bedenken, da ich ja auf der schwarzen Liste der Nazis stand, desgleichen auch wegen der Postmisere auf der Insel. Davon wollte er aber nichts wissen, und so habe ich noch einmal eine Sendung Mss. erhalten, abgetippt, meine Kommentare gemacht und alles in sein neues Asyl geschickt. Dann begann Franco zu knallen, es war aus.⁶

Das alles hat sicher seine Richtigkeit, doch hinterließ Thelen anscheinend keinen Eindruck auf Kessler im Sinn eines ebenbürtigen Gesprächspartners. Das zeigt sich vor allem darin, daß Thelen mit keinem Wort in Kesslers Tagebucheintragungen erwähnt wurde. Kam er auf ihn in den Briefen an die Schwester zu sprechen, was achtmal der Fall ist, ging es immer um Zahlungen für die Sekretärsarbeit, bei denen die Schwester ihm helfen sollte, z.B. am 14. September 1934: "I paid Thelen what I owed him, but I have given him another 50 to 60 pages & shall owe him about 45 pts [Pesetas] by Monday."⁷ Aufschlußreich ist auch ein Brief der Schwester vom 12. Oktober 1935 an den Bruder, in dem wir lesen, wie sich das Interesse Thelens am Wohlergehen Kesslers auch hielt, nachdem dieser die Insel im Juni desselben Jahres verlassen hatte:

> Imagine that Thelen from Palma has written anxiously to me hearing through some Dutch papers that you were in Ge[rmany] in a Konzentrationslager!—and that Dutch friends of his, for whom he has ordered some copies of your Memoires, ask him anxiously about you!"

Schriftstellerkolonie?

Sie versprach, Thelen zu schreiben, und fragte: "<u>Shall I add anything for him?</u>" (Kessler-Nachlaß). Anhand der vorliegenden Korrespondenz scheint Kessler aber die Gelegenheit nicht wahrgenommen zu haben, einen persönlichen Gruß an Thelen zu richten. Thelen berichtete in seinem Roman, daß Kessler Schwierigkeiten mit seinem Namen hatte und ihn oft Thälmann nannte—vielleicht eine indirekte Bestätigung dafür, daß Kesslers Beziehung zu Thelen oberflächlich blieb oder er ihn sogar als verkappten Kommunisten einschätzte und deshalb auf Distanz ging.[8] Ohnehin ist es klar, daß es eine geistige Distanz zwischen dem älteren, kulturell etablierten und adligen Kessler und dem jungen, unbekannten Thelen gegeben haben muß. Das zeigt sich letzten Endes darin, daß Kessler für Thelen eine Respektsperson darstellte, die er mit "mein Graf" oder "Graf Kessler" anredete.[9]

Weil Kessler um die Veröffentlichung seiner Memoiren *Gesichter und Zeiten* in Deutschland besorgt war und deshalb den Ärger der Nazis nicht erregen wollte, hielt er sich aus der deutschen Tagespolitik zurück. Das führte dazu, daß er politisch engagierte Emigranten bewußt vermied,[10] und mag erklären, warum Blei und Otten, die während ihrer Exilzeit in der Emigrantenszene aktiv blieben, nicht in seinen Tagebucheintragungen aus der Mallorca-Zeit auftauchen. Das bedeutet aber letzten Endes nicht, daß er sie überhaupt nicht gekannt oder auf Mallorca nicht gesehen hätte.

Blei war nämlich, wie Thelen in seinem mallorquinischen Roman schrieb, "Keßlers Freund und Mitarbeiter aus der Pan-Zeit" (857, vgl. a. 904), und Kessler erwähnte ihn auch zweimal in Tagebucheintragungen vom 14. Februar und 26. November 1911 während eines Berlin-Aufenthalts: Sie wohnten zusammen mit anderen Freunden und Bekannten der Generalprobe und einer Aufführung von Carl Sternheims *Die Hose* und *Die Kassette* bei; anschließend wurde zusammen entweder gefrühstückt oder zu Abend gegessen.[11] Obwohl es vorstellbar ist, daß Kessler zunächst nichts von Bleis Exildasein auf Mallorca angesichts der Wirren der Zeit wußte, ist es eher unwahrscheinlich, daß er nicht irgendwann davon erfahren hätte. Thelen war darüber informiert,[12] und es gibt keinen Grund, warum er es Kessler verschwiegen hätte. Eventuell kam es auch zu einem Wiedersehen mit Blei in Palma. In seinen *Zeitgenössischen Bildnissen* schrieb Blei in dem kurzen Porträt zu Hermann Graf Keyserling: "Ich sah Keyserling vor dem spanischen Krieg in Palma wieder."¹³ Mehr erfahren wir nicht, doch denkbar ist, daß diese Begegnung bei dem von Thelen beschriebenen Auftritt Keyserlings in der mallorquinischen Hauptstadt stattfand, und da Kessler auch dabei war (vgl. Kap. Drei), mögen sie vielleicht miteinander gesprochen haben.

Ein Wiedersehen in Cala Ratjada, wo Blei wohnte, ist nicht zu belegen. Kesslers Schwester besuchte Mallorca von Anfang Mai bis Ende September 1934, hielt sich zunächst in Palma auf, zog dann aber im August mit ihrem Sohn Gérard nach Cala Ratjada, wo sie im Hotel Castellet unterkamen und bis zum Ende ihres Inselbesuches blieben. Kessler nahm sich vor, sie dort am 10. September zu besuchen, was aus nicht ersichtlichen Gründen auf den 15. verschoben wurde. Am 14. schrieb er jedoch an seine Schwester: "I am sorry I shall not be able to go to Cala Ratjada tomorrow, to say the truth, I cannot, for want of the necessary cash" (Kessler-Nachlaß). Im Kontext eines möglichen Kontakts zu Blei ist auffallend, daß nie von ihm die Rede ist, so daß wir nicht wissen, ob der Besuch u.a. dazu gedient hätte, ihn wiederzusehen. Es hat auf alle Fälle keinen regelmäßigen Kontakt zwischen ihnen auf Mallorca gegeben.

Was Otten betrifft, ist nicht klar, inwiefern Kessler ihn je als Schriftsteller wahrgenommen hat. Eventuell kannte er ihn durch Kurt Pinthus' *Menschheitsdämmerung*, die Otten als Expressionisten bekannt gemacht hatte und die Kessler gelesen haben wird. Wußte Kessler überhaupt von Ottens Exil auf der Insel und eventuell auch von dessen Engagement auf kommunistischer Seite bei der Saarabstimmung, ist es denkbar, daß er ihn absichtlich vermied. Es sei an seine bereits zitierten Bemerkungen in der Tagebucheintragung vom 15. Januar 1935 erinnert, in der er die "restlos negative Kampfmethode" der Antifaschisten bei der Saarabstimmung kritisierte, die "nie die leiseste Andeutung gemacht haben, was sie an seine [Hitlers] Stelle setzen würden, wenn sie ihn und sein Regime stürzten" (Tagebuch-Transkriptionen). Kessler scheint Schlüter überhaupt nicht als Schriftsteller gekannt zu haben; Schlüter war ihm auch nie begegnet, wie er dem Verfasser dieser Arbeit erzählte.¹⁴

Am Rande wäre noch zu erwähnen, daß sich Blei, Otten und Schlüter etwa sechzig Kilometer von Palma und Kesslers Haus in Bona Nova niedergelassen hatten, eine Reise, die damals etwa drei

Schriftstellerkolonie?

Stunden mit dem Zug, ungefähr anderthalb mit dem Auto dauerte, das ohnehin keiner der Schriftsteller besaß. Damit gab es auch weniger Gelegenheiten für ein Wiedersehen und überhaupt ein Kennenlernen.

Trotz Klaus Manns Engagement in der Emigrantenszene hätte sich Kessler eine Begegnung mit ihm wahrscheinlich gewünscht. Aus einer Tagebucheintragung vom 29. April 1932 wissen wir, daß er gerade Manns Autobiographie *Kind dieser Zeit* (1932) las, und am nächsten Tag äußerte er sich positiv dazu:

> Klaus Manns Buch, obwohl es stark unter dem Einfluß von Proust und Rilke (gar nicht unter dem seines Vaters) steht, eines der persönlichsten Memoirenbücher der jüngsten Zeit. Er gibt vor allem die Dichtigkeit der menschlichen Gemeinschaft, in der er groß wird; indem er und seine einzelnen Figuren immer in dieser dichten, sehr einzigartigen Atmosphäre stecken, wird ihre persönliche, individuelle Prägung erst recht deutlich. Die einzelnen aus einer sehr dichten, scharf sich einprägenden Gemeinschaft oder Gesellschaft herauswachsen lassen, dieser sozusagen 'kollektivistische' Kniff der Charakterisierung, sehr wirksam. Auch sonst ist 'Kind unserer Zeit' ein wirklich 'bedeutendes' Buch, ein Buch, das etwas *bedeutet*, das Buch der jüngsten Generation, das mir als Ausdruck der letzten zwanzig Jahre vielleicht am kongenialsten ist.[15]

Offensichtlich sah Kessler Manns Autobiographie als Vorbild für die eigenen Memoiren, in denen er sich selbst aus seiner durch Nietzsche geprägten Zeit "herauswachsen" ließ. Kessler hatte aber die Insel bereits verlassen, als Mann etwa ein Jahr später zusammen mit seiner Schwester den zweiwöchigen Urlaub dort antrat. Von einer Begegnung zu einem späteren Zeitpunkt ist nichts bekannt; Kessler starb ohnehin schon im Dezember 1937.

Der einzige Hinweis auf einen Kontakt Brills zu den anderen emigrierten Schriftstellern auf der Insel ist ein Photo, das Kessler nach der Eintragung vom 30. März 1934 in sein Tagebuch eingeklebt hat und das laut Kesslers Beschriftung Brill zusammen mit einer unbekannten Frau Sickel auf Mallorca zeigt.[16] Da Brill nie in Kesslers Tagebuch erwähnt wird, ist es schwer zu sagen, welches Ausmaß der Kontakt hatte. Merkwürdig ist, daß Brill bereits etwa im September 1933 die Insel verließ, das Photo also etwa sechs Monate später den Weg ins Tagebuch fand. Brill muß Kessler auf irgendeine Art und Weise beeindruckt haben, sonst hätte er das

Photo nicht in sein Tagebuch übernommen. Denkbar ist allerdings auch, daß Kesslers Aufmerksamkeit der Frau Sickel galt.

Arendt scheint überhaupt keine Verbindung zu den anderen Exilschriftstellern gehabt zu haben. Silvia Schlenstedt schreibt z.B., daß Kessler, Blei und Otten nicht von seinem Inselaufenthalt wußten.[17] Auch Thelen, Brill, Mann und Schlüter beziehen sich nicht auf ihn. Da die Mallorca-Zeit kaum Spuren in Arendts Nachlaß hinterlassen hat, ist es schwierig festzustellen, inwiefern der Lyriker selbst von den anderen Schriftstellerkollegen auf der Insel wußte bzw. warum er sich so stark isolierte.

Was nun Cala Ratjada und die dort angesiedelten Schriftsteller betrifft, hatte Otten Blei während der Studienzeit kennengelernt. In Berlin sahen sie sich wahrscheinlich auch regelmäßig, da Otten ab 1922 und Blei ab 1923 dort wohnten und beide u.a. für das *Berliner Tageblatt* schrieben.[18] Da Blei bereits 1932 nach Cala Ratjada ging, ist es möglich, daß er Otten, der 1933 Deutschland verließ, davon überzeugte, sich ebenfalls in dem Fischerdorf niederzulassen.[19] Das ist aber nicht eindeutig zu belegen. Dort hatten sie auf alle Fälle Kontakt zueinander und auch zu Rudolf Levy und Arthur Segal.[20] Eine ausgeprägte Interessengemeinschaft bildeten sie jedoch nicht, was Schlüter im Gespräch mit dem Verfasser dieser Arbeit betonte. Man sah sich in Cala Ratjada in einem mallorquinischen Fischer-Café, in einer amerikanischen oder auch einer deutschen Bar, nahm dort die Gelegenheit zum Gedankenaustausch wahr, doch weiter reichten die Gemeinsamkeiten nicht. Schlüter konnte sich auch überhaupt nicht an Otten erinnern. Zwar vermittelte Blei Schlüters Erzählung "Cullera" an Schönwieses *silberboot* in Wien,[21] doch besonders eng war der Kontakt nicht. Dagegen blieb Otten die langjährige Freundschaft zu Blei in Erinnerung. Folgende Worte stellte er seinem Sammelband expressionistischer Prosa *Ahnung und Aufbruch* als Motto voran:

> Gewidmet dem Andenken der deutschen Dichter,
> die in alle Welt verstreut dort liegen wo sie starben
> und darauf warten heimzukehren im Worte unserer Sprache,
> zu dem Volke, dessen Namen sie rein erhielten
> auch in dürftigster Zeit.
> Vor allem den Freunden meiner Jugend
> Franz Blei   Robert Musil   Franz Pfemfert[22]

Schriftstellerkolonie? 165

Was den Kontakt zwischen Blei und Thelen auf der Insel angeht, wußte dieser vom Exil des Österreichers dort, wie oben bereits erwähnt wurde. Er zählte ihn in seinem Roman zusammen mit Kessler und anderen zu den "berühmten Schriftsteller[n]" (760), die auf der Insel schrieben. An anderer Stelle berichtete Thelen davon, wie beim Generalsputsch auf Mallorca eine Anzahl deutscher Emigranten verhaftet und erschossen worden sei. Angeblich habe er das "nachher" (883) von Blei gehört, wobei nicht klar wird, wann das gewesen sein soll. Eventuell war es auf dem britischen Kriegsschiff, auf dem beide der Insel entfliehen konnten, wo sie miteinander ins Gespräch kamen und auf dem sich Blei für die Sicherheit der deutschen Emigranten einsetzte, indem er die Schiffsleitung davon überzeugte, sie nach dem noch republikanischen Barcelona statt des faschistischen Genuas zu bringen (vgl. Kap. Vier). Inwiefern Blei und Thelen auf Mallorca regelmäßigen Kontakt zueinander hatten, bleibt unklar. Obwohl Thelen im südwestlichen Palma wohnte, Blei im nordöstlichen Cala Ratjada, verlebten beide vier bis fünf Jahre auf der Insel, so daß sich genug Zeit ergab, sich wiederholt zu begegnen. Thelen erwähnte aber nur noch, daß er Blei "immer mit Genuß" (904) gelesen habe.

Bezüglich Thelen und Otten schreibt Werner Jung in seinem Otten-Porträt, die beiden seien sich als niederrheinische Schriftstellerkollegen bereits auf der Insel begegnet.[23] In der Einführung zu seiner Auswahl aus dem Briefwechsel zwischen den beiden widerspricht er sich dann und legt ihre Bekanntschaft miteinander auf das Jahr 1957 fest, als sich die Ottens entschlossen hatten, in die Schweiz zu ziehen, und die Thelens um Hilfe bei der Wohnungssuche baten, da sich diese schon dort niedergelassen hatten.[24] *Die Insel des zweiten Gesichts* hilft uns hier nicht viel weiter, da Thelen Otten nur einmal als Informationsquelle zum deutschen Konsul auf Mallorca erwähnt (vgl. 910), wobei nicht klar ist, ob sich Thelen mit Otten darüber während oder nach der Zeit auf Mallorca austauschte. Auch der erwähnte Briefwechsel und weitere Briefe im Otten-Nachlaß sind nicht weiter aufschlußreich. Abgesehen von der Anwendung spanischer Ausdrücke und einigen auf spanisch geschriebenen Postkarten weist wenig auf die gemeinsame Mallorca-Zeit hin.[25] Gelegenheiten zu Begegnungen auf der Insel werden sich auf alle Fälle daraus ergeben haben, daß Otten während seines mallorquinischen Exils wiederholt nach Frankreich reiste, was nur per Schiff von Palma aus möglich war, wo Thelen mit seiner Frau wohnte. Auf alle Fälle rezensierte Thelen später Ottens *Torquemadas Schatten* für *Het Vaderland*.[26]

Ein Blick auf die national gesinnte deutsche Sonntagszeitung *Der Herold*, die von Oktober 1933 bis Juni 1934 in Palma erschien, beleuchtet noch weiter die anfangs gestellte Frage nach möglichen Interessengemeinschaften oder Gelegenheiten zum Gedankenaustausch. Laut eigenen Angaben der Zeitung bestand die deutsche Kolonie im Oktober 1933 allein in Palma aus "annähernd dreitausend" Deutschen,[27] die in erster Linie als Auslandsdeutsche zu sehen waren, d.h. nicht zu den Emigranten oder Exilanten gehörten. Diese relativ hohe Anzahl von Deutschen trug zu einem eigenständigen deutschen Kulturkreis in der Stadt bei, indem es z.B. eine von der Reichsregierung finanzierte deutsche Schule gab, ebenfalls einen regelmäßigen, sowohl evangelischen als auch katholischen Gottesdienst in deutscher Sprache bis hin zu deutschen Restaurants und Geschäften. Die Apotheke Miró fertigte "Recepte nach dem Deutschen Arzneibuch"; Modas Werner hatte "stets die elegantesten Huete" zu verkaufen. Während der Weihnachtswoche 1933 wurde der Spielfilm *Emil und die Detektive* gezeigt, im März 1934 Fritz Langs *Die Nibelungen*. Über einen Otto Kretschmann waren sogar Weihnachtsbäume "in jeder Groesse von Pes. 8.-- an" erhältlich.[28] Es entsteht das Bild einer deutschen Kolonie in Palma, in der nationalsozialistische Elemente eher nebensächlich waren und die manche Ähnlichkeiten mit der heutigen deutschen Präsenz in der Stadt aufweist.

Wenn sich Kessler und Thelen auch nicht gerade an den diversen Veranstaltungen der deutschen Kolonie in Palma beteiligt haben werden, so wird dennoch klar, daß sie dort nicht in völliger Abtrennung von einem deutschen Kulturkontext lebten. Ganz abgesehen von der Distanz durch Altersunterschied und Gesellschaftsstand waren sie gar nicht aufeinander angewiesen, um einen gesellschaftlichen und geistigen Anschluß zu deutschen Landsleuten zu finden, die weder ausgesprochen faschistisch waren, noch im Falle Kesslers zu den deutschen Exilkreisen zählten. Seine Tagebücher belegen seinen aktiven gesellschaftlichen und geistigen Umgang auf Mallorca; darüber hinaus konnte er, durch die Erziehung ebenfalls in der englischen und französischen Kultur zu Hause, über den deutschen Kontext hinaus leicht soziale Kontakte

Schriftstellerkolonie? 167

knüpfen. Thelens Kontakt zu seinen deutschen Lands-leuten zeigt sich schon darin, daß er im *Herold* seine "SOS Loch-Palma"-Satire veröffentlichte.[29] Sein weiterer gesellschaftlicher Kontakt ergab sich daraus, daß er sich durch seinen fast fünf-jährigen Aufenthalt weitgehender als die anderen Schriftsteller in das spanische und mallorquinische Leben integrierte.

Mit Palma war das Fischerdorf Cala Ratjada natürlich nicht zu vergleichen; die Isolation im Dorf wird größer gewesen sein, doch wohnten Blei, Schlüter, die Ottens und die erwähnten Maler auch dort nicht völlig abgetrennt. Im Romanfragment "Das trojanische Pferd" schrieb Blei von "vierzig Fremde[n]", Otten in "Unsere Fremden" sogar von "etwa zweihundert" Ausländern,[30] die sich in Cala Ratjada aufhielten. Für sie wurde der Posthalter in Ottens Text eine Bezugsperson, bei der man sich sah: "Und, was das Wichtigste ist, mein Haus, meine Wohnung haben sie zum Mittelpunkt ihrer täglichen Zusammenkünfte erhoben als sei es ein Café oder ein Casino."[31] Oben wurde schon Schlüter in diesem Zusammenhang erwähnt, der von einem Fischer-Café und einer deutschen Bar sprach, wo man sich ebenfalls traf, um danach wieder getrennte Wege zu gehen. Ebenfalls erwähnte er ein deutsches Geschäft für Reiseandenken, was auf eine gewisse deutsche oder wenigstens touristische Präsenz auch in Cala Ratjada hindeutet. In Schweizer Besitz befand sich das Hotel Castellet, in dem Kesslers Schwester von August bis September 1934 wohnte. Sicher nicht im selben Ausmaß wie in Palma, doch auch in Cala Ratjada gab es gesellschaftlichen und geistigen Anschluß über die dort mitexilierten Schriftsteller hinaus. Gesellschaftliche und geistige Isolation scheint am ehesten auf Arendt und Brill zuzutreffen.

In seiner Studie *Fluchtweg Spanien-Portugal* spricht Patrik von zur Mühlen von einer "alternative[n] Szene", die sich vor dem Hintergrund der Verfolgungen im Dritten Reich auf den Balearischen Inseln etabliert hätte; Cala Ratjada bezeichnet er sogar als "eine kleine Künstlerkolonie".[32] Das geht insofern zu weit, als es Kontakte voraussetzt, die, wie dieses Kapitel zeigt, nur sehr vereinzelt vorhanden waren und zu keiner größeren Interessengemeinschaft im Sinne Sterns oder gar zu einer deutschen Schriftstellerkolonie auf Mallorca führten. Die Schriftstellerexilanten verstanden sich nicht als Einheit oder Gemeinschaft, wie Schlüter im Gespräch hervorhob. Abgesehen von den Wirren der Zeit, aus denen sich schon ergab, daß man z.T. gar nicht voneinander auf Mallorca wußte, werden letzten Endes persönliche Umstände eine Rolle gespielt haben. Der eher unpolitische Thelen, der alternde Blei, die Jüdin Brill, die Kommunisten Arendt und Otten, der gesetzte, aber schon kranke und adlige Kessler, der auf der Insel urlaubende Klaus Mann und der junge moralische Schlüter hatten zwar den Antifaschismus als gemeinsamen Nenner, doch reichte er allein nicht aus, um einen engeren Zusammenhalt zu bilden.[33]

Anmerkungen

[1]Stern, "Prolegomena zu einer Typologie der Exilliteratur" 44. Vgl. a. Kap. 1, Anmerkung 29.

[2]Vgl. Thelen, *Die Literatur in der Fremde*.

[3]Thelen, *Die Insel des zweiten Gesichts* 673. Alle weiteren Zitate aus diesem Text werden mit der Seitenangabe in Klammern versehen.

[4]In diesem Zusammenhang vgl. Hermanik, "Der Autor und sein Schreiberling" u. Kap. 3, Anmerkung 27.

[5]Thelen an Bodenhausen, 25.9.52, Bodenhausen-Nachlaß.

[6]Thelen an Schmoller, 15.6.70, Kessler-Nachlaß.

[7]Kessler an de Brion, 14.9.34, Kessler-Nachlaß. Vgl. a. die Briefe vom 18.8., 14.9. (zweimal erwähnt), 19.9., 7.12., 26.12.34 u. 25.3. u. 6.4.35. Alle weiteren Zitate aus diesem Briefwechsel werden mit "Kessler-Nachlaß" in Klammern versehen.

[8]Ernst Thälmann wurde als Vorsitzender der KPD 1933 von den Nazis verhaftet und 1944 im Konzentrationslager Buchenwald erschossen. Eine andere Erklärung in diesem Zusammenhang bietet ein von Thelen in seinem Roman geschildertes Gespräch mit dem Schriftsteller und Grafen Werner von der Schulenburg (1881-1958), das nach der Mallorca-Zeit Thelens stattfand. Dort gab er eine psychoanalytische Erklärung Schulenbergs von Kesslers "Thälmann-komplex" wieder: "Harry Graf Keßler habe in Weimar, in roter Bluse, auf den Barrikaden gestanden. Und Schulenburg ließ mich raten, wer, ebenfalls in der roten Bluse, neben ihm das Vaterland verteidigt habe. Ich sann nach, in Geschichte hatte ich immer mangelhaft und kam deshalb nicht über Rosa Luxemburg hinaus. Beatrice sagte aber fließend: Thälmann! Der war's. Alles übrige habe sich dann nach den Gesetzen der Verdrängung vollzogen: Auf Mallorca habe der Anklang Thälmann—Thelen den roten Blusenmann wieder an die Oberfläche getrieben, und so weiter, ich hätte ja Psychologie studiert" (738-39). Eventuell ist die Verbindung Kessler/Thälmann ebenfalls als eine von Thelens erzählerischen Stilisierungen zu betrachten. Jedenfalls taucht Thälmann nicht im Zusammenhang mit Weimar in Kesslers Tagebuch auf; ebenfalls ist weder in Grupp noch in Stenzel davon die Rede.

Schriftstellerkolonie?

[9] Vgl. Thelen, "Der Hölle entronnen" 238.

[10] Vgl. Grupp 252 u. Schuster/Pehle 483. Allerdings hinderte diese Einstellung Kessler nicht daran, "two German girls, communists, refugees, but not Jewesses" einzustellen, die mithalfen, den Haushalt in Bona Nova zu führen, wie er in einem Brief an die Schwester vom 29.12.33 schrieb (Kessler-Nachlaß). Vermutlich waren diese Frauen nicht in Emigrantenkreisen aktiv. Merkwürdig ist, daß Kessler betont, sie seien nicht Jüdinnen gewesen. Inwiefern das in einem antisemitischen Sinn zu verstehen wäre, muß hier letzten Endes ungeklärt bleiben, ist aber bei Kessler schwer vorstellbar angesichts der Biographie *Walther Rathenau* (1928), die Kessler über den jüdischen Industriellen und Politiker der Weimarer Republik geschrieben hatte und die frei von antisemitischen Tendenzen war.

[11] Vgl. Kessler, Tagebuch-Transkriptionen, 14.2. u. 26.11.1911. Alle weiteren Zitate aus den Tagebüchern sind mit "Tagebuch-Transkriptionen" in Klammern versehen.

[12] Vgl. Thelen, *Die Insel des zweiten Gesichts* 760.

[13] Blei, *Zeitgenössische Bildnisse* 171.

[14] Vgl. Kap. 9, Anmerkung 3. Was Cala Ratjada betrifft, wäre noch der mögliche Kontakt Kesslers zu den Malern Rudolf Levy, Heinrich Maria Davringhausen und Arthur Segal zu erwähnen, die ebenfalls dort wohnten bzw. sich aufhielten und die er als Förderer der modernen Kunst aus Berlin gekannt haben muß, wenn sie auch nicht direkt in seinen Tagebüchern erwähnt werden. Denkbar ist, daß Kessler den Kontakt auch zu diesen aktiven Antifaschisten schlichtweg vermied. Arthur Segals Gemälde wurden im Oktober/November 1933, im April/März und im Mai 1934 in Palma ausgestellt, und Kessler hätte die Ausstellung sicher besucht, wenn ihm daran gelegen gewesen wäre. Abgesehen von der politischen Vorsicht Emigrantenkreisen gegenüber ist es in diesem Kontext auch möglich, daß er Künstlerkollegen vermied, weil er finanziell gar nicht mehr in der Lage war, als Kunstmäzen aufzutreten, eine Rolle, in der er sich während der Berliner Zeit gefallen hatte. Aus dem einstigen Mäzen der künstlerischen Moderne war auf Mallorca ein Bittsteller geworden.

[15] Kessler, *Tagebücher 1918 bis 1937* 664.

[16] Vgl. das Original von Kesslers Tagebüchern, Kessler-Nachlaß.

[17] Schlenstedt in Hermsdorf et al. 197.

[18] Vgl. Zeller/Otten 20 u. Eisenhauer 125.

[19] In seinen Ausführungen zu Blei erwähnt Schönwiese, daß Otten "auf dem Weg in die Emigration vorübergehend in Wien" geweilt und zusammen mit Blei einen Teil der Kaffeerunde im Café Herrenhof gebildet hätte. Vgl. Schönwiese, "Literarisches Leben im Wien der dreißiger Jahre" 78. Dem widersprechen Zeller und Ellen Otten (und vielleicht sollte man Ottens Frau eher Glauben als Schönwiese schenken), wenn sie schreiben, daß Ottens Weggang aus Deutschland über Paris nach Mallorca führte (vgl. 23). Ohnehin befand sich Blei schon seit Juni 1932 auf der Insel.

[20] Vgl. Zeller/Otten 23. Vgl. a. Kap. 4, Anmerkungen 13 u. 14.
[21] Vgl. ibid., Anmerkung 15.
[22] Zit. n. Zeller/Otten 29.
[23] Vgl. Jung, "Karl Otten" 19.
[24] Vgl. ibid., "Aus einem Briefwechsel zwischen Albert Vigoleis Thelen und Karl Otten" 50.
[25] Vgl. ibid. 51, 53 oder 56. Allerdings liegt nur ein Teil der Korrespondenz vor. Nachforschungen in Thelens Nachlaß sind erst im Jahr 2007 möglich, wenn der Nachlaß aufgrund von testamentarischen Bestimmungen zugänglich wird. Was das unveröffentlichte Werk Thelens betrifft, ist allerdings nicht viel von dem Nachlaß zu erwarten, wenn wir seinen Ausführungen in *Der schwarze Herr Bahßtup* Glauben schenken können. Dort ist nämlich zu lesen: "Ferne von mir seien Gedanken an meine Hinterlassenschaft, zudem steht in meinem Testament eine Klausel: Alles ist nach meinem Tode ungelesen zu vernichten, Gereimtes und Ungereimtes, mitsamt allen Übersetzungs-Manuskripten, ausgenommen des Mystikers Pascoaes' Buch über Napoleon, 'Spiegel des Antichrist' [...] (11).
[26] Vgl. Thelen, *Die Literatur in der Fremde* 229-30.
[27] Vgl. "Palma de Mallorca. Die neue Deutsche Schule in Palma" 19.
[28] Vgl. die Werbungen in *Der Herold* 12 (17.12.33): 10, 33 (13.5.34): 9 u. 38 u. (10.6.34): 11.
[29] Vgl. Kap. 2, Anmerkung 12.
[30] Blei, "Das trojanische Pferd" 90 u. Otten, "Unsere Fremden", "Geschichten aus Pueblo" 2.
[31] Otten, "Unsere Fremden", "Geschichten aus Pueblo" 1-2.
[32] Zur Mühlen, *Fluchtweg Spanien-Portugal* 56-57.
[33] Vgl. in diesem Zusammenhang Stephan 30, der auf die allgemeine Zersplitterung der exilierten Schriftsteller hinweist. Vgl. a. Thelen, *Die Literatur in der Fremde* 227.

KAPITEL ELF

Einige Schlußgedanken zum Thema

In Schlüters Erzählung "Signor Anselmo", die eigene Erfahrungen auf Ischia als weiterem Inselexilort nach Mallorca verarbeitet, resümiert der autobiografisch gefärbte Protagonist seine wiederholten Inselaufenthalte: "Ich wollte sagen, daß es vielleicht kein Zufall war sondern nur unserer inneren Situation entspräche."[1] Die Insel als Metapher für die innere Befindlichkeit des Exillebens—wie soll das verstanden werden?

Viele deutsche Emigranten der Nazizeit, zunehmend ihrer Gesellschaft entfremdet und persönlicher Gefahr ausgesetzt, zogen sich auf sich selbst zurück. Exil bedeutete, von Freunden, Künstlerkollegen und intellektuellen Strömungen abgeschnitten und in der neuen Sprache und veränderten geistigen Umgebung nur begrenzt zu Hause zu sein. Sie empfanden ihr abgekapseltes Dasein als eine Insel, getrennt vom Festland der sprachlichen und intellektuellen Heimat.

Dieses Gefühl scheinen die hier behandelten Schriftsteller allerdings nicht alle im gleichen Ausmaße empfunden zu haben. Es trifft weniger auf Kessler und Thelen zu, die sich in Palma entweder in anderen europäischen Kulturkreisen bewegten oder sich ins mallorquinische Leben integrierten. Etwas besser beschreibt es Bleis, Ottens und Schlüters Exil auf Mallorca, doch selbst im dörflichen Cala Ratjada hielten sie sich unter anderen, auch deutschsprachigen Ausländern auf. Am ehesten umfaßt es den mallorquinischen Exilzustand von Arendt und Brill, die in Pollença und Alcudia in größerer Isolation lebten.

Trotz des unterschiedlichen Grades ihrer jeweiligen Isolation schrieben sie aber alle weiter. Die Mallorca-Aufenthalte des österreichischen Autors Thomas Bernhard (1931-1989), der in den 70er und 80er Jahren wiederholt auf der Insel verweilte und sie für seinen Roman *Beton* (1982) als Schauplatz wählte,[2] sind einerseits kaum als Exil zu bezeichnen. Andrerseits treffen manche seiner Interview-Aussagen zu seinem Schaffen auf der Insel vielleicht auch auf die Exilschriftsteller in dieser Studie zu. So empfand

Bernhard das Meer als "eine Notwendigkeit" für den Denkprozess: "Aber die Meerluft ist ja wunderbar. Und Sie sehen ja selber, wie schön das da ist, und das ist für die Arbeit nur förderlich. Schiffe sind immer angenehm, und das Meer ist unbezahlbar."[3] Zur Sprachsituation sagte Bernhard:

> Und dann ist für die Arbeit am allerwichtigsten, ... in einem Land zu sein, wo man die Sprache nicht versteht, weil man ununterbrochen das Gefühl hat, die Leut' sagen nur angenehme Dinge und reden eigentlich nur wichtige philosophische Sachen. Und wenn man bei uns die Sprache versteht, hat man das Gefühl, sie reden nur lauter Schmarrn, nicht?[4]

Auf den Exilkontext dieser Studie übertragen, ist das so zu verstehen, daß die exilierten Schriftsteller das anfängliche Nichtverstehen des Spanischen vielleicht nicht nur als Entfremdung empfanden, sondern auch als wohltuend nach den sprachlichen Mißbräuchen des Deutschen im Dritten Reich. Von diesen Mißbräuchen befreit und vor dem Hintergrund des Meeres fanden sie im Laufe der Zeit sprachliche und gedankliche Distanz und somit neue Lebens- und Schreibimpulse. Kessler konnte sein Erinnerungsbuch *Gesichter und Zeiten* fertigstellen; Thelen schrieb an dem später zerstörten Roman "Hünengräber ohne Hünen" herum; Blei und Schlüter arbeiteten an ihren eigenen Romanvorhaben; Brill stellte den Aufsatz über "Die Marannen der Insel Mallorca" fertig; Arendt schrieb Gedichte; Otten blieb von Mallorca aus politisch aktiv.

Bei allen außer Kessler schlugen sich die Exilerfahrungen auf der Insel auch nach der Zeit dort sehr direkt in ihrem literarischen Schaffen nieder. Schlüter schrieb den Roman "Nach dem Krieg" fertig, vernichtete aber später das Manuskript, so daß sich nichts Näheres zu dessen Inhalt sagen läßt. Doch den anderen bot die Insel einen bestimmten Blickwinkel auf die Entwicklung der politischen Zustände im übrigen Europa, speziell in Deutschland. Das ist nicht weiter überraschend, da viele Schriftsteller ihre Exilerfahrungen literarisch verarbeiteten.[5] Bleis "Lydwina", ein Fragment des Romanprojekts "Das trojanische Pferd", läßt erahnen, daß Mallorca als Schauplatz dienen sollte, um die Kultur der Zwischenkriegszeit kritisch und ironisch zu beleuchten, eine Zeit, in die der Nationalsozialismus bereits seine Schatten warf. Hingegen gewährte Mallorca Thelen und seinem Vigoleis die geographische Dis-

Schlußgedanken

tanz, der er dann durch die spätere Niederschrift in Amsterdam eine zeitliche hinzufügte, um in seiner *Insel des zweiten Gesichts* die Zustände im Dritten Reich—Kleinbürgertum, Autoritätsgläubigkeit, Rassenlehre und Antisemitismus—zu karikieren oder anhand der deutschen Landsleute auf Mallorca im kleinen durchzuspielen und dabei satirisch ad absurdum zu führen. In *Torquemadas Schatten* hielt Otten die Schrecken des Bürgerkriegs auf der Insel fest, und zwar unmittelbar, nachdem er es dort erlebt hatte. Auch in diesem Roman benützte der Autor die Insel, um im kleinen den Faschismus durchzuspielen, allerdings im Gegensatz zu Thelen ohne satirische Absicht. Vielmehr nahm der Roman vorweg, was sich wenig später in ganz Europa wiederholen sollte, und bildete eine Art Kampfansage. Die "Geschichten aus Pueblo" blieben dagegen relativ unpolitisch. Im Zentrum der Mallorca-Episode in Klaus Manns *Vulkan* steht dann aber wieder die kämpferische Haltung gegen den Faschismus. In dem Mallorca-Kapitel ihres Romanmanuskripts "Schmelztiegel" erarbeitet sich Brills autobiographische Protagonistin die Geschichte der Marannen auf der Insel und identifiziert sich als Jüdin mit ihrem tragischen Schicksal. Für sie ist es eine Tragik, die sich im nationalsozialistischen Deutschland der Romangegenwart fortzusetzen droht. In seinen Mallorca-Gedichten spricht Arendt von der persönlichen Bedeutung, die die Insel angesichts der Bedrohung durch das Dritte Reich für ihn hatte. Darüber hinaus sammelte er Erfahrungen auf der Insel, die ihn von solchen allgemeineren Themen wie Befreiung und der Vergänglichkeit des menschlichen Daseins sprechen lassen.[6]

Mit der Ausnahme von Bleis "Lydwina", Brills "Schmelztiegel" und Ottens "Geschichten aus Pueblo" sind diese literarischen Zeugnisse unter jene Werke deutscher oder deutschsprachiger Autoren einzureihen, in denen die Ereignisse des Spanischen Bürgerkrieges eine zentrale Rolle spielen. In diesem Zusammenhang sind zunächst solche dokumentarischen Werke wie Arthur Koestlers *Menschenopfer unerhört. Ein Schwarzbuch über Spanien* (1937) oder Alfred Kantorowicz' *"Tschapaiew". Das Bataillon der 21 Nationen. Dargestellt in Aufzeichnungen seiner Mitkämpfer* (1938) zu nennen. Ebenfalls dokumentarisch bzw. autobiographisch sind die Tagebücher dieser beiden Autoren: Koestlers *Ein spanisches Testament* (1938)[7] und Kantorowicz' *Spanisches Tage-*

buch (1948). Ludwig Renns *Der spanische Krieg* (1955) kann man als autobiographischen Erlebnisbericht bezeichnen, so auch viele der Texte in Erich Arendts *Spanien-Akte Arendt* (1986) oder überhaupt Egon Erwin Kischs gesammelte Reportagen in *Unter Spaniens Himmel* (1961). Willi Bredels *Begegnung am Ebro* (1939), Eduard Claudius' *Grüne Oliven und nackte Berge* (1945) oder Gustav Reglers *Das große Beispiel. Roman einer internationalen Brigade* (1976)[8] sind dagegen Romane, die aber einen dokumentarischen und autobiographischen Charakter besitzen, weil sie eigene Erfahrungen in den in Spanien kämpfenden Internationalen Brigaden nur leicht fiktionalisieren. Einen solchen dokumentarischen Charakter hat auch Bodo Uhses längere Erzählung *Die erste Schlacht. Vom Werden und von den ersten Kämpfen des Bataillons Edgar André* (1938), wobei deren Ausgangspunkt nicht eigene Erfahrungen, sondern die Aussagen einer Vielzahl seiner Mitkämpfer sind. Mehr ins rein Fiktive gehen solche Werke wie Leonhards Erzählband *Der Tod des Don Quijote* (1938), Hermann Kestens Roman *Die Kinder von Gernika* (1939) oder Reglers posthum veröffentlichter Roman *Juanita* (1986). Der Titel von Rudolf Leonhards *Spanische Gedichte und Tagebuchblätter* (1938) macht hingegen klar, daß sich dieses Werk sowohl einer autobiographischen als auch der lyrischen Form bedient. Hier wäre auch Arendts *Bergwindballade* (1952) anzuführen, die seine im Zusammenhang mit dem Bürgerkrieg entstandenen Gedichte enthält. Was schließlich das dramatische Genre betrifft, fallen einem solche Werke wie Bertolt Brechts *Die Gewehre der Frau Carrar* (1937) und Bredels *Jacinta (Die Liste)* (1977) ein.

Bei aller Unterschiedlichkeit der genannten Werke in Form, Inhalt und literarischer Qualität besitzen sie den gemeinsamen Nenner eines antifaschistischen Anspruchs und des Bewußtseins, daß es im Spanischen Bürgerkrieg in einem größeren Kontext darum ging, dem Vormarsch des Faschismus in Europa Einhalt zu gebieten und somit die Freiheit zu verteidigen. Dieses antifaschistische Bewußtsein und das sich daraus ergebende schriftstellerische oder journalistische Engagement drücken sich z.B. in der Rede aus, die Kisch 1937 auf dem Internationalen Schriftstellerkongreß in Madrid hielt:

> Wir Schriftsteller aus aller Welt und aus allen Lagern müssen in unseren Schriften nicht nur für die Gegenwart des spanischen Freiheitskampfes

Schlußgedanken

eintreten, sondern wir müssen auch dafür sorgen, daß die Geschichtsschreibung diesen heldenhaften Widerstand nicht verfälschen kann und ihn als das hinstellen muß, was er wirklich ist: ein Krieg um die Menschenrechte gegen die modernsten Gewaltmethoden der Reaktion, die Methoden des Faschismus![9]

Mehr auf literarische Weise sprach Claudius die antifachistische Haltung an, als er sich in *Grüne Oliven und nackte Berge* in die Situation eines der Verteidiger der Republik versetzte: "Er weiß, daß viele Dinge in der Welt geschehen, die mit dem Schießen hier und mit dem kleinen Stück Erde in Zusammenhang stehen, und daß er mit der Beherrschung dieses kleinen Stückes Erde vielleicht eine Straße in Berlin oder eine Fabrik in Paris beherrscht."[10] Indem Thelens *Insel des zweiten Gesichts*, Ottens *Torquemadas Schatten*, Manns *Vulkan* oder Arendts Gedicht "Erntelied auf Mallorca" im selben antifaschistischen Licht zu sehen sind, gewinnen sie eine literaturhistorische Bedeutung als Beispiele für eine engagierte Literatur.

Was die eigentliche Exilzeit auf Mallorca angeht, trifft über Schlüters anfangs zitierte Aussage hinaus Arendts Gedicht "Inselgarten" ebenfalls in unterschiedlichem Ausmaße auf alle der Schriftsteller hier zu. "Vor jenem Grauen fliehend"[11] wurde Mallorca "der bangen Irrfahrt Ziel", wo sie das Spiel von Sonne, blühender Natur, Meer und Himmel als "Paradies" empfanden und Zeit für das eigene Schaffen blieb. Das ließ sie den nationalsozialistischen Terror zwar nicht vergessen, doch überleben. Kessler reiste bereits im Juni 1935 aus gesundheitlichen Gründen von Mallorca ab; für Mann war der Inselaufenthalt sowieso nur ein Mosaiksteinchen im Muster der langen Exilzeit, für Brill eher eine Zwischenstation. Dagegen verlief das Ende des mallorquinischen Exils für Arendt, Thelen, Blei, Otten und Schlüter tragischer. Sie blieben bis zum Anfang des Spanischen Bürgerkriegs, bis "der Tod mit Höllenpanzern auch zur Insel" kam. Als sie dort vom Faschismus eingeholt wurden, diesmal in den phalangistischen Farben Francos, befanden sie sich gewissermaßen wieder auf der "falschen" Seite. Sie werden sich das gedacht haben, was der Dadaist Raoul Hausmann seinen Protagonisten im Roman *Hyle* (1969) sagen ließ, der auf eigenen Exilerfahrungen auf der benachbarten Insel Ibiza beruht: "Dazu hab' ich Deutschland verlassen, damit DAS hier von neuem anfängt."[12]

Schlußgedanken

In keiner anderen Region Spaniens gab es vor 1936 eine so hohe Konzentration von deutschsprachigen Schriftstellern im Exil wie auf Mallorca, wenn sich auch dort im Sinne Guy Sterns keine ausgeprägten Interessengruppen bildeten.[13] Als der Bürgerkrieg begann, verlagerte sich die Exilsituation von Mallorca aufs spanische Festland, da viele deutschsprachige Schriftsteller und auch Journalisten nach Spanien gingen und, wie oben schon klar wurde, vielfach in den Internationalen Brigaden auf der Seite der Republik mitkämpften, so Willi Bredel, Eduard Claudius, Alfred Kantorowicz, Arthur Koestler, Egon Kisch, Rudolf Leonhard, Hans Marchwitza, Gustav Regler, Ludwig Renn, Kurt Stern, Bodo Uhse oder Erich Weinert. Arendt wirkte im Stab der spanischen 27. Division "Carlos Marx" mit. Das hing weitgehend mit den linksgerichteten und oft kommunistischen Sympathien dieser Schriftsteller zusammen, die wiederum erklären, warum die große Mehrzahl von ihnen nach 1945 in die Sowjetische Besatzungszone oder nach 1949 in die DDR ging.[14] Im Jahr 1940 spielte Spanien als Transitland noch einmal eine Rolle, indem solche Autoren wie Alfred Döblin, Heinrich Mann, Lion Feuchtwanger, Alfred Polgar oder Franz Werfel durch Spanien den Weg nach Portugal fanden, um von Lissabon aus Europa zu verlassen, damals eine der wenigen Möglichkeiten, nach der Besetzung Frankreichs der Gestapo zu entkommen.[15] Auch Blei gehörte zu diesen Schriftstellern, und Thelen kam in Portugal bei seinem Dichterfreund Teixeira de Pascoaes unter.

Der lebensgefährliche Einsatz deutschsprachiger Schriftsteller im Spanischen Bürgerkrieg mag das mallorquinische Exil als vergleichsweise angenehm und unbedeutend erscheinen lassen, zumal sie alle, insofern sie nicht früher die Insel verließen, dem Bürgerkrieg unbeschadet entkommen konnten und im Gegensatz zu Arendt sich nicht direkt daran beteiligten. Dennoch war das mallorquinische Exil bisher ein ungeschriebenes Kapitel in der deutschen Exilforschung. Ich hoffe, eine bisher wenig bekannte Seite der deutschen Exilerfahrung und damit auch einen wenig bedachten kulturhistorischen Aspekt Mallorcas anschaulich gemacht zu haben.[16]

Schlußgedanken

Anmerkungen

[1] Schlüter, "Signor Anselmo" 21.
[2] Vgl. Anmerkung 6.
[3] Fleischmann, "Monologe auf Mallorca" 10 u. 13.
[4] Ibid. 33.
[5] Vgl. Stephan 163-64.
[6] Hier ist anzumerken, daß die erwähnten Romane bereits einen Höhepunkt in Mallorcas Rolle als Schauplatz in der deutschen Literatur darstellen. Die deutsche Gegenwartsliteratur hat kaum Vergleichbares zu bieten. Heinrich Breloers und Frank Schauhoffs *Mallorca, ein Jahr* (1995) ist als mißlungener Versuch zu werten, einen Roman als Reiseführer zu schreiben, während Jörg Mehrwalds *Keiner verläßt die Theke* (1997), Christoph Gottwalds *Endstation Palma* (1998) oder Leonie Bachs *Auf Mallorca liebt sich's besser* (1999) mit ihren Intrigen und erotischen Szenen der Trivialliteratur zuzuordnen sind. Mittlerweile gibt es auch Kinderbücher, die auf Mallorca spielen, so Dagmar Chidolues *Millie auf Mallorca* (1999) oder Alida Gundlachs *Pünktchen olé! Eine Dalmatinerin auf Mallorca* (2000). Literarisch anspruchsvoller sind die essayistischen Ausführungen in E.A. Rauters *Mallorca. Das Land hinter der Bühne* (1988) und Hansjörg Martins *Zwölf Monate Mallorca* (1994). Erwähnenswert ist noch Thomas Bernhards Roman *Beton* (1982), in dem der Protagonist seiner Hoffnungslosigkeit und seinem "writer's block" auf Mallorca zu entfliehen versucht. Die angeblich paradiesische Insel entpuppt sich aber als weitere Hölle, in der er von tragischen Erinnerungen verfolgt wird.
[7] Dieses Tagebuch erschien 1937 zuerst auf englisch unter dem Titel *Spanish Testament*. Eine verkürzte Version kam 1938 als *Dialogue with Death* heraus.
[8] Dieser Roman erschien 1940 zuerst auf englisch als *The Great Crusade*.
[9] Kisch 41.
[10] Claudius 230.
[11] Alle Zitate nach dem Abdruck dieses Gedichts in Arendt, *Trug doch die Nach den Albatros* 60-61.
[12] Hausmann 182. Vgl. a. unten Anmerkung 16.
[13] Vgl. Stern, "Prolegomena zu einer Typologie der Exilliteratur" 44.
[14] Vgl. Zur Mühlen, *Spanien war ihre Hoffnung*.
[15] Vgl. Walz. Allerdings vernachläßigt Walz die Bedeutung Mallorcas als Teil der Geschichte deutscher Exilschriftsteller in Spanien, wenn sein Aufsatz mit den folgenden Worten beginnt: "Zweimal spielt Spanien in der Geschichte der deutschsprachigen Exil-Literatur (1933 bis 1945) eine bedeutsame Rolle: während des Bürgerkriegs und nach der Besetzung Frankreichs durch deutsche Truppen" (324).
[16] Dieser Aspekt hört auch nicht mit den hier behandelten Schriftstellern und den am Rande erwähnten Malern auf. Was Exil und Mallorca betrifft, wären der

Schlußgedanken

pazifistische Journalist Heinz Kraschutzki und der sozialdemokratische Journalist Franz von Puttkamer zu erwähnen. Darüber hinaus zog nicht nur die größte der balearischen Inseln deutsche Exilanten an. Auf Ibiza war der Berliner Dadaist Raoul Hausmann (1886-1971), aus dessen *Hyle. Ein Traumsein in Spanien* bereits zitiert wurde (vgl. Anmerkung 12). Während seiner Zeit dort dokumentierte Hausmann auch ibizische Architektur und Bräuche mit vielen Photographien, die er in katalanischen Zeitschriften wie *A.C. Documentos de Actividad Contemporánea* und *D'Ací i d'Allà* erscheinen ließ. Photos aus dieser Zeit sind auch in Ceysson 152-67 zu finden. Abgesehen von den politischen Umständen, die seine Flucht aus Deutschland bedingten, fühlte er sich als Photograph zu den sogenannten "islas de la luz", den Inseln des Lichts hingezogen. So hieß auch eine Ausstellung, die ihm, der deutschen Photographin Sibylle von Kaskel, der amerikanischen Photographin Florence Henri und dem katalanischen Photographen Joaquim Gomis gewidmet und im Sommer 1999 in Palma in der katalanischen Fundación "la Caixa" zu sehen war. Der Kulturkritiker und Schriftsteller Walter Benjamin (1892-1940) fand ebenfalls den Weg nach Ibiza, wo er ab April 1932 einige Monate und ab April 1933 einige Wochen verbrachte. Er kam bei Felix Noeggerath (1885-1960) unter, den Kessler auf Mallorca kennengelernt hatte (vgl. Kap. 3, Anmerkung 39). Lene Schneider-Kainer (1885-1971) war eine in Wien geborene jüdische Malerin und Graphikerin, die es 1932 auch nach Ibiza verschlug, wo sie bis 1936 ein erfolgreiches Gasthaus betrieb, das zu Anfang des Bürgerkriegs zerstört wurde. Vgl. Dahmen 29. Das alles macht deutlich, daß eine weitere Studie wenigstens zu Ibiza als Exilort zu schreiben wäre—Menorca scheint in diesem Zusammenhang weniger wichtig zu sein—, ganz abgesehen von einer allgemeineren Geschichte der Deutschen auf den Balearischen Inseln bis in die Gegenwart hinein.

Auswahlbibliographie

Nachlässe, unveröffentlichte Manuskripte und sonstige Archivmaterialien

Blei, Franz. Akte der American Guild for German Cultural Freedom. Die Deutsche Bibliothek, Deutsches Exilarchiv 1933-1945, Frankfurt a.M.

---. "Das trojanische Pferd". Wilhelm Sternfeld-Nachlaß. Die Deutsche Bibliothek, Deutsches Exilarchiv 1933-1945, Frankfurt a.M.

Bodenhausen, Dora v. Nachlaß. Deutsches Literaturarchiv, Marbach a. Neckar.

Brill, Martha. Akte der American Guild for German Cultural Freedom. Die Deutsche Bibliothek, Deutsches Exilarchiv 1933-1945, Frankfurt a.M.

---. "Die Marannen der Insel Mallorca". Martha Brill-Nachlaß. Die Deutsche Bibliothek, Deutsches Exilarchiv 1933-1945, Frankfurt a.M.

---. "Gedichte". Martha Brill-Nachlaß. Die Deutsche Bibliothek, Deutsches Exilarchiv 1933-1945, Frankfurt a.M.

---. Nachlaß. Die Deutsche Bibliothek, Deutsches Exilarchiv 1933-1945, Frankfurt a.M.

---. "Schmelztiegel". Martha Brill-Nachlaß. Die Deutsche Bibliothek, Deutsches Exilarchiv 1933-1945, Frankfurt a.M.

Broch, Hermann. Nachlaß. Deutsches Literaturarchiv, Marbach a. Neckar.

Kessler, Harry Graf. Nachlaß. Deutsches Literaturarchiv, Marbach a. Neckar.

---. "Transkriptionen des Projektes zur Editionsvorbereitung der Tagebücher Harry Graf Kesslers". Deutsches Literaturarchiv, Marbach a. Neckar.

Kommer, Rudolf. Nachlaß. Handschriften- u. Inkunabelnsammlung der Österreichischen Nationalbibliothek, Wien.

Mann, Klaus. Nachlaß. Archiv Klaus Mann, Münchner Stadtbibliothek, Monacensia, Literaturarchiv.

Mann, Thomas. Nachlaß. Thomas-Mann-Archiv, Zürich.

Otten, Karl. "Abschied". Karl Otten-Nachlaß. Deutsches Literaturarchiv, Marbach a. Neckar.

---. Akte der American Guild for German Cultural Freedom. Die Deutsche Bibliothek, Deutsches Exilarchiv 1933-1945, Frankfurt a.M.

---. "Geschichten aus Pueblo". Karl Otten-Nachlaß. Deutsches Literaturarchiv, Marbach a. Neckar.

---. Nachlaß. Deutsches Literaturarchiv, Marbach a. Neckar.

Schlüter, Herbert. Akte der American Guild for German Cultural Freedom. Die Deutsche Bibliothek, Deutsches Exilarchiv 1933-1945, Frankfurt a.M.

---. Briefe an Hellmut Draws-Tychsen. Die Deutsche Bibliothek, Deutsches Exilarchiv 1933-1945, Frankfurt a.M.

Schönwiese, Ernst. Nachlaß. Österreichisches Literaturarchiv der Österreichischen Nationalbibliothek, Wien.

Sternfeld, Wilhelm. Nachlaß. Die Deutsche Bibliothek, Deutsches Exilarchiv 1933-1945, Frankfurt a.M.

Weismann, Willi. Nachlaß. Deutsches Literaturarchiv, Marbach a. Neckar.

Auswahlbibliographie

Primärliteratur

Arendt, Erich. *Aus fünf Jahrzehnten. Gedichte.* Rostock: Hinstorff, 1968.

---. *Bergwindballade. Gedichte des spanischen Freiheitskampfes.* Berlin: Dietz, 1952.

--- u. Katja Hayek. *Inseln des Mittelmeeres. Von Sizilien bis Mallorca.* Leipzig: Brockhaus, 1961.

---. *Säule Kubus Gesicht. Bauen und Gestalten auf Mittelmeerinseln.* Dresden: Verlag der Kunst, 1966.

---. *Spanien-Akte Arendt. Aufgefundene Texte Erich Arendts aus dem Spanienkrieg.* Hg. Silvia Schlenstedt. Rostock: Hinstorff, 1986.

---. *Trug doch die Nacht den Albatros. Gedichte.* Berlin: Rütten & Loening, 1951.

---. *Zeitsaum. Gedichte.* Leipzig: Insel, 1978.

Blei, Franz. *Briefe an Carl Schmitt: 1917-1933.* Hg. Angela Reinthal. Heidelberg: Manutius, 1995.

---. "Brief an Hermann Kesten, 16.5.41". *Deutsche Literatur im Exil. Briefe europäischer Autoren. 1933-1949.* Hg. Hermann Kesten. Wien, München, Basel: Desch, 1964. 189.

---. "Briefe aus Cagnes". *Der Aquädukt* (1963): 162-75.

---. "Lydwina". *Schriften in Auswahl. Mit einem Nachwort von A.P. Gütersloh.* München: Biederstein, 1960. 427-68.

---. *Zeitgenössische Bildnisse.* Amsterdam: Allert de Lange, 1940.

Brill, Martha. "Der Spezereiladen". *Hamburger Anzeige* (1925). Zeitungsbeleg ohne genauere bibliographische Angaben im Martha Brill-Nachlaß. Die Deutsche Bibliothek, Deutsches Exilarchiv 1933-1945, Frankfurt a.M.

---. "Eine Stunde über dem Boulevard". *Ein deutsch-französischer Almanach. Anläßlich des Gesellschaftsabends der deutsch-französischen Gruppe.* Hg. Johannes Asmus. Hamburg: Johannes Asmus, 1929. 24-26.

---. "Zwischen Bazaar und Wüste". *Monatsschrift der Hamburg-Südamerikanischen Dampfschifffahrts-Gesellschaft* 2, 8 (1932): 10-12.

Claudius, Eduard. *Grüne Oliven und nackte Berge.* Berlin: Volk und Welt, 1948.

Distler, Elvira (Hg.). *Mallorca. Insel des Lichts. Ein Lesebuch.* München: Knaur, 1999.

Graves, Robert. "Why I Live in Majorca 1953". *Majorca Observed.* London: Cassell, 1965. 7-51.

Gütersloh, Albert Paris. *Allegorie und Eros. Texte von und mit Albert Paris Gütersloh.* Hg. Jeremy Adler. München/Zürich: Piper, 1986.

Hahn, Ulla. "Auf der Suche nach der verlorenen Stille". *Merian* 2/47 (Feb. 1994): 30-33.

Hausmann, Raoul. *Hyle. Ein Traumsein in Spanien.* Frankfurt a.M.: Heinrich Heine Verlag, 1969.

Hemingway, Ernest. *For Whom the Bell Tolls.* New York: Scribner, 1968.

Jung, Werner (Hg.). "Aus einem Briefwechsel zwischen Albert Vigoleis Thelen und Karl Otten". *Juni* 2, 3 (1988): 50-57.

Kessler, Harry Graf. "Der neue deutsche Menschentyp". *Gesammelte Schriften in drei Bänden. Künstler und Nationen. Aufsätze und Reden 1899-1933*. Bd. II. Hg. Cornelia Blasberg u. Gerhard Schuster. Frankfurt a.M.: Fischer, 1988. 285-94.

---. *Gesammelte Schriften in drei Bänden. Gesichter und Zeiten.* Bd. I. Hg. Cornelia Blasberg u. Gerhard Schuster. Frankfurt a.M.: Fischer, 1988.

---. "Graf Hermann Keyserlings politische Ideen". *Gesammelte Schriften in drei Bänden. Künstler und Nationen. Aufsätze und Reden 1899-1933*. Bd. II. Hg. Cornelia Blasberg u. Gerhard Schuster. Frankfurt a.M.: Fischer, 1988. 186-92.

---. "Gildensozialismus". *Gesammelte Schriften in drei Bänden. Künstler und Nationen. Aufsätze und Reden 1899-1933*. Bd. II. Hg. Cornelia Blasberg u. Gerhard Schuster. Frankfurt a.M.: Fischer, 1988. 197-204.

---. "Nationalität". *Gesammelte Schriften in drei Bänden. Künstler und Nationen. Aufsätze und Reden 1899-1933*. Bd. II. Hg. Cornelia Blasberg u. Gerhard Schuster. Frankfurt a.M.: Fischer, 1988. 117-30.

---. "Richtlinien für einen wahren Völkerbund. Entwurf einer Prinzipienerklärung als Grundlage eines Aktionsprogramms". *Gesammelte Schriften in drei Bänden. Künstler und Nationen. Aufsätze und Reden 1899-1933*. Bd. II. Hg. Cornelia Blasberg u. Gerhard Schuster. Frankfurt a.M.: Fischer 1988. 205-13.

---. *Tagebücher 1918 bis 1937*. Hg. Wolfgang Pfeiffer-Belli. Frankfurt a.M.: Insel 1961.

Kisch, Egon Erwin. "Auszug aus der Rede auf dem Internationalen Schriftstellerkongreß, Madrid 1937". *Unter Spaniens Himmel*. Berlin: Deutscher Militärverlag, 1961. 39-41.

Löwenstein, Hubertus Prinz zu. *A Catholic in Republican Spain*. London: Gollancz, 1937.

---. *Botschafter ohne Auftrag. Lebensbericht.* Düsseldorf: Droste, 1972.

Mann, Erika u. Klaus. "Zurück von Spanien", *Das Wort* 10 (1938): 39-43.

Mann, Klaus. "An Bruno Frank". *Briefe und Antworten. Bd. 1: 1922-1937.* Hg. Martin Gregor-Dellin. München: edition spangenberg, 1975. 261-67.

---. "An Herbert Schlüter". *Briefe und Antworten. Bd. II: 1937-1949.* Hg. Martin Gregor-Dellin. München: edition spangenberg, 1975. 312-13

---. "An Thomas Mann". *Briefe und Antworten. Bd. 1: 1922-1937.* Hg. Martin Gregor-Dellin. München: edition spangenberg, 1975. 260-61.

---. *Kind dieser Zeit.* München: Nymphenburger Verlagshandlung, 1965.

---. *Das Wunder von Madrid. Aufsätze, Reden, Kritiken. 1936-1938.* Hg. Uwe Naumann u. Michael Töteberg. Reinbek: Rowohlt Taschenbuch Verlag 12744, 1993.

---. *Der Vulkan. Roman unter Emigranten.* München: Nymphenburger Verlagshandlung, 1968.

---. *Der Wendepunkt. Ein Lebensbericht.* Berlin u. Frankfurt a.M.: G.B. Fischer 1958.

---. *Kind dieser Zeit.* München: Nymphenburger Verlagshandlung, 1965.

---. *Tagebücher. 1936 bis 1937.* Bd. 3. Hg. J. Heimannsberg et al. München: edition spangenberg, 1990.

Auswahlbibliographie

Otten, Karl. *Das tägliche Gesicht der Zeit. Eine Flaschenpost aus den Zwanzigern.* Hg. Gregor Ackermann u. Werner Jung. Aachen: Alano, 1989.

---. "Der Umsturz auf Mallorca. Ein deutscher Emigrant im Sturm der spanischen Rebellion". *Pariser Tageszeitung* 1, 102 (21.9.36): 1-2.

---. *Die Reise nach Deutschland.* Bern: Peter Lang, 2000.

---. "Gott", "Des Tagdomes Spitze", "Arbeiter!", "Für Martinet", "Die Thronerhebung des Herzen" u. "An die Besiegten". *Menschheitsdämmerung. Ein Dokument des Expressionismus.* Hg. Kurt Pinthus. Hamburg: Rowohlt Taschenbuch Verlag (55), 1959. 204-05, 218-19, 227-30, 238-42, 245 u. 298-99.

---. "Statt eines Vorworts". *Karl Otten. Werk und Leben. Texte-Berichte-Bibliographie.* Hg. Bernhard Zeller u. Ellen Otten. Mainz: Hase & Koehler, 1982. 164-67.

---. *Torquemadas Schatten.* Frankfurt a.M.: Fischer (Taschenbuch 5137), 1982.

---. "Unter den Rebellen auf Mallorca. Erlebtes und Geschautes". *Pariser Tageszeitung* 1, 103 (22.9.36): 1-2.

S[chlüter], H[erbert]. "An einen Toten". *Die Sammlung* II (1935): 100.

---. "Cullera". *silberboot* 4 (1936): 155-64.

---. *Das späte Fest. Drei Erzählungen.* Berlin: S. Fischer, 1927.

---. "Die entzauberten Seefahrer". *Die Sammlung* IX ('35): 488.

---. *Ein Gartenfest. Erzählungen.* München/Zürich: Piper (SP 556), 1986.

---. "Klaus Mann". *Literarische Revue* 5 (1949): 321-22.

---. *Nach fünf Jahren. Roman.* München: Weismann, 1947.

---. "Signor Anselmo". *Signor Anselmo. Drei Erzählungen.* Diessen: Jos. C. Huber, 1957. 19-55.

Theis, Raimund (Hg.). *Franz Blei—André Gide. Briefwechsel (1904-1933).* Beiträge zur Romanistik 1. Darmstadt: Wissenschaftliche Buchgesellschaft, 1997. XXX u. 180-83.

Thelen, Albert Vigoleis. "'Bitte keinen Bandwurm...' Zwei Briefe". *die horen* 29, 4 (1984): 19-20.

---. "Abstecher zur 'Gruppe 47'". *Sie tanzte nackt auf dem Söller. Das Leben des Albert Vigoleis Thelen.* Hg. Jürgen Pütz. Hildesheim: Claassen, 1992. 301-03.

---. *Cartas a Teixeira de Pascoaes.* Hg. António Candido Franco. Lisboa: Assírio & Alvim, 1997.

---. "Der Hirtenbrief". *Poesie. Zeitschrift für Literatur* 3 (1979): 3-43.

---. "Der Hölle entronnen". *Sie tanzte nackt auf dem Söller. Das Leben des Albert Vigoleis Thelen.* Hg. Jürgen Pütz. Hildesheim: Claassen, 1992. 237-45.

---. *Der Schwarze Herr Bahßetup. Ein Spiegel.* Wien/München/Basel: Desch, 1956.

---. *Die Insel des zweiten Gesichts. Aus den angewandten Erinnerung des Vigoleis.* Ulm: Claassen, 1981.

---. *Die Literatur in der Fremde. Literaturkritiken.* Hg. Erhard Louven. Bonn: Weidle, 1996.

---. "Grenzstein der Freiheit". *Maatstaf* (Aug./Sept. u. Okt. 1975): 59-69 u. 11-17.

Auswahlbibliographie

---. "Letzter Wille". *Sie tanzte nackt auf dem Söller. Das Leben des Albert Vigoleis Thelen.* Hg. Jürgen Pütz. Hildesheim: Claassen, 1992. 343-44.

-vgls- [Thelen, Albert Vigoleis]. "SOS Loch-Palma". *Der Herold* 33 (13.5.34): 1-3 u. 14-15.

Sekundärliteratur

Albert, Friedrich. "Klaus Mann und der spanische Krieg".*Weimarer Beiträge* 32 (1986): 1765-85.

Alcover, Rafael. "Evolución del turismo en Mallorca desde el siglo XVIII". *Historia de Mallorca.* Bd. III. Hg. J. Mascaró Pasarius. Palma: Miramar, 1970. 613-48.

"Arthur Segal Ausstellung in 'El Coll'". *Der Herold* 5 (29.10.1933): 8.

"Ausstellung Arthur Segal". *Der Herold* 27 (1.4.1934): 15.

"Ausstellung in Sol y Sombra". *Der Herold* 32 (6.5.1934): 15.

"Bibliographie Karl Otten". *Juni* 1, 4 (1987): 41-42.

Boehlich, Walter. "Über den expansiven Faschismus". *Konkret* 2 (1981): 46-47.

Bott, Hermann, Olaf Ihlau u. Erich Wiedemann. "Rückkehr der Vandalen". *Der Spiegel* 31 (2.8.1999): 120-33.

Braese, Stephan. *Das teure Experiment. Satire und NS-Faschismus.* Opladen: Westdeutscher Verlag, 1996.

Ceysson, Bernard. *Raoul Hausmann.* Saint-Etienne: Musée d'Art Moderne, 1994.

Czechowski, Heinz. "Nachwort". Erich Arendt. *Aus fünf Jahrzehnten. Gedichte.* Rostock: Hinstorff, 1968. 433-61.

Dahmen, Sabine. *Leben und Werk der jüdischen Künstlerin Lene Schneider-Kainer im Berlin der 20er Jahre.* Dortmund: editions ebersbach, 1999.

"Das bessere Deutschland". *Der Spiegel* 33 (18.8.1997): 88-94.

Dove, Richard. "Die Reise nach Deutschland. Schicksal eines Exilromans." Karl Otten. *Die Reise nach Deutschland.* Bern: Peter Lang, 2000. 241-51.

---. *Five German-speaking Writers in Exile in Britain, 1933-45.* London: Libris, 2000.

Draws-Tychsen, Hellmut. "Ein Brief des Herausgebers anstelle von Geleitworten". Herbert Schlüter. *Signor Anselmo. Drei Erzählungen.* Diessen: Jos. C. Huber, 1957. 7-18.

Dundas, Lawrence. *Behind the Spanish Mask.* London: Hale, 1943. 69-70.

Edschmid, Kasimir. "Abschiedsgruß an Karl Otten". Karl Otten. *Wurzeln.* Neuwied am Rhein: Luchterhand, 1963. 281-85.

---. "Gedenkwort für Karl Otten". *Jahrbuch der Deutschen Akademie für Sprache und Dichtung.* Heidelberg: Schneider, 1963. 159-62.

Eimert, Dorothea. *Heinrich Maria Davringhausen. 1894-1970. Monographie und Werkverzeichnis.* Köln: Wienand, 1995.

"Eine Feierstunde der deutschen Kolonie". *Der Herold* 19 (4.2.1934): 19.

"Ein neues künstlerisches Zentrum in Terreno". *Der Herold* 31 (29.4.1934): 15.

Eisenhauer, Gregor. *Der Literat. Franz Blei—Ein biographisches Essay.* Tübingen: Niemeyer, 1993.

Auswahlbibliographie

Emmerich, Wolfgang. "Mit rebellischem Auge. Die Exillyrik Erich Arendts". *text + kritik* 82/83 (1984): 27-44.

Fischer, Jens Malte. "Nachwort". Felix Noeggerath. *Das Fenster. Vergessene Autoren der Moderne*, XXIII. Hg. Franz-Josef Weber u. Karl Riha. Siegen: Universitäts-Gesamtschule Siegen, 1986. 34-38.

Fleischmann, Krista. "Monologe auf Mallorca". *Thomas Bernhard—Eine Begegnung. Gespräche mit Krista Fleischmann.* Wien: Edition S, Verlag der Österreichischen Staatsdruckerei, 1991. 7-158.

Fried, Erich. "Alles andere als bloße Agitationsliteratur". *Literatur Konkret* (Herbst 1980): 62-63.

"Für die deutsche Volksfront!". *Die Neue Weltbühne* 3 (14.1.37): 65.

Furness, Raymond u. Malcolm Humble (Hg.). *A Companion to Twentieth-Century German Literature.* London/New York: Routledge, 1991.

García i Boned, Germà. *La segunda cara de la isla de la segunda cara de Albert Vigoleis Thelen. Mallorca 1931-1936.* Palma: Miquel Font, 1998.

Gemert, Guillaume van. "Don Quijote und Sancho Panza zugleich—Marginalien zu Vigoleis' pikaresker Natur in Thelens 'Die Insel des zweiten Gesichts'". *Albert Vigoleis Thelen.* Hg. Jattie Enklaar u. Hans Ester. Amsterdam: Rodopi, 1988. 40-59.

Goebel, Anne. "Dichter des Dichters. Herbert Schlüter wird heute mit dem ersten Münchner Übersetzer-Preis geehrt". *Süddeutsche Zeitung* 151 (4.8.2000): 20.

Graves, Richard Perceval. *Robert Graves. The Years with Laura, 1926-1940.* New York: Viking, 1990.

Gregor-Dellin, Martin. "Klaus Mann als Exilschriftsteller". *Welt und Wort* 28 (1973): 272-77.

Grupp, Peter. *Harry Graf Kessler: 1868-1937. Eine Biographie.* München: Beck, 1995.

Halstenberg, Armin. "Ein Clown, der Tränen weint. Wie einer mit tolldreisten Lügengeschichten die Wahrheit erzählt—Gepräch [sic!] mit Albert Vigoleis Thelen". *die horen* 33, 1 (1988): 21-28.

Harth, Dietrich (Hg.). *Franz Blei. Mittler der Literaturen.* Hamburg: Europäische Verlagsanstalt, 1997.

Hermanik, Klaus Jürgen. "Der Autor und sein Schreiberling. Die Zusammenarbeit von Harry Graf Kessler und Albert Vigoleis Thelen auf Mallorca". Hg. Gerhard Neumann u. Günter Schnitzler. *Harry Graf Kessler: ein Wegbereiter der Moderne.* Freiburg i. Briesgau: Rombach 1997. 153-59.

---. *Ein vigolotrischer Weltkucker. Die Prosa des Albert Vigoleis Thelen im Zusammenhang mit dem deutschsprachigen Pikaroroman.* Deutsche Sprache und Literatur 1556. Frankfurt a.M.: Peter Lang, 1996.

Hermsdorf, Klaus, Hugo Fetting u. Silvia Schlenstedt. *Exil in den Niederlanden und in Spanien.* Frankfurt a.M.: Röderberg, 1981.

Hopf, Karl. "Über Franz Blei (1871-1942)". *Literatur und Kritik* 41 (1970): 55-60.

Ihlau, Olaf. "'Da wurde gesündigt.' Balearen-Premier Antich über den Ausverkauf Mallorcas". *Der Spiegel* 31 (2.8.1999): 126.

Jung, Werner. "'Die Insel des zweiten Gesichts'—eine antifaschistische Lektüre? Zur Dimension von Albert Vigoleis Thelens Zeitkritik". *die horen* 2 (1984): 21-34.

---. "Karl Otten. Ein Porträt". *Juni* 1, 4 (1987): 19-30.

Auswahlbibliographie

Kantorowicz, Alfred. *Politik und Literatur im Exil. Deutschsprachige Schriftsteller im Kampf gegen den Nationalsozialimus.* Hamburg: Christians, 1978.

Karlinger, Felix. "Nachwort". *Märchen aus Mallorca.* Düsseldorf/Köln: Diederichs, 1968. 278-93.

Kohn, Claus Dieter et al. *Handbuch der deutschsprachigen Emigration 1933-1945.* Darmstadt: Primus, 1998.

Krättli, Anton. "Doppelt angewandte Erinnerungen. Beim Wiederlesen der *Insel des zweiten Gesichts*". *In Zweifelsfällen entscheidet die Wahrheit. Beiträge zu Albert Vigoleis Thelen.* Hg. Jürgen Pütz. Viersen: Juni-Verlag, 1988. 12-20.

Kreuzer, Helmut. "Zum Spanienkrieg. Prosa deutscher Exilautoren". *Zeitschrift für Literaturwissenschaft und Linquistik* 15, 60 (1985): 10-43.

Kroll, Fredric u. Klaus Täubert. *Klaus-Mann-Schriftreihe. Bd. 6. 1943-1949. Der Tod in Cannes.* Hannover: Edition Klaus Blahak.

Krüger, Anna. "Albert Vigoleis Thelen". *Schriftsteller der Gegenwart. Deutsche Literatur. 53 Porträts.* Hg. Klaus Nonnenmann. Olten: Walter, 1963

Lenz, Siegfried. "Ein Roman—über Nacht berühmt". *Welt am Sonntag* (17.1.1954): keine Seitenangabe.

Liska, Pavel. "Arthur Segal—Leben und Werk". *Arthur Segal. 1875-1944.* Hg. Wulf Herzogenrath u. Pavel Liska. Berlin: Argon, 1987. 19-76.

Lühe, Irmela v.d. *Erika Mann. Eine Biographie.* Frankfurt a.M./New York: Campus, 1993.

"Lyriker Erich Arendt". *Göttingener Tageblatt* (4.10.1984): keine Seitenangabe.

"Mallorca, unsere Insel (Mallorca, nuestra isla)". *El Pais* (18.8.96): *Domingo* 1-3.

"Monte Rosa". *Der Herold* 37 (10.6.1934): 11.

Morriën, Adrian. "Zu Gast bei Albert Vigoleis Thelen". *die horen* 37, 4 (1992): 5-15.

"Palma de Mallorca. Die neue deutsche Schule in Palma". *Der Herold* 2 (8.10.33): 19.

Pasarius, J. Mascaró. "El movimiento nacional en Mallorca". *Historia de Mallorca*. Bd. II. Hg. J. Mascaró Pasarius. Palma: Miramar, 1975. 777-864.

Piechorowski, Arno. "Albert Vigoleis Thelens Übersetzungen des Portugiesen Teixeira de Pascoaes". *Albert Vigoleis Thelen*. Hg. Jattie Enklaar u. Hans Ester. Amsterdam: Rodopi, 1988. 84-92.

Pütz, Jürgen. *Doppelgänger seiner selbst. Der Erzähler Albert Vigoleis Thelen*. Wiesbaden: Deutscher Universitäts-Verlag, 1990.

--- (Hg.). *In Zweifelsfällen entscheidet die Wahrheit. Beiträge zu Albert Vigoleis Thelen*. Viersen: Juni-Verlag, 1988.

Quante, Stefan. "*Die Insel des zweiten Gesichts*—Ein moderner Schelmenroman?" *In Zweifelsfällen entscheidet die Wahrheit. Beiträge zu Albert Vigoleis Thelen*. Hg. Jürgen Pütz. Viersen: Juni-Verlag, 1988. 91-106.

Raddatz, Fritz J. "An alle Scheiben blutig klopfen. 'Getrieben und verschlagen': Ein Dichter der DDR, dessen Ruhm wächst—nur nicht bei uns—Erich Arendt—Person und Werk". *Die Zeit* 15 (7.4.78): 6.

Rauter, E.A. "Eine Insel, die jeder haben wollte". *Merian* 2/47 (Feb. 1994): 108-09.

Ritchie, J. M. "Karl Otten: from Expressionism to Exile in Great Britian". *German Exiles. British Perspectives*. Exil-Studien/Exile

Studies 6. Hg. Alexander Stephan. New York: Peter Lang 1997. 71-95.

Roque, Joana Maria. *Cronicas de las historia de Mallorca*. Palma: Jaume de Montsó, 1983.

Runkel, Wolfram, Rainer Schmidt u. Wolfgang Stahr. "Die Mallorca-Macher". *Die Zeit* 36 (27.8.98): *Magazin* 10-17.

Schlüter, Kai. *Die 'Fähre/Literarische Revue'. Analyse einer Literaturzeitschrift der ersten Nachkriegsjahre (1946-1949)*. Frankfurt a.M.: Buchhändler-Vereinigung, 1984.

Schönwiese, Ernst. "Der Wegbereiter des modernen Romans: Franz Blei (1871-1942)". *Literatur in Wien zwischen 1930 und 1980*. Wien/München: Amalthea, 1980. 9-27.

---. "Literarisches Leben im Wien der dreißiger Jahre—Erinnerungen an den Blei-Musil-Tisch im Café Herrenhof". *Literatur in Wien zwischen 1930 und 1980*. Wien/München: Amalthea, 1980. 71-90.

Schulze, Ralph. "Hochsaison im Müllsack. Mallorca, die vollste Badewanne Europas / Die Insel droht an Touristen und deren Abfall zu ersticken". *Der Tagesspiegel* 16748 (11.7.1999): R1.

Schuster, Gerhard u. Margot Pehle (Hg.). *Harry Graf Kessler. Tagebuch eines Weltmannes. Eine Ausstellung des Deutschen Literaturachivs im Schiller-Nationalmuseum Marbach am Neckar*. Marbacher Kataloge 43. Marbach: Deutsche Schillergesellschaft Marbach am Neckar, 1988.

Schwarzschild, Leopold. "Vorwort". *Das Neue Tagebuch* 1, 1 (1933): 3.

Stenzel, Burkhard. *Harry Graf Kessler. Ein Leben zwischen Kultur und Politik*. Weimar/Köln/Wien: Böhlaus, 1995.

Stern, Guy. "Prolegomena zu einer Typologie der Exilliteratur". *Literatur im Exil. Gesammelte Aufsätze 1959-1989.* Ismaning: Hueber, 1989. 37-52.

---. "Was heißt und zu welchem Ende studiert man Exilliteratur?" *Literarische Kultur im Exil. Gesammelte Beiträge zur Exilforschung / Literature and Culture in Exile. Collected Essays on the German-Speaking Emingration after 1933 (1989-1997).* Dresden/München: Dresden University Press, 1998. 12-23.

Thesing, Susanne. "'Und laß uns wieder von Cézanne reden.' Der Maler Rudolf Levy". *Matisse und seine deutschen Schüler.* Hg. Gisela Fiedler-Bender et al. Heidelberg: Brausdruck, 1988. 75-82.

Thomas, Hugh. *The Spanish Civil War.* New York: Harper & Row, 1961.

Vollmer, Walter. *Ramon Llull.* Mallorca: Santuari de Nostra Dona de Cura, 1996.

"Von der Arbeit des Fomento de Turismo". *Der Herold* 28 (8.4.1934): 15.

Waldren, Jacqueline. *Insiders and Outsiders. Paradise and Reality in Mallorca.* New Directions in Anthropology 3. Providence/Oxford: Berghahn, 1996.

Walter, Hans-Albert. *Deutsche Exilliteratur. 1933-1950. Bedrohung und Verfolgung bis 1933.* Bd. 1. Stuttgart: J.B. Metzlersche Verlagsbuchhandlung, 1972.

Walz, Herbert. "Spanien—Fluchtweg deutscher Schriftsteller 1940". *Stimmen der Zeit* 188, 11 (1971): 324-36.

Wiegenstein, Roland. "Nachwort". Karl Otten. *Torquemadas Schatten.* Frankfurt a.M.: Fischer (Taschenbuch 5137), 1982. 267-76.

Wiesner, Herbert (Hg.). *Lexikon der deutschsprachigen Gegenwartsliteratur.* München: Nympfenburger Verlagshandlung, 1981.

Auswahlbibliographie

Winz, Horst (Hg.). *Hommage a Albert Vigleis Thelen*. Mönchengladbach: Juni-Verlag, 1989.

Wolf, Jasmin. "Trauminseln im Vergleich". *Merian* 2/47 (Feb. 1994): 106-07.

Zeller, Bernhard u. Ellen Otten (Hg.). *Karl Otten. Werk und Leben. Texte—Berichte—Bibliographie*. Mainz: Hase & Koehler, 1982.

Zeller, Bernhard. *Marbacher Memorabilien. Vom Schiller-Nationalmuseium zum Deutschen Literaturarchiv 1953-1973*. Marbach a. Neckar: Deutsche Schillergesellschaft, 1995.

Zeller, Rosemarie. "Die Insel des zweiten Gesichts—ein Tragelaph? Angewandte Erinnerungen zwischen Autobiographie und Roman". *Albert Vigoleis Thelen*. Hg. Jattie Enklaar u. Hans Ester. Amsterdam: Rodopi, 1988. 60-69.

Zur Mühlen, Patrik von. *Fluchtweg Spanien-Portugal. Die deutsche Emigration und der Exodus aus Europa 1933-1945*. Bonn: J.H.W. Dietz Nachf., 1992.

---. *Spanien war ihre Hoffnung. Die deutsche Linke im Spanischen Bürgerkrieg 1936-1939*. Bonn: Verlag Neue Gesellschaft, 1985.

"Zweiter Kolonieabend". *Der Herold* 25 (18.3.1934): 15.

VERZEICHNIS DER PHOTOGRAPHIEN

Albert Vigoleis Thelen 1954 in Ascona (Deutsches
Literaturarchiv, Marbach a. Neckar). 201

Harry Graf Kessler um 1930 (Deutsches Literaturarchiv,
Marbach a. Neckar). 202

Harry Graf Kessler auf der Terrasse seines Hauses in
Bona Nova zusammen mit Max Goertz (Deutsches
Literaturarchiv, Marbach a. Neckar). 203

Der Hafen von Cala Ratjada vermutlich in den 30er Jahren
(Deutsches Literaturarchiv, Marbach a. Neckar)
Franz Blei in der Nähe von Cala Ratjada (Deutsches
Literaturarchiv, Marbach a. Neckar). 204

Karl Ottens Aufenthaltsgenehmigung für Spanien (Deutsches
Literaturarchiv, Marbach a. Neckar)
Herbert Schlüter im Jahr 1933 (Reinhard Andress). 205

Martha Brill zusammen mit der Tochter Alice im Jahr 1931
(Die Deutsche Bibliothek, Deutsches Exilarchiv 1933-1945,
Frankfurt a.M.). 206

Erich Arendt vermutlich während der Zeit des Spanischen
Bürgerkriegs (Stiftung Archiv der Akademie der Künste,
Berlin). 207

Klaus Mann im Jahr 1935 (Deutsches Literaturarchiv,
Marbach a. Neckar). 208

Cala Ratjada - Playa de Pescadores, Mallorca.

Núm. de orden 34

Dirección general de Seguridad

Nombre: Karl
Apellidos: Otten
Fecha del nacimiento: 29 Julio 1889
Pueblo de su naturaleza: Oberkirchen
Nación: Alemana
Profesión: Escritor
Nacionalidad actual: Alemana
Domicilio: Cala Ratjada

Pulgar derecho

FIRMA DEL TITULAR

Karl Otten

La fotografía, huella y firma que anteceden, corresponde al titular. Arta 20 de Abril de 19 36

Valedero por dos años, a menos que sea renovada.

Hijos menores de 15 años		
NOMBRE	Edad	Sexo